LE RENDEZ-VOUS
D'ELCHINGEN

DU MÊME AUTEUR

chez Plon

Les Lueurs de l'aube (Journal 1958-1959-1960)
Les Clartés du jour (Journal 1963-1964-1965)
Les Feux de crépuscule (Journal 1968-1969-1970)
Une fois la nuit venue (Journal 1972-1973-1974)
Le Lion et le Marabout (Récits)
Une plume et un micro (Articles et chroniques)
Et maintenant, si nous parlions de l'Afrique du Sud (Enquête)
Le Fils unique (Souvenirs d'enfance)*

ROMANS

chez René Julliard

L'Écorché (Prix Max-Barthou 1954)
Pueblo
Le Retour (Grand Prix du roman de l'Académie française 1964)
Les Compagnons de la Forêt-Noire (Le Temps des hommes, tome I)
L'Orient perdu (Le Temps des hommes, tome II)
La Ville blanche (Le Temps des hommes, tome III)
La Mort du Connétable (Le Temps des hommes, tome IV)
La Rivière de la guerre

RÉCITS, ESSAIS, NOUVELLES

chez d'autres éditeurs

De Lattre, maréchal de France (Pierre Horay)
André Maurois (Ed. Universitaires)
Jours et nuits d'Amérique (Gérard Nizet)
Visas pour l'Amérique du Sud (Gallimard)
J'ai vu vivre le Japon (Fayard)
Panoramas mexicains (Fayard)
La Camargue (Arthaud) Prix Carlos-de-Lazerme 1962
La Fille de l'Ancre bleue (Solar)
La Coupe est pleine (France-Empire) Prix Malherbe 1976
Lettre ouverte à ceux qui en ont plus qu'assez du socialisme
(Albin Michel)

Michel DROIT
de l'Académie française

LE RENDEZ-VOUS D'ELCHINGEN

LE FILS UNIQUE ☆ ☆

PLON
8, rue Garancière
PARIS

EE

© Librairie Plon, 1990
ISBN 2-259-02248-0

Je ne crois tout à fait aux Mémoires que lorsque celui qui les écrit parle d'un temps où il n'avait encore presque rien à se faire pardonner.

M. D.

A Yveline.

I

Quand j'étais enfant, la guerre eut toujours quelque mal à m'inspirer un sentiment d'effroi à la mesure des horreurs dont, par ouï-dire, je la savais déjà porteuse.

Bien sûr, pareil aveu ne manquera pas de heurter plus d'un lecteur.

Mais pourquoi mentirais-je? Et que faire, dès lors, sinon essayer de situer brièvement les relations ayant pu se nouer, au fil des âges, entre Mars et quelques-uns de ceux dont je suis l'humble descendant?

Ainsi l'un de nos ancêtres, Robert de la Hoche, seigneur d'Oscourt, avait-il été fait chevalier de Saint-Louis par le maréchal de Saxe lui-même, pour s'être vaillamment comporté sur le champ de bataille de Fontenoy. Mon trisaïeul Arnould Droit, jeune paysan picard, engagé en 1793, était devenu sous-officier dans l'armée du maréchal Ney, y avait récolté blessure à l'attaque du pont d'Elchingen et reçu la Légion d'honneur des mains de l'Empereur avant d'être l'objet d'une réforme pour invalidité sans rémission. En 1870, mon arrière-grand-père Albert Droit, sous-lieutenant de la Garde mobile, s'était illustré dans la défense de la citadelle de Laon face à l'infanterie prussienne du prince de Mecklembourg. Quant à mon père Jean Droit, parti caporal en 1914, il était revenu de la guerre en 1918 avec trois blessures, trois galons et la poitrine glorieusement décorée. Pendant ce temps-là, enfin, celle qui allait devenir son épouse et ma mère avait servi dans un hôpital militaire et risqué chaque jour sa vie en soignant des typhiques.

Oh! je me garderai certainement de prétendre que tous ceux dont je viens d'évoquer les mérites aient aimé la guerre. Très loin de là! Mais l'ayant bien faite, les uns et les autres, je pense qu'ils ne la détestaient pas non plus au sens littéral du terme.

Car on fait rarement bien ce que l'on déteste. Et la plupart de ceux qui ont risqué leur vie « dans les travaux guerriers », comme disait le vieux Don Diègue, savent qu'il existe plus d'une façon de détester la guerre tout en ne la trouvant pas totalement détestable.

Dès les premières pages du *Fils unique*, j'ai dit en quel climat d'ardent patriotisme avait baigné mon enfance, mon adolescence et, de ce fait, à quel point ma vie tout entière en resterait marquée. J'ai tenté de montrer comment ce patriotisme n'avait cessé de constituer, pour moi, une sorte de seconde religion qui, elle aussi, possédait les articles de sa foi, sa liturgie, ses prières, ses hymnes, ses saints et ses martyrs. Il est donc vrai que le souvenir de cette impitoyable guerre vécue par mon père et ma mère, chacun à sa façon, comptait énormément dans ce climat sacré. Ils m'en parlaient souvent. Jamais trop à mon goût. Et pour mon père, qui n'avait cependant rien d'un traîneur de sabre, l'ombre des combats qu'il avait généreusement livrés demeurait fidèle à ses côtés comme une présence inaltérable de sa propre jeunesse.

Mais c'était également un homme nourri d'histoire. Dès lors comment aurait-il imaginé un seul instant que cette guerre, aussi meurtrière eût-elle été, pût devenir la « der des ders » comme beaucoup s'efforçaient de le croire, au moins de l'espérer. L'inquiétante montée du nazisme en Allemagne et le ramollissement radical-socialiste des années trente préludant, chez nous, au rapide échec du Front populaire, ne risquaient donc pas de rendre mon père très optimiste sur l'avenir de la paix en Europe. Et si, à partir de 1935, il estimait une troisième guerre avec l'Allemagne bien difficile à éviter, aurais-je raisonnablement pu, du haut de mes douze ans, afficher une opinion très différente de la sienne ?

Pourtant, à ma naturelle angoisse de jeune Français patriote venait s'ajouter un autre sentiment qui ne cessait de tourmenter mon cœur. Et c'était la quasi-certitude que, pour fondre sur nous, cette guerre n'attendrait pas que je fusse en âge d'y participer. Si bien que ce serait à mon père de partir seul y risquer sa vie. Et comme il le ferait donc pour la deuxième fois, je trouvais cela beaucoup pour un seul homme.

On peut aller à Munich. Mais quand on y va comme on irait à Canossa, l'esprit vous en reste et vous marque longtemps.

10

J'ai déjà raconté[1] notre déclaration de guerre contrainte et forcée du 3 septembre 1939, de même que les jours incertains, flageolants qui l'avaient précédée. Ah ! qu'il fallait donc croire à la France comme on peut y croire à seize ans lorsqu'on a été élevé dans cette foi, pour s'écrier alors intérieurement, tel un soldat de l'an II découvrant son premier champ de bataille : « Enfin la guerre ! » Et pourtant, c'est peu dire que le début de celle-ci allait rapidement tourner le dos à tout ce que mon jeune patriotisme et mon imagination romantique avaient osé concevoir.

Mais j'étais encore bien trop neuf pour comprendre que la France à laquelle je croyais donc si fort, était, vingt ans plus tôt, morte de sa victoire ou, plus exactement, de ces 1 500 000 jeunes hommes immolés pour elle.

Mon père nous avait quittés le 27 août 1939, cinq jours avant que fût décrétée la mobilisation générale. Tout de suite, il avait rejoint la 14e division d'infanterie dont les régiments et bataillons d'active se trouvaient déployés dans la région de Mulhouse. Capitaine de réserve, il commandait la section topographique de cette unité. Puisqu'il était dessinateur et peintre cela correspondait, somme toute, à une assez heureuse utilisation de ses compétences et de son talent. Quant à ma mère et à moi, vu qu'on ne pouvait deviner que les bombardements aériens des grandes agglomérations urbaines épargneraient, de surprenante façon, la première phase de cette guerre, il avait été jugé raisonnable de ne pas nous faire regagner, jusqu'à nouvel ordre, notre appartement de Vincennes. Aussi étions-nous demeurés dans la petite maison de L'Isle-Adam où, depuis trois ans, nous passions les mois d'été.

Si réaliste fût-elle, pareille décision ne pouvait, cependant, manquer de poser le délicat problème de mes études. Je devais alors entrer en classe de seconde. Or, se trouvait bien à Pontoise un établissement d'enseignement tout à fait réputé, l'école Saint-Martin, où je me serais immédiatement senti en pays de connaissance. J'y aurais retrouvé, en effet, les pères oratoriens que j'avais déjà fréquentés, durant trois ans, à l'école Massillon. Oui mais voilà, Pontoise était située à environ quinze kilomètres de L'Isle-Adam. Pour s'y rendre, il fallait donc utiliser le train. Et ma mère, qui n'était pas à moitié mère de fils unique, imaginant mes déplacements ferroviaires avec je

---

1. *Le fils unique*, Paris, Éd. Plon, 1988.

ne sais quels garnements de mon âge, y voyait toutes sortes de périls qu'elle se refusait catégoriquement à me faire affronter cinq jours sur sept. Elle résolut donc de m'inscrire à un cours par correspondance parisien dont on lui avait dit le plus grand bien.

Pour être honnête, j'avais toutes les raisons d'approuver un tel choix. Car, inévitablement appelé à devenir ainsi, par la force des choses, le seul maître après Dieu de mes horaires de travail, comment ne le serais-je pas également, si je savais m'y prendre, de ce qu'on appellerait aujourd'hui mes « espaces de liberté » ? Ce qui, on en conviendra, avait de quoi constituer un avantage inappréciable.

Et c'est bien ce qui arriva.

Semaine par semaine, je me mis à recevoir, pour chacune des différentes matières inscrites au programme, une liste de leçons à apprendre, d'exercices ou de devoirs à faire. De mon côté, j'expédiais régulièrement, par la poste, les différents fruits de mes efforts à l'institution dont je dépendais. Et ceux-ci m'étaient presque aussitôt retournés, généralement accompagnés de toutes sortes d'appréciations flatteuses.

Mais en dehors de quatre ou cinq heures quotidiennement vouées à mes activités scolaires, je possédais bien, comme je l'avais prévu, toute latitude pour organiser et occuper mon temps à ma guise.

J'hésite à l'écrire aujourd'hui, car enfin nous étions en guerre, pourtant s'il me faut parler franc : jamais je ne m'étais senti aussi libre.

Ainsi, quand j'éprouvais la tentation d'aller, à bicyclette, escalader quelques-unes des côtes assez raides qui pullulent dans la région de Valmondois, ou lorsque je souhaitais m'enfoncer dans les bois et les forêts à travers lesquels mon père m'avait tant appris sur la vie animale et végétale qu'on y pouvait découvrir ; s'il me plaisait de monter humer l'air des coteaux de Parmain où Daubigny et Van Gogh avaient, jadis, planté leur chevalet, ou encore de descendre puis de remonter le cours de l'Oise en canoë ; bref dès qu'il me prenait l'envie de faire ce que j'aimais et rien d'autre, je ne devais strictement demander à personne si pareils projets méritaient ou non d'être menés à bien. J'en décidais moi-même au moment que j'avais choisi. Et mes notes comme les appréciations de mes professeurs sans visage demeurant au beau fixe, ma mère n'avait absolument aucune raison de suspecter, chez moi, le moindre manque d'assiduité à mes différents travaux.

J'ajouterai que la culture physique m'intéressait et m'accaparait de plus en plus. J'ai dit comme elle était entrée dans ma vie, notamment par les livres du culturiste Marcel Rouet. Et loin de trouver, ainsi que beaucoup de mes camarades, cette discipline fastidieuse, je ne cessais de chercher, découvrir, apprendre à son sujet. Ce qui, un soir, fit dire à ma mère :

— Pourquoi n'essaierais-tu pas, grâce aux gens que nous connaissons ici, de te constituer une petite clientèle d'enfants de huit à douze ans à qui tu donnerais des leçons ? Je suis certaine qu'en étant prudent, cela va de soi, tu en serais très capable et pourrais ainsi te faire un peu d'argent de poche.

— Mais je n'ai aucun diplôme, répondis-je.

— Et moi, en avais-je, quand je t'ai appris à lire, écrire et compter ?

Il est vrai que, jusqu'à l'âge de sept ans, je n'avais reçu de personne d'autre que ma mère toute mon initiation aux rudiments du savoir. Et quel talent avait été le sien pour me les inculquer !

N'importe comment, son idée n'était pas tombée dans l'oreille d'un sourd. Deux semaines plus tard, j'avais déjà une dizaine de jeunes élèves qui, le jeudi matin, venaient exécuter, sous ma direction et pour un prix modique, des mouvements très simples que je m'efforçais d'adapter à leur âge. La leçon durait une petite heure. Et elle avait lieu dans le jardin si le temps le permettait, ou dans une grande pièce en rez-de-chaussée qui, jusque-là, n'avait pas eu de fonction très précise.

Un mois plus tard, j'avais doublé mes effectifs. Et certaines mères de famille me demandaient même de venir, à domicile, donner à leurs enfants, voire à elles-mêmes, des leçons particulières.

Tant et si bien qu'à plusieurs d'entre elles dont les maris étaient mobilisés, il m'advint peu à peu de rendre assez régulièrement visite pour des leçons plus particulières encore, quand leurs chers petits se trouvaient à l'école. Mais ces leçons-là, qui mettaient parfois à douce et instructive épreuve ma naturelle pudeur, il ne m'appartenait évidemment plus de les donner. Ce qui devait bien arriver un jour.

Et là, soudain, je m'interroge. Parvenu à ce point de mon récit, devrais-je en dire plus et donner des détails ? L'époque où nous vivons s'y prête et le verrait certainement d'un bon œil. Chaque jour, en effet, les lois du genre ne cessent de réclamer davantage et encore davantage à l'écrivain qui entreprend de raconter ses premiers ébats amoureux.

L'ennui, en ce domaine comme en quelques autres, est que je ne me sens pas tout à fait un homme de notre temps. Je n'ai certes rien oublié des heures délicieuses passées dans les bras de ces jeunes femmes dont j'avais bien besoin. Mais je me vois très mal décrivant aujourd'hui nos amours comme si je les avais vécues en prenant des notes. Car c'est exactement cette impression-là que j'aurais. Celle de livrer des secrets dont on m'avait confié la garde partagée.

Que je dois donc être vieux jeu !

La guerre s'installait parmi nous de façon fort étrange. Certes, on ne pouvait se plaindre qu'au bout d'un mois elle n'eût pas encore connu l'un de ces grands carnages qui, vingt-cinq ans plus tôt, avaient déjà saigné notre jeunesse. Mais, encore une fois, que cela nous réservait-il ?

Ma mère et moi n'en avions pas moins rapidement transformé la pièce où nous prenions nos repas en une sorte de salle d'état-major. Plusieurs cartes s'y trouvaient à présent fixées aux murs. Sur l'une d'elles, on pouvait évidemment suivre le tracé de la frontière franco-allemande, de la Suisse au Luxembourg. Une autre permettait de découvrir l'Europe de l'Est où l'ours soviétique, devenu complice de l'aigle nazi, venait déjà de dévorer à belles dents sa part de Pologne. Je m'étais enfin procuré un planisphère qu'on voyait affiché un peu partout sur les murs, pour encourager nos compatriotes à souscrire aux bons d'armement. Y avaient été colorés en rose tous les territoires constituant les deux empires français et britannique, avec pour seule légende : « Nous vaincrons parce que nous sommes les plus forts. » Ce à quoi nous croyions évidemment dur comme fer. Tout autant qu'à la paranoïa du Führer. Celui-ci ne venait-il pas d'en donner une preuve supplémentaire en annonçant publiquement que les armées du Reich occuperaient Paris le 15 juin 1940 ? Fanfaronnade qui, en dépit des circonstances, avait fait éclater de rire la France tout entière.

Puis, entre les cartes, j'avais également fixé les photographies de nos trois chefs militaires : le général Gamelin, l'amiral Darlan et le général de l'Air Vuillemin en qui j'avais, cela va sans dire, une confiance illimitée.

Enfin, sur un papier d'Arches légèrement teinté de bistre, je m'étais appliqué à recopier, de ma plus belle écriture, les textes des différentes citations méritées par mon père entre 1914 et 1918, ainsi que celles de son régiment, le 226e de Nancy.

Il n'en restait pas moins que la façon dont s'engageait cette guerre demeurait bien déroutante pour qui, nous disions-nous afin de garder le moral, n'était pas dans le secret des dieux.

Même locales et modestes, les opérations militaires ne s'étaient pourtant pas trop mal engagées. Non seulement l'ennemi n'avait pas occupé un pouce de notre sol, mais nous étions bel et bien entrés chez lui. Oh! sur la pointe des pieds. Et la forêt de la Warndt, où opéraient quelques-unes de nos avant-gardes, n'était pas le bois des Caures, il s'en fallait de beaucoup. Néanmoins, c'était un fait incontestable, des Français en armes campaient en terre allemande.

Ils n'y restèrent pas très longtemps.

Quand, vers la mi-octobre, nous apprîmes que les quelques arpents de Germanie conquis par nos soldats avaient été soudain abandonnés, et que nos unités s'étaient même prudemment repliées en deçà de la frontière, je n'en pus croire mes oreilles. J'avais déjà eu du mal à admettre qu'ayant, en principe, déclaré la guerre à l'Allemagne pour défendre la Pologne, nous eussions laissé anéantir ce malheureux pays sans esquisser un seul geste susceptible de lui venir en aide. Mais à présent, pourquoi cette retraite que rien ne semblait justifier puisqu'elle s'effectuait, apparemment, hors de la moindre intervention ou pression de l'ennemi?

Dans ses lettres, mon père ne parlait de tout cela qu'en termes assez vagues et j'en comprenais bien la raison. J'imaginais cependant à quel point il devait souffrir de nos indécisions et de notre apathie. Du coup, je n'osais pas le questionner de façon trop précise ni lui livrer mes états d'âme sans les envelopper d'un brouillard de mots. Néanmoins je m'interrogeais de plus en plus. Et mon bel optimisme des premières semaines commençait à sérieusement s'écailler.

Un jour, ma mère ayant acheté l'hebdomadaire *Candide*, j'y découvris en première page le début d'un reportage que Roland Dorgelès était allé faire en zone des armées.

Son titre me sauta aux yeux : « Drôle de guerre. » Il aurait pu me choquer si je n'avais su que Dorgelès, ami de mon père, demeurait avant tout l'auteur des *Croix de bois*, livre auquel restaient fort attachés les combattants de la Grande Guerre. Dès lors, en lisant son article, je compris vite le sens du titre. Il me laissa d'autant plus stupéfait et atterré.

De chaque côté du Rhin, hormis quelques tirs sporadiques dont le seul objet semblait être de fournir un minimum de matière première aux communiqués amis et ennemis, les deux artilleries observaient le plus souvent un mutisme assez rare en temps de guerre.

Ma mère, sachant à quelle faible distance du fleuve se trouvait son mari, n'en vivait pas moins dans une sorte d'angoisse latente. Mais nos relations ne s'en ressentaient nullement. J'étais même le premier surpris des libertés de plus en plus grandes qu'elle ne cessait de m'accorder. Comme si la guerre m'avait soudain conféré, même à titre civil, un âge et une maturité auxquels j'étais encore loin d'oser prétendre quelques semaines plus tôt.

C'est ainsi qu'habituée à consulter mon père dès que surgissait la moindre décision de quelque importance à prendre, c'était maintenant à moi que ma mère s'adressait aussitôt en pareille circonstance. « Qu'en penses-tu ? Que fait-on ? » Et elle disait cela tout comme si, désormais, la chose allait de soi.

J'y gagnais, chaque jour, toutes sortes de latitudes et de franchises nouvelles. J'essayais d'en profiter sans trop en abuser.

La forêt continuait d'exercer sur moi cet attrait que je tenais de mon père. J'y accomplissais, plusieurs fois par semaine, de longues promenades à pied, tout ébloui par l'embrasement de l'arrière-saison que je n'avais jamais contemplé d'aussi près ni avec pareils loisirs à lui consacrer. Les grands hêtres empourprés faisaient exploser en moi une sorte de bonheur charnel que me causait leur découverte. A plusieurs reprises, collé au tronc de l'un d'eux, j'avais observé, tout à mon aise, une harde comme apaisée après la frémissante époque de brame.

Et puis — mais cette fois sans le dire à ma mère — je m'étais lancé un défi. Chaque matin, quels que fussent le temps et la température, je trouvais un moment de liberté pour aller piquer une tête dans l'Oise, et y nager quelques minutes. Je voulais, en effet, profiter de l'occasion pour acclimater mon cœur et mes muscles à cette épreuve quotidienne, jusqu'au retour du printemps, même si la rivière devait un jour charrier des glaçons.

Sans une chute malheureuse, accompagnée d'une mauvaise entorse, je pense que j'aurais atteint mon but. Hélas ! Un infirmier local, qui aimait bien vous glisser à l'oreille : « Appelez-moi docteur », m'avait joué le mauvais tour de s'intéresser à mon cas. Deux fois par jour, il venait donc infliger à ma cheville endolorie des massages auxquels j'avais du mal à ne pas répondre par des hurlements de douleur. Au bout d'une semaine, j'en fus réduit à sautiller sur deux béquilles et un seul pied. Un vrai médecin décréta qu'il fallait me plâtrer d'urgence. Mais quand je me retrouvai en état de marche, la température de l'air avait baissé de six à huit degrés. Celle de l'Oise d'un peu plus encore. C'est du moins ce qu'il me sembla dès que l'eau de la rivière eut atteint la hauteur de mes mollets. Je n'insistai pas. J'avais perdu mon pari que j'étais d'ailleurs seul à connaître. Mais avec des circonstances atténuantes.

Dans *le Fils unique*, j'ai déjà raconté la première expérience de table tournante qu'après les malheureux accords de Munich nous avions vécue, mes parents et moi, chez leurs amis Mourer dont l'une des filles, Maryse, ferait un jour carrière au cinéma sous le pseudonyme de Martine Carol.

S'il faut attacher crédit aux faits dont, ce soir-là, nous avions été les témoins — et je n'y oblige évidemment personne — le contact avait été rapidement établi avec notre ancêtre Arnould Droit, le soldat de Ney blessé à l'attaque du pont d'Elchingen dont j'ai déjà parlé plus haut. Et celui-ci m'avait alors personnellement lancé un avertissement plein de sagesse : « Attention à la guerre. »

A présent, la guerre était là. Même si l'on devait, parfois, se forcer pour y croire. Et nos amis Mourer vinrent passer une journée à L'Isle-Adam.

Quand le dîner s'acheva et avant de regagner Paris, la mère de Maryse, qui avait d'incontestables dons de médium, dit en avisant un guéridon à trois pieds, situé dans un coin de la salle de séjour :

— Si nous essayions de le faire tourner ? Peut-être apprendrions-nous des choses intéressantes sur ce que la guerre nous réserve.

Nous nous disposâmes donc autour du guéridon comme la fois précédente. A ce détail près que j'occupais, à présent, la place de mon père. Ce qui n'était pas sans me remplir d'une compréhensible émotion.

Les choses furent menées plus rondement encore qu'un an auparavant. Très vite, en effet, la table se mit à grincer, puis à s'agiter. Et nous dûmes presque nous y accrocher pour conserver sur elle un minimum de contrôle, jusqu'à ce que le contact fût enfin établi avec l'esprit lui-même.

Dès que nous y parvînmes, nous fûmes aussitôt saisis d'une grande stupeur. Les trois premières lettres du nom de notre visiteur épelées par l'un des pieds du guéridon n'étaient-elles pas : BIS ?

— Ça y est, m'écriai-je, nous tenons Bismarck.

— Tais-toi, fit ma mère dans un souffle, tout va rater à cause de toi.

Avais-je parlé trop vite ? La suite de la dictée, en tout cas, fut d'une telle confusion que nous ne réussîmes jamais à connaître clairement le patronyme de notre correspondant, sinon à posséder la certitude, hélas ! qu'il ne s'agissait pas du chancelier de l'empereur Guillaume.

Soudain, en revanche, la table nous échappa vraiment. D'une course folle qui lui donnait presque l'allure d'un cheval au galop, elle traversa la pièce dans toute sa longueur. Nous nous précipitâmes à sa poursuite et, quand nous fûmes enfin parvenus à la maîtriser, demandâmes à l'esprit qui l'habitait si, par hasard, et durant son passage sur la Terre, le corps où il avait élu domicile n'était pas celui d'un cavalier. Ou d'une cavalière. La réponse fut positive, sans discussion possible.

C'est alors que ma mère posa la question cruciale à laquelle nous pensions tous :

— Gagnerons-nous la guerre ?

— Oui, fit l'esprit d'un coup de pied péremptoire.

Je réclamai aussitôt quelque précision :

— Et quand se terminera-t-elle ?

Alors le jour, le mois, l'année tombèrent l'un après l'autre : 25 juin 1940.

C'était trop beau pour être vrai. Que nous dussions gagner la guerre, pas un de nous cinq n'en pouvait douter. Pourtant, notre confiance n'allait pas jusqu'à croire que l'affaire pût se trouver réglée aux premiers jours de l'été.

Or, que se passa-t-il ? Si nous n'avions pas remporté la victoire, le 25 juin 1940 — et c'était, pour notre malheur, le moins qu'on pût dire — la France avait dû conclure, quatre jours plus tôt un armistice avec l'Allemagne. Mais son gouvernement ne considérerait la lutte comme terminée que le 25 juin à 0 h 35. En revanche, lorsque serait acquise la véritable fin des combats en Europe, le 8 mai 1945, il est vrai que nous figurerions, à Berlin, dans le camp des vainqueurs.

Quant à l'identité du mystérieux esprit, dès le lendemain matin nous interrogeâmes les propriétaires de la maison. Ils nous révélèrent alors que celle-ci avait été habitée, quelque dix ans plus tôt, par une femme d'origine estonienne dont ils avaient oublié le nom tant il était difficile à retenir. On se souvenait seulement qu'il s'agissait d'une cavalière si impénitente qu'elle avait finalement trouvé la mort dans un accident de cheval en forêt de L'Isle-Adam.

Mais à cette histoire dont, aujourd'hui encore, je ne sais trop quoi penser, il me faut, pour être tout à fait complet, en ajouter une autre qui lui est intimement liée.

Peu d'années après la guerre, je fis la rencontre d'un étonnant personnage connu sous le pseudonyme de « Serge, l'historien du cirque ». Écrivain, dessinateur, jongleur, illusionniste, ventriloque, hypnotiseur, il va sans dire que Serge croyait, dur comme fer, à tous les phénomènes relevant plus ou moins de l'occultisme, en particulier aux tables tournantes.

Aussi lui racontai-je mes deux expériences dans ce domaine. Et ce fut surtout la seconde qui parut l'intéresser. Après s'être longuement concentré, il me posa donc la question suivante :

— N'y avait-il pas, dans la pièce où cela s'est passé, des débris humains ?

Or, je n'avais donné à Serge, dans mon récit, aucune indication sur le lieu où s'étaient déroulés les faits dont je venais de lui parler.

Surprenante interrogation donc, et formulée avec un naturel absolument désarmant, comme s'il m'avait demandé quel était alors l'âge de ma mère ou celui de nos amis Mourer.

Je fus évidemment très saisi, et ne dus cependant pas réfléchir longtemps avant de répondre :

— Vous avez raison. Il y avait bien des débris humains dans cette pièce.

Je venais tout à coup de me souvenir qu'une vitrine s'y trouvait contenant deux têtes réduites d'Indiens jivaros qu'un ami de mon père, grand collectionneur d'objets amazoniens, lui avait offertes en dépit des objurgations vigoureuses de ma mère.

Nous avions déclaré la guerre à l'Allemagne sans, depuis trois mois, nous décider à vraiment la lui faire. Et voilà que, le 30 novembre, les armées soviétiques envahissaient tout à coup la Finlande en se dispensant, à son égard, du moindre avertissement diplomatique. Le gouvernement finlandais ne venait-il pas de refuser à Staline plusieurs bases stratégiques exigées par celui-ci ?

Aussitôt, dans la neige et le blizzard, commençait un affrontement qui allait stupéfier le monde.

Trois millions de Finlandais contre deux cents millions de Soviétiques.

Qui donc eût accordé la moindre chance aux unités-échantillons du général Mannerheim face à l'écrasante supériorité en effectifs et matériel de l'ennemi? Un ennemi prêt, semblait-il, à ne faire qu'une bouchée de ceux que le monde ne connaissait guère que comme lanceurs de javelot et coureurs de 5 000 mètres.

Or, profitant à merveille d'un terrain couvert de forêts, de lacs, de marécages qui interdisaient l'engagement des grands effectifs, les skieurs finlandais allaient, durant plusieurs mois, jouer littéralement au chat et à la souris avec des divisions entières de gros plantigrades aux chars bloqués parmi les congères ou paralysés par les glaces.

A maintes reprises, on verrait ainsi de squelettiques bataillons finlandais couper une à une toutes les lignes de communications et de ravitaillement de puissants corps d'armée russes qui, au bout de quelques jours, n'avaient plus d'autre alternative que de se rendre ou mourir de froid sur place.

Je me souviens d'un dessin humoristique, paru dans un hebdomadaire, et représentant deux éclaireurs-skieurs finlandais arrêtés au sommet d'une colline enneigée, mais d'où l'on pouvait, en bas de celle-ci, deviner des milliers de soldats ennemis comme figés sur place.

Et l'un des deux éclaireurs-skieurs demandait à l'autre:
— Alors, on les encercle?

En France, faute de pouvoir soulever le pays d'enthousiasme aux succès de nos troupes, la radio ne parlait donc presque plus que des exploits de l'armée finlandaise. Il était même question de former un corps expéditionnaire de chasseurs alpins qui s'en irait prêter main-forte aux héroïques soldats de Mannherheim. Exactement comme si nous avions la certitude que, demain, l'Italie n'entrerait pas en guerre aux côtés de l'Allemagne, et que nous n'aurions jamais notre frontière alpine à défendre autrement qu'avec des boules de neige.

Les Anglais, dont le soutien terrestre et aérien nous était accordé plus que parcimonieusement, envisageaient d'ailleurs, eux aussi, d'envoyer des troupes en Finlande.

Tout cela me paraissait généreux, certes, mais assez farfelu. Je sentais ma mère soucieuse, tendue. Et je n'avais qu'une hâte: voir mon père arriver en permission, l'écouter, parler à cœur ouvert de ces choses avec lui.

Quatre jours avant Noël, un télégramme reçu le matin nous apprit qu'il serait à Paris dans l'après-midi. En faisant vite, nous pourrions même nous y trouver aussi quand le train qu'il avait pris atteindrait la gare de l'Est, en provenance de Mulhouse.

Il fut l'un des premiers à descendre de son wagon, se jeta dans nos bras et nous parut aussitôt en excellente santé. Peut-être même l'inaction, dont il nous dirait à quel point il en souffrait, avait-elle ajouté à son poids quelques kilos excédentaires.

Nous ne revînmes pas trop tard à L'Isle-Adam pour empêcher ma mère de faire, en moins d'une heure, le tour des commerçants, et d'y trouver de quoi composer un dîner digne de la surprise qui nous arrivait. Quand mon père entra dans la salle à manger, il promena aussitôt un œil de connaisseur sur les cartes fixées aux murs et, sans que par pudeur il s'y attardât, je vis bien qu'il était ému de trouver le texte de ses citations, transcrit de ma main, entre les photographies des chefs de nos armées.

Durant le dîner, il nous entretint longuement de sa vie en Alsace.

L'état-major de la division se trouvait installé à Morshwiller-le-Bas, petite agglomération paysanne située à quelques kilomètres de Mulhouse où ses camarades et lui logeaient chez l'habitant.

Au début, il avait été fort accaparé par de nombreux relevés topographiques nécessaires pour situer avec précision les différents ouvrages construits sur les bords du Rhin. Il nous raconta que, durant sa première mission, et alors qu'il commençait à distinguer les casemates ennemies de l'autre côté du fleuve, il avait jugé bon d'imposer au jeune lieutenant sorti de Saint-Cyr qui l'accompagnait et connaissait bien le secteur, quelques mesures de défilement tout juste élémentaires. Mais l'autre l'avait aussitôt mis à l'aise en lui disant :

— Ne vous en faites pas, mon capitaine. Les Boches[1] que nous avons devant nous sont très bien élevés. Ici on ne se tire jamais les uns sur les autres. D'ailleurs prenez vos jumelles et regardez dans la direction de mon bras. Vous pouvez y voir une roulante allemande. Elle est là sous nos yeux depuis huit jours et ses bonshommes sont tranquilles comme Baptiste. Tenez, en ce moment, ils sont en pleine corvée de peluche.

---

1. Boche : aphérèse d'Alboche, mot d'argot pour « Allemand ». Apparaît dans la langue française vers 1890. Populaire mais pas forcément injurieux.

Mon père nous dit qu'il avait cru devoir sourire. A cette époque, Roland Dorgelès n'avait pas encore inventé la « drôle de guerre ». Mais n'en était-ce déjà pas une bien étrange que celle où l'on pouvait, quotidiennement, se promener à découvert aux yeux de l'ennemi sans qu'il vous arrivât rien ?

— Comment crois-tu que cela va finir ? demandai-je tout à coup.

Mon père me regarda aussitôt avec un sourire dont je savais toute l'ironie, la tristesse ou l'angoisse qu'il pouvait exprimer dans les situations délicates.

— Certains prétendent que cela va durer ainsi, dit-il, jusqu'à une intervention diplomatique du roi des Belges et de la reine de Hollande. D'autres estiment, au contraire, que la vraie guerre éclatera brusquement, mais que la ligne Maginot est infranchissable, que les Allemands s'y briseront les dents et ne tiendront pas un an à ce jeu-là.

— Et toi, que penses-tu ?

— Moi, je pense qu'une ligne fortifiée a certainement ses vertus, tant qu'il s'agit de se défendre, mais qu'on peut difficilement la transporter avec soi dès qu'il devient urgent d'attaquer. Autrement dit, si nous voulons aller jusqu'à Berlin, il faudra disposer d'autre chose pour nous y conduire. Et je ne sais pas si nous y avons suffisamment pensé.

Ma mère intervint :

— Dans ta dernière lettre, tu nous disais que vous alliez peut-être changer de patron.

— Oui, on en parle. Un nom circule beaucoup, celui du plus jeune général de l'armée française. Il a tout juste cinquante ans et s'appelle Jean de Lattre de Tassigny. Avec un nommé Juin, ce serait notre nouveau crack. Actuellement, il est chef d'état-major de l'armée d'Alsace. On assure qu'il ira loin mais aussi, à peine est-il arrivé quelque part, que ça y barde tous azimuts. Personnellement, je n'ai rien contre.

Je buvais les paroles de mon père dont j'étais privé depuis bientôt quatre mois. Ce qu'il nous confiait me semblait tellement différent de ce qu'on lisait dans les journaux, de ce qu'on entendait à la radio. Néanmoins, lorsqu'il devait estimer que mes questions se faisaient trop pressantes, je sentais également poindre chez lui comme une réticence à nous dire ce que savait l'officier qu'il était redevenu, mais qui ne regardait peut-être pas forcément les civils que nous étions restés.

Le 24 décembre arriva très vite.

Avant d'assister à une messe de minuit bouleversante par sa

ferveur, nous nous étions retrouvés tous les trois, seuls, pour une tendre soirée de Noël. Certes notre crèche et nos santons étaient restés à Vincennes. Pourtant mon père ne tarderait pas à les remplacer par des anges qu'il découperait dans des feuilles de bristol blanc, avant d'en rehausser de papier doré les ailes et les chevelures. Cette réunion, inespérée cinq jours plus tôt, ressemblait presque ainsi à un don du Seigneur.

Mon père, dès le lendemain, se mit au travail. Il tenait absolument à composer un envoi pour le Salon des Humoristes qui, en dépit des événements, devait s'ouvrir en février. *L'Illustration* lui avait également demandé plusieurs « scènes de guerre » dont il me confia être encore loin d'avoir trouvé l'inspiration.

Nous faisions ensemble de longues marches à travers une forêt maintenant dépouillée par l'hiver.

— Surtout, me disait mon père, ne cherche pas ailleurs les vraies légendes. C'est ici qu'elles sont nées. Tous les romans de chevalerie ont leurs futaies et les contes de fées leurs forêts. Les routes ont beau, désormais, percer celles-ci de part en part, les trains labourer leur silence, les avions vriller leur ciel, n'oublie jamais qu'à deux toises de la borne kilométrique, c'est toujours le mystère éternel de la sylve.

En marchant, il me parlait également des brefs séjours solitaires qu'il aimait faire en forêt de Carnelle, au temps où nous passions nos étés à Presles, non loin de là.

— Oui, reprenait-il, pour vraiment remonter à la source qui inspire ces contes, ces romans, ces légendes, il faut d'abord dresser sa tente, seul, absolument seul, au plus profond de la forêt. Alors, seulement alors, on sait ce que la nuit peut apporter avec elle de rêve et d'indispensables craintes. Tant que luit encore une braise, et que les soins du camp vous forcent à agir, cela va à peu près. A peu près ! Car il n'est rien qui sache étayer la solitude comme le choc de deux ustensiles de cuisine, la chanson de l'eau brouillante, la clarté mourante du foyer. Mais sitôt la flamme soufflée, la tête posée sur l'oreiller recouvert en toile à matelas et la couverture ramenée au menton, alors tout change. Un océan de bruits menus, de chuchotements étouffés, de craquements innombrables et de pas trottinants déferle autour de vous comme la mer sur une épave.

Quand nous accomplissions de telles promenades, mon père et moi, nous ne parlions presque jamais de la guerre. Nous nous en sentions comme séparés par la solitude sylvestre. Rien d'autre que celle-ci n'avait accès à nous, entre la terre vierge et le ciel sur l'infini duquel de mystérieux artistes semblaient avoir gravé, à la pointe sèche, le subtil entrelacs des branches qui, deux mois plus tôt, étaient encore chargées de toutes leurs frondaisons.

D'un bout à l'autre de cette « permission », nous ne nous étions probablement rien dit qu'on pût tenir pour décisif. Nous n'avions abordé aucun des grands problèmes de la vie, pas même effleuré ceux que je devrais, de toute façon, bientôt affronter. Mais nous avions fait mieux. Nous avions su équilibrer nos mots et nos silences pour permettre à ceux-là de trouver dans ceux-ci l'espace et la résonance où se fixe et se prolonge l'essentiel.

Le début de la nouvelle année, s'il ne laissait rien présager pouvant donner soudain à la France de très vigoureuses raisons d'optimisme, apporterait au moins d'importants changements de dimensions à la vie que, depuis la déclaration de guerre, nous menions ma mère et moi.

Car, sous le toit de la petite maison de L'Isle-Adam, brusquement nous allions être cinq.

Ma mère avait un seul frère, Charles Plisson, architecte, veuf depuis un an et père de sept enfants. Deux de ses fils étaient mobilisés, deux de ses filles étaient mariées. Mais il en restait une, vivant avec lui, qui avait un an de moins que moi, et deux jumeaux de neuf ans. Or mon oncle, qui avait fait toute la Grande Guerre et n'était plus mobilisable, n'en devait pas moins, comme architecte de la Ville de Paris, se trouver nuit et jour à la disposition de la Préfecture en cas de bombardement sur la capitale. Ce qui rendait fort difficile à un homme seul de mener une vie familiale avec trois jeunes enfants. Il demanda donc à sa sœur si elle pouvait les accueillir. Et ma mère, qu'on imaginait mal refusant un service à quelqu'un, surtout s'il s'agissait de son frère, répondit simplement :

— Il va de soi que j'attends tes enfants. Mais pourquoi ne me les as-tu pas envoyés plus tôt ?

Le lendemain, ils étaient là.

Personnellement, j'en étais enchanté.

Les jumeaux, Pierre et Jean, avaient exactement l'âge qu'aurait eu mon frère François que nous avions, hélas ! perdu à sa naissance.

J'avais souvent rêvé d'une sœur qui, de peu, aurait été ma cadette. Madeleine, qu'on appelait Mado, et qui avait un admirable visage classique, allait donc devenir cette sœur pour moi et, je crois, l'est restée.

Sous le toit de la petite maison, lui fut attribuée la seule chambre qui demeurait disponible. Pierre et Jean se partagèrent la pièce dont j'avais fait ma salle de culture physique. Bref, on se serra un peu. Il fut trouvé, pour Mado, une institution de jeunes filles qui avait excellente réputation et, pour les jumeaux, une vieille institutrice dont la nièce ne m'était pas tout à fait indifférente. Ma mère commença de veiller sur sa nouvelle couvée en pensant, je crois, à celle qu'elle eût sans doute aimé avoir, même si elle n'en parlait jamais. Évidemment, nos trois arrivants lui procuraient bien des tâches nouvelles et donc maint surcroît de travail. Mais il aurait fallu la battre pour le lui faire avouer. Quant à moi, « fils unique » endurci que je croyais bien être, je ne découvrais pas sans un certain étonnement cette vie de famille nombreuse, et plus encore la surprenante facilité avec laquelle je m'en accommodais. Il est vrai que je conservais mes libertés acquises et cela dans tous les domaines. Parfois même, j'en éprouvais davantage qu'une gêne et me sentais, pour tout dire, assez peu fier de moi. Comment pouvais-je goûter ainsi à tant de plaisirs nouveaux alors que, même dans la meilleure des hypothèses, le sort de mon pays était voué à ne passer que par de grands malheurs et à dépendre de lourds sacrifices ?

Aux derniers jours de décembre, la 14ᵉ DI quitta la région de Mulhouse et fit mouvement vers la Sarre. Entre Forbach et Sarreguemines, elle occupait à présent le seul secteur du front où se livraient parfois quelques combats, généralement limités à des rencontres de corps francs. L'état-major avait élu domicile à Hellimer, village situé dans un paysage de bois et de petits lacs où j'imaginais à quel point mon père devait se sentir chez lui.

C'est de là, très vite, dans une lettre datée du 7 janvier 1940, qu'il nous annonça la grande nouvelle : de Lattre venait d'arriver.

Et cette arrivée n'était pas, exactement, passée inaperçue.

Ainsi, le nouveau chef de la 14ᵉ DI avait-il, aussitôt, fait connaître sa devise : « Ne pas subir ». Se dispensant de préciser : « A bon entendeur salut ! » tant c'était clair pour qui savait entendre ou deviner les choses non dites.

Quelques jours plus tard, mon père nous écrivait :

« Certes, jusqu'ici, nous n'avions jamais éprouvé l'impression de ne pas être commandés. Mais à présent, nous avons celle de l'être. Et c'est quelque chose de très différent qui ne s'explique pas, mais se sent, et qu'il faut prendre comme une chance nouvelle de s'élever au-dessus de soi-même. »

D'une lettre à l'autre, nous sentions d'ailleurs mieux, chaque jour, l'ardent mais aussi le très profond bonheur qui habitait soudain mon père.

Sans trahir de graves secrets militaires, il devenait bien plus libre dans ses propos qu'il ne l'avait jamais été jusque-là. Il nous parlait, en détail, des opérations « coup de poing » menées presque chaque jour sur les ordres de celui qui se refusait évidemment à « subir » la moindre pression de l'ennemi sans réagir aussitôt. Ainsi les Allemands attaquaient-ils de nuit l'un de nos villages qu'ils en étaient rapidement chassés par les défenseurs de celui-ci et, le lendemain à l'aube, trouvaient une dizaine d'arbres pavoisés de tricolore à l'intérieur de leurs propres lignes. Certes, il s'agissait presque toujours d'actions n'engageant que de faibles effectifs. Mais quand, d'aventure, l'artillerie allemande se manifestait la première, consigne avait été donnée à la nôtre de lui rendre la politesse à raison de dix coups pour un. Ce qui avait, le plus souvent, un effet calmant immédiat.

Durant la deuxième quinzaine de janvier, l'hiver prit tout à coup l'offensive. En Ile-de-France, la neige recouvrit les campagnes. Sur le front sarrois, le thermomètre descendit fréquemment jusqu'à $-30\,^{\circ}\mathrm{C}$. Mon père ne s'en plaignait pas. En revanche, il s'accommodait assez mal des horaires du soir qui semblaient avoir les préférences du général de Lattre. Celui-ci passait rarement à table avant minuit et pouvait très bien y rester plus de trois heures à improviser des conférences d'état-major passionnantes mais éprouvantes pour qui se levait tôt et avait naturellement un fort besoin de sommeil. Ce qui était, en particulier, le cas de mon père. Celui-ci avait donc mis au point une façon toute personnelle d'aller dormir en paix à l'heure qui lui convenait. Deux fois par semaine, il se faisait ainsi donner une mission de relevés topographiques dans la zone des « petits postes », c'est-à-dire de ces abris solidement charpentés qui, à la lisière des bois, jalonnaient la frontière face aux lignes allemandes. Comme la nuit tombait tôt, à partir de seize heures il devenait tout à fait impossible de regagner Hellimer. Mon père le savait. Aussi calculait-il ses horaires en conséquence, pour être « obligé » de demeurer sur place, dans un de ces « petits postes » autour duquel il avait effectué ses relevés et où il était toujours chaleureusement reçu. Dès qu'arrivaient les ténèbres, on s'y enfermait derrière plusieurs réseaux de fil de fer barbelé munis de tous les signaux d'alerte nécessaires et dont on verrouillait soigneusement la dernière chicane. Alors, au-delà de cet étroit périmètre de sécurité, commençait le royaume nocturne des corps francs où s'affrontaient les patrouilles et se tendaient les embuscades. D'où le claquement sec des rafales de pistolet mitrailleur et les explosions mates des grenades qui meublaient fréquemment l'obscurité jusqu'au jour. Mais ces bruits-là, du moins, n'empêchaient pas mon père de dormir. En tout cas, c'est ce qu'il affirmait. Car je me demande si, parfois, il ne lui plaisait pas de rester à demi-éveillé au cœur de la nuit sylvestre dont il savait tout, pour guetter dans l'ombre les bruits de la guerre qu'il reconnaissait un à un, se rappeler discrètement à leur bon souvenir et retrouver ainsi un pan de sa jeunesse.

Puis, dès qu'il faisait tout à fait jour, commençaient à discrètement rôder les patrouilles dites de nettoyage destinées à établir le bilan des brefs combats nocturnes, à vérifier si aucun détachement ennemi ne vagabondait plus dans les parages, et si quelque mort ou blessé n'avait pas été oublié par les siens. Mon père ne manquait évidemment jamais de participer à ces opérations. Dans la vallée, entre Grossblietenstroff, bourg français, et Kleinblietenstroff, bourg allemand, coulait la Sarre qui charriait des glaçons. Plus un seul coup de feu ne retentissait. La guerre, qui avait bien voulu accepter de jouer son rôle pendant les heures de nuit, était-elle à nouveau aussi « drôle » qu'on le disait ?

Je n'en revenais pas. J'enrageais.

Enfin quoi, nous étions en guerre, palsambleu ! Sans doute ne la faisions-nous pas autant que nous aurions dû. Mais, par les lettres de mon père, j'étais bien placé pour savoir que, dans la Sarre, tous les jours des hommes tombaient ou, du moins, risquaient leur vie les armes à la main. Non, ce n'était pas Verdun, bien sûr. Mais pas non plus la buvette du Palais-Bourbon.

Or, pendant ce temps-là, à quoi s'occupaient nos députés ? Eh bien, pour ne pas perdre la main, à renverser le gouvernement. Comme en temps de paix ! Comme en 14-18, d'ailleurs quand ils jonglaient, au gré de leur humeur, avec Viviani, Ribot, Briand et Painlevé.

27

Le 19 mars, deux cent trente-neuf élus accordaient ainsi, du bout des doigts, leur confiance à Daladier qui dirigeait le pays depuis deux ans. Mais trois cent onze s'abstenaient ou votaient contre lui.

Daladier démissionnait donc.

J'imaginais quels sentiments devaient hanter l'esprit de mon père qui, certes, ne nourrissait déjà pas une affection débordante pour le régime parlementaire, autrement dit pour les plaisirs et les jeux de ses intercesseurs. A distance, je croyais l'entendre. Ou plutôt il me semblait percevoir ses silences, deviner sa colère et son mépris contenus.

Le lendemain, Paul Reynaud était appelé au pouvoir. Mais il n'obtenait la confiance que par une toute petite voix de majorité. Je savais que, dans notre histoire, existaient des précédents illustres. Mais là, Edouard Herriot, président de la Chambre des députés, n'hésiterait pas à déclarer lui-même un peu plus tard : « Et encore, je ne suis pas très sûr qu'il l'ait eue, sa voix. »

Quant à moi, j'étais certain, malgré mon jeune âge, que ces hommes qui allaient continuer de gouverner la France étaient profondément indignes d'elle. Même Paul Reynaud, en dépit des idées qu'il pouvait avoir mais qui ne suffisaient pas à compenser toutes les faiblesses de son caractère.

Un étrange pressentiment ne m'abandonnait pas lorsque, le 29 mars, mon père arriva pour sa deuxième permission de dix jours. Je n'aurais pu en dire plus, mais j'éprouvais une pesante intuition. Celle que cette permission, d'une façon ou d'une autre, allait être la dernière.

Je trouvai le visage de mon père moins rempli qu'en décembre et le lui dis. Il me répondit :

— Nous ne menons pas la même vie qu'alors. Les journées sont longues. Les soirées aussi. De Lattre est infatigable et ne supporte pas que nous le soyons moins que lui. Mais quel homme ! Pas plus fait pour être limité au commandement d'une division qu'une panthère pour vivre dans un carton à chapeaux. Cela dit, si tout se passe normalement, il accédera vite aux plus hauts postes et même, sans doute, au plus haut de tous. Et c'est seulement là qu'il pourra donner sa vraie mesure. Cela dit, il n'est pas facile à vivre tous les jours. Et nous commençons à en savoir quelque chose.

Vint alors le récit de quelques-unes des grandes colères du

28

nouveau chef de la 14e DI. Colères de préférence réservées à ses officiers les plus élevés en grade, mais presque aussitôt suivies de fabuleux numéros de charme pour se faire pardonner.

— Ce qu'il veut, en vérité, c'est qu'on l'aime, et qu'on l'aime avant tout, poursuivit mon père. Une fois, il m'a fait appeler dans son bureau vers trois heures du matin, commençant par me parler d'affaires absolument subalternes. Puis, tout à coup, il m'a fixé dans les yeux et m'a demandé brusquement : « A votre avis, à la division, est-ce qu'on m'aime ? » Que veux-tu répondre à une telle question posée à trois heures du matin ? J'ai donc répliqué, le plus naturellement possible, qu'on l'admirait, qu'on le respectait, qu'on l'aimait bien sûr. Ce qui, d'une certaine façon, est vrai d'ailleurs. Il n'a pas eu l'air tout à fait convaincu et m'a dit : « Faites-moi chercher mon chauffeur. » Je n'ai rien demandé et suis allé, tout droit, frapper moi-même à la porte du chauffeur. Je l'ai réveillé et lui ai dit : « Le général veut te voir. » L'autre, qui devait croire à un départ nocturne non inscrit au programme, s'est habillé en tornade et m'a suivi jusqu'au bureau du général. Quand celui-ci l'a vu, il lui a simplement posé bille en tête la question : « Est-ce que tu m'aimes ? » Tu imagines d'ici la bobine du chauffeur que son général fait réveiller à trois heures du matin pour lui demander s'il l'aime. « Oh ! oui, mon général », a néanmoins réussi à balbutier le brave type. « D'accord, tu m'aimes, a fait le général. Mais enfin, est-ce que tu m'aimes vraiment ? » Et l'autre, mal réveillé, a répété dans un demi-sommeil : « Oh ! oui, mon général. » Alors, de Lattre s'est contenté de lui dire : « Bon, je te remercie, tu peux aller te recoucher. » Et quand son chauffeur a eu quitté la pièce, le général m'a demandé : « Croyez-vous qu'il soit sincère ? » Eh bien cela, c'est lui. Pas seulement cela, bien sûr. Mais cela aussi.

Chaque jour, j'apprenais de nouveaux détails sur la personnalité de ce chef qui, visiblement, subjuguait mon père.

— « Ne pas subir » est donc sa devise. Et Dieu sait s'il lui est fidèle. Mais il a également d'autres façons de dire les choses et d'exiger qu'elles soient comme il les veut, en particulier celle qu'il exprime ainsi : « De la minutie dans le détail. » De ce côté-là, il ne passe rien à personne. Au début, on trouve qu'il exagère un peu. Et puis, très vite, on pense qu'il a raison. Encore une formule à lui : « Pour demain dix-sept heures. » Évidemment, je cite un jour et une heure au hasard, car cela peut être aussi bien « Pour aujourd'hui quinze heures » ou « Pour après-demain dix heures ». Mais cette précision a pour but de faire clairement comprendre à l'exécuteur de l'ordre que le délai d'exécution compte autant que la qualité de celle-ci, et que ce n'est pas à lui, l'exécuteur, d'en décider, mais au seul chef qui donne cet ordre. Pour commander, c'est vrai, il faut savoir être obéi dans les grandes comme dans les petites choses. Or de Lattre élève la technique du commandement à la hauteur d'un art. Ce qui, à la guerre, n'est pas toujours exagéré.

Et mon père de continuer :

— Quand nous sommes arrivés à Hellimer, se trouvaient devant toutes les maisons les fameux tas de fumier qu'on trouve dans chaque village lorrain. Si bien que, non seulement, de Lattre les a tout de suite vus mais surtout sentis. Réaction explosive immédiate. « Remplacez-moi ces immondices par des massifs de fleurs. J'en veux un par maison. Pour demain dix-sept heures. » Il a bien fallu que les types du génie se débrouillent. Ils l'on fait. Dans les délais prescrits.

De vive voix, mon père me donnait aussi la somme des détails qu'impatiemment j'attendais sur ses fameuses nuits aux « petits postes ».

— Un matin, au cours d'une patrouille de nettoyage, nous sommes tombés sur une section allemande qui, à cinq cents mètres de nous, paraissait bivouaquer à l'orée d'un bois sans rien soupçonner de notre présence. J'ai dit au jeune lieutenant qui commandait la patrouille : « On ne fait rien ? » « Ah ! non, m'a-t-il répondu, ce sont les Boches de Trochu et je n'ai pas le droit d'y toucher. Une fois, j'en ai mis deux au tapis. Qu'est-ce que j'ai pris ! Pas des Boches, mais de Trochu. »

Il s'agissait de Charles Trochu, petit-neveu de Kléber, vice-président du Conseil municipal de Paris, et qui commandait un corps franc de la 14e DI.

Et puis, je me souviendrai toujours de cette question qu'un soir, après le dîner, j'avais posée à mon père, sans imaginer un seul instant ce que sa réponse allait provoquer en moi de trouble :

— A part les hommes qui se battent vraiment, comme ceux que tu retrouves aux « petits postes », que fabriquent les autres ?

Il me sembla que mon père hésitait avant de répondre, comme s'il ne savait pas s'il devait le faire ou non. Enfin, il se décida :

— Eh bien, ils fabriquent, comme tu dis, la ligne Maginot.
— Quoi ?
— Mais oui, dans le secteur où nous sommes, il n'y a pratiquement pas d'ouvrages fortifiés. On a estimé, en effet, qu'un système d'inondation alimenté par les nombreux lacs de

la région suffirait à noyer l'offensive ennemie qui se risquerait par là, c'est-à-dire ses chars, son artillerie, son infanterie, son train des équipages, etc. Alors, cette ligne Maginot, qui ici n'existe pas, ce sont nos hommes qui la font !

Si quelqu'un d'autre que mon père m'avait fait cette réponse, j'aurais éclaté de rire, pensant qu'il se moquait de moi ou voulait éprouver ma crédulité. Mais là, je ne pouvais douter que ce fût la vérité. Je savais depuis longtemps que la ligne Maginot s'arrêtait à la frontière luxembourgeoise, négligeant ainsi, pour ne pas offenser nos amis luxembourgeois et belges, d'aller jusqu'à la mer. Et ceci me paraissait déjà relever de la pure folie. Mais là j'apprenais soudain que, face à la formidable forteresse et base de départ que constituait la Sarre, il n'y avait plus de ligne Maginot. Ou presque plus.

Je ne répondis rien. J'étais atterré. On nous avait menti. On pouvait donc encore nous mentir. Jusqu'ici, j'avais bien voulu croire que, même s'arrêtant avant la forêt des Ardennes, la ligne Maginot était notre bouclier, notre sauvegarde, notre talisman. Il me semble que, ce soir-là, j'ai commencé à douter. Et pas seulement de la ligne Maginot. Mon père dut le sentir. Il n'ajouta rien, baissa les yeux, et nous parlâmes d'autre chose.

Par exemple des hôtes que le général de Lattre recevait à sa table.

— Joseph Kessel est venu, raconta mon père. Évidemment j'avais lu *l'Équipage*, *Mary de Kork*, *les Cœurs purs*, trois livres merveilleux, pleins d'héroïsme et de tendresse. Et aussi la biographie de Mermoz. Mais l'homme est encore très au-dessus de son œuvre. C'est à la fois un cosaque venu du fond de la steppe et un paysan de chez nous. Quel personnage !

Et puis, mon père évoqua un certain colonel que de Lattre tenait en grande estime, qu'il connaissait depuis leur commune jeunesse et qui commandait à présent les chars de la Ve armée.

— Imagine un type mesurant près de deux mètres, précisa-t-il. Avec un long visage triste et un peu distant. Hautain si tu préfères. Mais passionnant dès qu'il se met à parler du rôle des blindés dans la guerre moderne. Durant les deux repas qu'il a pris chez nous, on n'a entendu que lui. Je dois dire que cela valait tous les cours de l'École de guerre. Il a écrit plusieurs livres d'histoire militaire et de stratégie qui sont, paraît-il, remarquables. Je vais essayer de me les procurer.

— Comment s'appelle-t-il ? demandai-je.

— Oh ! il a le nom le plus français qu'on puisse imaginer. Il s'appelle le colonel de Gaulle.

II

Au matin du 10 mai 1940, je fus éveillé par ma mère bien avant l'heure où, d'ordinaire, j'émergeais seul de mon sommeil et de mes rêves d'adolescent.

— Les Allemands sont entrés en Belgique, me dit-elle.

Je me souviens parfaitement que ni les Pays-Bas ni le Luxembourg, dont l'ennemi avait également franchi les frontières, ne furent alors mentionnés. Il faut dire que trop de liens de famille et d'amitié nous unissaient à la Belgique pour que celle-ci ne fût pas devenue, dans notre existence, comme une seconde patrie. Or c'était la deuxième fois en vingt-six ans que les Allemands l'envahissaient. Donc, peu importait qu'ils n'eussent pas encore pénétré sur notre sol : c'était déjà comme si leurs armées foulaient celui-ci. Et ne comptaient plus alors que la Belgique et nous.

Il y avait huit mois que nous étions en guerre. Mais je ne fus pas long à comprendre que celle-ci venait seulement de commencer.

Les dernières semaines que nous avions vécues n'avaient pourtant pas manqué d'activité guerrière. En Norvège, le 9 avril à l'aube, de forts détachements allemands avaient débarqué pour s'assurer de bases sous-marines et aériennes pouvant être utiles au Reich dans sa lutte contre l'Angleterre. Il s'agissait aussi d'occuper le port de Narvik, point d'aboutissement de la voie ferrée par laquelle arrivait le minerais de fer suédois et où il était embarqué directement pour les docks de Hambourg.

A cette opération facile à prévoir, la France et l'Angleterre avaient répondu avec une désolante inertie, ne marquant un net succès qu'à Narvik où la flottille de débarquement allemande avait été anéantie. Ce qui devait permettre à Paul Reynaud de lancer, bien prématurément, cette phrase dont il porterait toujours le poids chargé de dérision : « La route du fer est définitivement coupée. » Le 2 mai, presque tout le corps expéditionnaire franco-britannique avait été réembarqué. Demeuraient seulement à Narvik les légionnaires et les chasseurs alpins du général Béthouart. Certes, ils devraient se retirer au début de juin. Mais sans avoir été vaincus, et seulement parce que notre armée l'était en France, comme jamais de toute son histoire.

La nouvelle que ma mère venait de m'apprendre me fit aussitôt bondir de mon lit.

— Cette fois, m'écriai-je, puisque décidément ils la veulent leur raclée, eh bien, ils vont l'avoir !

Ma mère me regarda longuement et répondit :

— La division de ton Papa a toutes les chances d'être aux premières loges.

Comme si ce n'était pas à cela que je pensais ! Depuis trois semaines, la 14e DI avait quitté la Sarre pour être mise au repos dans la région de Lunéville. Elle ne s'y trouvait ainsi que plus disponible afin d'être envoyée là où l'on avait besoin de troupes fraîches sur lesquelles on pût vraiment compter.

— Mais non, dis-je pourtant à ma mère. Il y a, le long de la frontière belge, toutes les divisions voulues qui n'attendent que cela pour courir sus à l'ennemi. Et puis tu as l'air d'oublier les Anglais.

— Oh ! les Anglais, fit ma mère avec un haussement de sourcils qui en disait long.

La radio était encore plus que discrète, se bornant à répéter que l'armée belge n'avait pas été prise au dépourvu, et qu'elle résistait vaillamment sur la Meuse et le canal Albert.

Ce 10 mai était un vendredi, jour de marché. Dans l'avenue des écuries des princes de Conti et sous ses hauts feuillages, les commentaires allaient bon train. Je fus plutôt agréablement surpris par l'optimisme et presque le soulagement qui se dégageait des conversations. A en croire ce qu'on entendait, Hitler venait de commettre la première grande erreur de sa carrière, et ne tarderait pas à la payer au prix fort. C'est en particulier ce qu'affirmait un de nos camarades, plus âgé que nous, sous-lieutenant dans un régiment de cavalerie motorisée, arrivé en permission la veille et qui regagnerait l'Est dans l'après-midi. Je l'enviais d'arborer déjà une culotte de cheval, des bottes et une chemise d'officier sur laquelle il n'aurait plus, tout à l'heure, qu'à enfiler sa tunique aux deux manches de laquelle brillait un galon d'argent.

— C'est une aubaine qu'ils se soient enfin décidés à passer

par la Belgique, affirmait-il. Sinon, comme nous ne pouvions pas le faire, ça risquait de durer longtemps.

Ce ne serait pas le cas, hélas !

Déjà, le soir, la radio commençait à parler d'opérations aéroportées sur les arrières des troupes belges et hollandaises, ainsi que d'infiltrations de chars dans la forêt des Ardennes. Celle dont nos grands stratèges avaient toujours affirmé que si l'ennemi faisait l'énorme gaffe de s'y aventurer, « on le repincerait à la sortie ».

Est-ce ma mémoire qui me trahit, sous la pesanteur de près d'un demi-siècle si souvent passé à continuer d'explorer les sous-jacences du drame ? Ou bien, ce jour-là, n'étais-je déjà plus aussi certain, le soir que le matin, du caractère inéluctable de la volée que nous allions flanquer, avant même qu'il eût le temps de s'en apercevoir, au chancelier moustachu du Grand Reich ?

Les deux lettres que nous reçûmes de Lunéville, arrivées le 11 et le 12 mai, n'avaient évidemment aucun rapport avec ce que nous étions en train de vivre. La plus récente avait été écrite et postée le 9 dans l'après-midi.

Ce fut une terrible journée que celle du 14 mai. L'embarras des commentateurs de la radio était, d'heure en heure, plus hallucinant. De Liège à Sedan, tout le long de la Meuse, le déferlement des blindés allemands devenait irrésistible. Et le nom de l'ancienne principauté, pourtant échue aux Turenne à l'aube du Grand Siècle, retrouvait subitement toutes les résonances de désastre militaire que lui avait conférées notre défaite de 1870. Le front cédait, la brèche était ouverte. Et l'on avait beau nous jurer que Liège tenait toujours, qu'une contre-attaque était en cours à l'est de Sedan, que partout nos forces résistaient avec un courage surhumain, il aurait fallu être physiquement sourd et mentalement aveugle pour songer à autre chose qu'à ce que, justement, nous refusions encore d'admettre.

Ma mère, en plus de tout, ne cessait de penser à la responsabilité supplémentaire que lui donnait la présence de Mado et des jumeaux. Depuis le 10 mai au matin, plusieurs fois par jour, elle appelait son frère pour parler avec lui des dispositions à prendre. Mais, jusque-là, mon oncle, qui observait la situation avec beaucoup de sang-froid, paraissait avant tout préoccupé de ne pas céder à la panique.

Je n'avais, quant à moi, que la pensée de mon père présente à l'esprit. Puisqu'il était impossible qu'il fût encore à Lunéville, où se trouvait-il donc ? Rien de lui ne nous était parvenu en trois jours, ce qui était rare. Le 16, enfin, nous reçûmes une lettre au crayon écrite à la hâte.

La division était arrivée à Rethel. Mon père nous le disait en clair, ne nous cachant pas davantage que l'on comptait sur eux pour briser la ruée allemande quand elle surgirait. La veille, en regardant une carte, j'avais eu comme l'intuition qu'on les attendait sur l'Aisne.

Ce fut le lendemain matin que mon oncle nous téléphona. « J'ai réfléchi toute la nuit, dit-il. Vous ne pouvez plus rester à l'Isle-Adam. Demain vendredi, je viendrai vous prendre au petit jour en voiture et vous emmènerai à Saint-Quay-Portrieux. Nous y avons passé plusieurs étés. Je suis sûr de vous y trouver un gîte. Il faudra que je sois de retour à Paris dimanche soir. Prenez le minimum de bagages. Nous ne partons pas en vacances mais en exode. Toinon et Claudine seront du voyage. »

Toinon était la sœur aînée de Mado. Et, sur son jeune visage, il me semblait retrouver toute la grâce et le charme de notre grand-mère disparue deux ans plus tôt. Le mari de Toinon, médecin, se trouvait aux armées. Claudine était leur fille. Elle devait avoir six mois.

Quand reviendrais-je ici, dans cette vallée de l'Oise que j'aimais tant, parmi mes bois et mes coteaux ? Difficile à dire. Tant de choses pouvaient arriver. Par éducation, tendresse, fidélité, il me fallait donc tirer quelques révérences avant de m'en aller.

D'abord à celles qui avaient si joliment compris que j'avais davantage à attendre de leur enseignement qu'elles n'en pouvaient espérer du mien, celles qui s'étaient comportées avec moi de façon toujours exquise et souvent bienveillante. Seulement, c'était aujourd'hui jeudi, jour de congé scolaire. Je n'irais pas moins leur faire visite. Mais la présence des enfants rendrait évidemment difficiles certaines effusions. Ce qui, au fond, valait peut-être mieux. En tout cas, la matinée me suffit à remplir ces douces obligations. J'étais un peu triste. Mes amies aussi. Du moins voulurent-elles bien me le laisser croire.

Mes autres révérences furent plus bucoliques.

J'allai doucement grimper à bicyclette la côte de Nesles, pour redescendre vers le village et revenir par Valmondois. J'éprouvais l'impression de procéder à une sorte d'inventaire intérieur de mes lieux d'élection dont chacun me parlait à l'oreille et, semblait-il, acceptait de m'écouter un instant.

Les heures passaient, pourtant. Comment aurais-je pu rendre visite à toutes les allées forestières, à toutes les clairières que j'aurais aimé revoir avant de tourner cette page ? Alors, après avoir brièvement éprouvé la fraîcheur printanière des eaux de l'Oise, je pris la direction de Presles où m'attendait un petit bois situé près de la ferme des Vanneaux. Mon père assurait que, nulle part ailleurs, il n'avait jamais rencontré, sur une aussi faible surface, un tel condensé de tout ce qui pouvait constituer la vie sylvestre, animale et surtout ornithologique d'Ile-de-France.

Pour y accéder, il fallait traverser un champ où le blé vert montrait déjà le bout de ses épis. Mais dès qu'on pénétrait dans le bois lui-même, en se faufilant sous les basses branches, c'était sur un tapis de lierre que l'on commençait d'avancer. Lierre curieusement inoffensif, semblait-il, puisque ses racines adventives montaient à l'assaut des plus hauts arbres sans jamais paraître leur causer le moindre tort.

Je restai là près d'une heure, comme si j'y étais en compagnie de mon père. Hors du temps et presque de la guerre. Un rossignol chantait au-dessus de ma tête et l'accent de sa mélodie changeait constamment de ton. De légers trottinements bruissaient au ras du sol. Quand je me rapprochai de la lisière, la campagne ensoleillée m'apparut, à travers les branches, dans toute la paix de ses lumières et de ses ombres. Quel destin m'attendait ?

Nul ne pouvait me voir. Nul ne me savait là. Ma solitude et mon secret étaient, pour l'instant, ma richesse.

Lorsque je rejoignis le petit pont sur le ru, mince affluent de l'Oise, là où, sous un saule, j'avais caché ma bicyclette, un martin-pêcheur glissa au ras de l'eau.

Nous partîmes le vendredi 17 au matin, vers huit heures je crois. Les nouvelles étaient de plus en plus mauvaises. Les Allemands circulaient dorénavant comme chez eux à travers les Ardennes, ce qui leur permettait d'y engouffrer, sans discontinuer, toutes les troupes et le matériel dont ils avaient besoin pour développer leur offensive en direction de la mer et — pourquoi pas ? — de la région parisienne. Quant au ciel, immuablement bleu, il paraissait être leur plus sûr allié. Nos aviateurs accomplissaient des prodiges, ne cessait de répéter la radio. C'était certainement vrai. Mais le mot « prodige » en disait assez long sur le rapport de forces entre l'aviation allemande et la nôtre.

La conduite intérieure qui nous emmenait, une Peugeot « familiale » si ma mémoire est bonne, conquit ce jour-là de nouveaux titres à mériter sa dénomination. A l'intérieur, nous étions cinq adultes ou assimilés par la taille, deux enfants et un bébé. Cela faisait déjà une bonne cargaison, à laquelle s'ajoutaient les bagages qui emplissaient le coffre et débordaient du toit.

Saint-Quay se trouvait à environ 450 kilomètres de Paris. Aussi étonnant que cela fût, ce serait la première fois que j'accomplirais une telle distance en voiture. Mes parents n'en possédant pas, je me demande même si j'avais déjà, grâce à l'obligeance d'amis à eux, parcouru plus de dix lieues à bord d'une automobile. Toutes les aventures m'arrivaient à la fois.

Mon oncle avait eu raison de précipiter ainsi notre départ. Nous roulâmes sans encombre de L'Isle-Adam à Saint-Quay. Trois ou quatre jours plus tard, nous aurions risqué de connaître bien des drames de l'exode.

Je me souviens qu'en traversant Dinan, la radio nous apprit que des éléments blindés allemands étaient arrivés à Laon, dont mon grand-père paternel avait défendu la citadelle contre les Prussiens soixante-dix ans plus tôt. Je mesurai sur une carte quelle était la distance qui séparait Laon de Paris. Environ cent trente kilomètres. Mais à la vitesse prise par cette guerre où les moteurs menaient la charge...

Lorsque nous atteignîmes enfin Saint-Quay, aussitôt je revis intérieurement l'été qu'en 1936 j'y avais passé avec mes parents. L'été du Front populaire comme on disait alors. Mais également celui de la guerre d'Espagne et des Jeux Olympiques de Berlin.

Grâce à mon oncle, qui avait ses grandes et petites entrées chez plusieurs agents de location quinocéens, nous ne tardâmes pas à découvrir un toit pouvant abriter notre tribu. L'étroite maison de deux étages en granit que nous avions été bien aise de trouver, n'était pas située loin de la plage. Elle n'avait certes rien qui pût risquer de la convertir en un signe extérieur de richesse, mais n'en possédait pas moins cinq chambres de dimensions les rendant parfaitement habitables, une cuisine, une salle à manger, le gaz, l'électricité, l'eau courante. Quant aux « commodités », elles se situaient dans une cour exiguë donnant sur un jardin public, ce qui n'était évidemment pas le meilleur emplacement qu'on eût pu leur trouver. Mais nous n'étions pas à cela près.

Dès notre arrivée, ma mère n'avait pas été longue à apprendre que le lycée Anatole-Le-Braz de Saint-Brieuc disposait, depuis le mois d'octobre, d'une annexe à Saint-Quay, réservée aux enfants des familles réfugiées. Elle se trouvait installée dans un lot de boutiques neuves, encore inutilisées, donc immédiatement réquisitionnées par ce qu'on appelait alors le ministère de l'Instruction publique.

C'est là que Mado, les jumeaux et moi nous retrouvâmes instantanément inscrits dans les classes qui convenaient à nos âges. Et je n'apprendrais que beaucoup plus tard la présence parmi nous, en ces jours où l'histoire se faisait sous nos yeux, de mon futur confrère et ami Alain Decaux. Je ne pense pas qu'à part le lycée Louis le Grand — et cela reste encore à vérifier — il y ait eu, en cette époque troublée, un autre établissement scolaire possédant, sur ses bancs, deux futurs membres de l'Académie française.

Avant de quitter L'Isle-Adam, ma mère avait posté un mot rapide à mon père, lui disant notre décision de partir et l'adresse d'amis de mon oncle, déjà installés à Saint-Quay, chez qui nous écrire.

Mais nous n'osions pas espérer de ses nouvelles avant plusieurs longs jours.

La radio et les journaux allaient se charger de nous en donner.

Car, tandis que nous roulions vers la Bretagne, s'était déclenchée la première bataille de Rethel, dont on prononçait clairement le nom, et qui durerait quatre jours de combats acharnés pour la plus grande gloire de la 14e DI.

Ailleurs, hélas! la déroute était complète. Gamelin, totalement dépassé par une guerre dont il avait toujours refusé d'admettre qu'elle pût exister un jour sous cette forme nouvelle, volatilisé par une bataille qu'il n'avait donc su ni prévoir ni livrer, venait d'être brusquement relevé de son commandement et Weygand rappelé du Levant pour lui succéder. Ma mère et moi croyions en lui parce qu'il avait été le bras droit de Foch, et qu'il était, avec Pétain, le dernier chef prestigieux de la Grande Guerre. Cela pouvait-il suffire? Et imaginer, le 19 mai, un gouvernement au grand complet, c'est-à-dire au moins athée à 70 %, allant comme un seul bigot marmonner publiquement quelques prières à Notre-Dame, n'avait-il pas quelque chose de dérisoirement attentatoire à la dignité de l'État? Mais pouvait-on encore soutenir qu'il y eût un État ? Et quel était ce chef de gouvernement qui alors, face au Sénat, ne trouvait rien d'autre à lancer que cette phrase que je crois encore entendre : « Si l'on vient me dire que seul un miracle peut sauver la France, je répondrai que je crois au miracle car je crois à la France ! »

J'ai conservé l'émouvant petit agenda sur lequel ma mère consignait, chaque jour, ce qui lui semblait digne d'être noté. Comment aurais-je pu me souvenir autrement qu'arrivés à Saint-Quay le 17 mai, nous n'y avions reçu la première lettre de mon père que le 29 ? Il est vrai que celle-ci, écrite le 16, donc avant le déclenchement de l'attaque allemande sur l'Aisne, avait dû faire un détour par L'Isle-Adam avant de nous rejoindre en Bretagne.

Le 1er juin, nous parvenaient enfin deux lettres des 26 et 27 mai, retraçant par le menu les quatre jours d'enfer.

« Ce fut très dur, écrivait mon père, mais nous n'avons jamais " subi ". La preuve c'est que nous sommes toujours là et que, pour l'instant, l'ennemi ne s'y frotte plus. Par deux fois, il a franchi l'Aisne. Par deux fois, il a dû la repasser dans l'autre sens, laissant entre nos mains des centaines de morts et de prisonniers. Tout cela nous le devons d'abord au général qui s'est conduit en très grand chef, comme on en souhaiterait un à la tête de toutes nos armées réunies. Mais nous en sommes également redevables à la vaillance de nos hommes et de nos officiers qui sont les meilleurs qu'on puisse voir. J'espère vous raconter, un jour, comment un de nos lieutenants de chars a anéanti, à lui seul, toute une colonne d'infanterie portée allemande dont les types arrivaient le nez en l'air, croyant que nous avions déménagé depuis longtemps. Quel carnage ! Mais *Das ist Krieg*, comme ils disent. »

Avoir mon père dans une des seules grandes unités qui ne ployât pas me remplissait d'émotion et d'orgueil. J'aurais voulu pouvoir, devant tous les élèves du lycée réunis, lire les lettres que nous avions reçues et qui réussissaient presque à me rendre confiance. Malheureusement, dès que je sortais de mon rêve, que j'écoutais à nouveau la radio, que je parcourais un journal, je renouais aussitôt avec la réalité et me demandais alors, comme déjà presque résigné, de combien de jours la France allait encore pouvoir différer son destin.

Le 3 juin, nous apprîmes que l'aviation allemande avait durement bombardé plusieurs quartiers de Paris, et qu'elle y avait fait de nombreuses victimes. On parlait d'au moins deux cents morts et d'un nombre de blessés encore impossible à évaluer.

Dans la poche de Dunkerque, l'affligeant réembarquement des troupes franco-britanniques touchait à sa fin. Et déjà la radio le célébrait comme une réconfortante victoire. Mais où en étions-nous si, désormais, nous n'avions plus à qualifier de victoire qu'une retraite effectuée en catastrophe par des soldats vaincus, épuisés, les nôtres, contraints à mendier leurs pauvres places à bord de navires anglais ?

J'allais au lycée de façon de plus en plus intermittente. Et cependant nos maîtres accomplissaient, avec beaucoup de conscience, tout ce qui était en leur pouvoir pour que la tourmente emportant notre pays causât le moins de tort possible à notre avenir scolaire.

Ainsi ai-je gardé le souvenir d'un admirable professeur de lettres, d'origine grecque, et qui s'appelait Lysimaque Ekonomos. Il n'était pas très haut de taille, mais savait en jouer avec infiniment d'humour. Il donnait ainsi une partie de son cours debout sur la table d'où il enseignait pour, disait-il, être vu de nous tous. Je lui dois, en particulier, la découverte du *Cimetière marin*, le jour où il nous expliqua, de façon lumineuse, comment il pouvait suffire d'un poème pour qu'un « toit tranquille où marchent des colombes » devînt en quelques strophes ce même « toit tranquille » mais où « picoraient des focs » à présent.

Le ciel continuait d'être douloureusement bleu. Chaque matin, de bonne heure, j'allais pratiquer ma culture physique dans une crique déserte où je choisissais des galets pour les convertir en haltères, avant d'aller me plonger dans la mer. Le reste de la journée, pourtant, me voyait peu sur la plage. La vieille difficulté que j'avais longtemps éprouvée à me lier avec les gens de mon âge était revenue en force poussée par les vagues du malheur. Lorsque, en dehors des cours, je ne restais pas auprès de ma mère à partager son angoisse, la solitude redevenait ma compagne d'élection, et nous faisions ensemble de longues promenades sur le chemin de ronde surplombant des rochers luisants de varechs.

A nouveau, tout se précipitait.

Même la radio annonçait que les Allemands venaient de lancer dans ce qui restait de bataille vingt divisions d'infanterie absolument fraîches et sept divisions blindées qui n'avaient pas encore vu le feu.

A défaut de pouvoir agir, Weygand parlait beaucoup. Ce qui signifiait évidemment qu'il parlait trop. J'ai retrouvé certaines de ses phrases dont je n'oserais cependant pas jurer qu'à l'époque nous n'avions pas tendance à y accrocher nos derniers lambeaux d'espérance.

« Si nous tenons un mois, et nous tiendrons le temps qu'il faudra, nous aurons fait les trois quarts du chemin de la victoire », s'était ainsi exclamé le commandant en chef, alors que nos lignes étaient déjà plus qu'aux trois quarts enfoncées.

Huit jours plus tard, il ajoutait :

« L'ennemi a subi des pertes considérables. Demain il sera à bout de souffle. Nous sommes au dernier quart d'heure. Tenez bon. »

Le 9 juin, nous apprîmes qu'une nouvelle attaque avait été lancée contre Rethel. Ah! pensions-nous, fallait-il que cette pauvre 14e DI fût bien ce que mon père nous en disait pour qu'après vingt-cinq jours terribles, agrippée à ses débris de positions, elle continuât d'interdire, envers et contre tout, la route du sud aux divisions allemandes qu'on ne devait pourtant cesser de renouveler en face d'elle.

J'accompagnais ma mère à l'église pour y prier. Nous sanglotions l'un et l'autre. Néanmoins, je me refusais à croire que mon père ne reviendrait pas vivant. Je m'y refusais même de plus en plus. Et quand je le disais à ma mère, celle-ci me répondait :

— Oui, je le crois aussi. Mais alors il faut beaucoup prier.

Chaque soir, dans ma chambre, avant de me coucher, je retrouvais donc la prière et mes larmes.

Des lettres écrites aux premiers jours de juin continuaient, tant bien que mal, de nous arriver. Mais, encore une fois, tellement submergées par les événements qu'elles ne pouvaient nous apporter le moindre réconfort.

On ne parlait d'ailleurs plus de Rethel dans les communiqués. Cette fois, là comme ailleurs, tout devait être terminé. Mais alors, et mon père? Vivant, blessé, prisonnier, ou bien miraculeusement libre et poursuivant toujours quelques fantômes de combats? Maintenant, plus que jamais, il ne nous restait bien que la prière. Car, à moins d'une très improbable stabilisation du front, comment aurions-nous pu espérer l'arrivée en Bretagne du courrier issu des décombres d'une armée qui battait en retraite au sud de la Champagne?

Vint le 17 juin. L'Italie nous avait déclaré la guerre le 10. Les Allemands étaient entrés à Paris le 14, donc avec vingt-quatre heures d'avance sur la prévision du Führer qui, au seuil de l'hiver, avait tellement fait rire les Français. Quant au gouvernement, il était allé retrouver ses quartiers à Bordeaux comme aux derniers mois de 1914, mais dans une perspective évidemment bien différente. Et le 16 juin, à l'issue d'une réunion particulièrement houleuse, Paul Reynaud donnait sa démission de président du Conseil. Le maréchal Pétain lui succédait.

— C'est l'ultime atout qui nous reste, disait ma mère, le seul capable d'en imposer aux Allemands. Le vainqueur de Verdun, pour eux, c'est tout de même autre chose qu'un ministre de la IIIe République. Surtout que cet avorton de Reynaud.

Il faut dire que ma mère avait toujours détesté celui qu'elle surnommait « le Chinetoque », en raison de sa petite taille et de ses yeux bridés. Puis, avec un sourire que je n'avais pas vu sur ses lèvres depuis bien longtemps, elle ajouta :

— Je crois même que Pétain a été un petit peu amoureux, jadis, de la marraine de ton père, la Tante Jo. Mais en tout bien tout honneur.

Le 16 juin au soir, la radio avait donc annoncé qu'elle retransmettrait le lendemain, à 11 heures, une importante allocution du maréchal Pétain s'adressant au pays. Et il était hélas! difficile de ne pas imaginer ce qu'il aurait à lui dire.

Notre appareil n'étant pas d'une qualité exceptionnelle, ma mère m'avait aussitôt conseillé de me rendre, à l'heure dite, au Saint-Quay-Bar, de l'autre côté du jardin public sur lequel donnait la cour de la maison, et où se trouvait un bon récepteur muni d'un puissant haut-parleur. Chaque jour, des dizaines de réfugiés s'agglutinaient ainsi à la terrasse aux heures d'informations. Ils échangeaient entre eux d'hallucinantes histoires d'exode sur des routes mitraillées, bombardées, encombrées de troupes qui fuyaient et de véhicules aux toits recouverts de matelas pour empêcher les balles de passer, des histoires de voitures en panne sèche et qu'on basculait dans le fossé pour dégager la route, chercher ailleurs des places providentielles ou bien continuer à pied en abandonnant, derrière soi, l'essentiel de ses bagages.

— Une fois, racontait un de ces réfugiés, où nous croyions fuir les Allemands, on s'est aperçu qu'ils étaient devant nous depuis longtemps et nous attendaient à l'étape. Mais ces salauds avaient déjà réquisitionné toutes les chambres.

J'écoutais. Oh! je ne regrettais certes pas notre exode si

tranquille. Mais, par moment, j'éprouvais tout de même l'impression d'avoir manqué une sacrée aventure.

Ce jour-là, quand j'atteignis le Saint-Quay-Bar, une foule inhabituelle par son volume et son silence y était déjà rassemblée. Parmi elle, on reconnaisssait de nombreux Belges, cherchant à se faire aussi petits que possible depuis que leur jeune souverain, Léopold III, avait capitulé en rase campagne. J'étais indigné par les réactions de nos compatriotes à leur égard. Avions-nous vraiment des leçons à donner ?

Pour l'instant, seuls des flots de musique symphonique sortaient du récepteur. Pétain ou pas Pétain, la patronne, une rousse flamboyante, poussait énergiquement à la consommation.

Un peu avant onze heures, la musique s'arrêta. Puis une voix s'éleva et dit :

— Vous allez entendre le maréchal Pétain, président du Conseil.

Alors, une autre voix, une voix de papier froissé, vint succéder à celle professionnellement et machinalement sûre d'elle-même du speaker. Une voix de vieillard, usée par l'âge, certainement. Brisée par le drame de la France, il ne fallait pas lui refuser cela. Mais peut-être aussi la voix d'un vieillard frappé de stupeur soudaine, à la pensée confuse de ce que pourrait devenir pour lui, dans le naufrage de la patrie, comme l'accomplissement prostré d'une sénile et ultime ambition.

Et quel langage tenait-elle, cette voix ?

« C'est le cœur serré que je vous dis aujourd'hui qu'il faut cesser le combat. Je me suis adressé cette nuit à l'adversaire pour lui demander s'il est prêt à rechercher avec moi, après la lutte et dans l'honneur, les moyens de mettre un terme aux hostilités. »

Quand le maréchal Pétain eut enfin prononcé les dernières paroles de son allocution, il y eut un bref silence. Puis *la Marseillaise* retentit.

A cette terrasse de café ensoleillée, si près de la mer, je regardais autour de moi ces visages d'adultes qui ruisselaient de toutes les larmes de leur détresse. J'écoutais leurs sanglots. Mais je ne leur en voulais de rien. Qu'aurais-je fait de mieux à leur âge et à leur place ? Pourtant, avait-on jamais entendu *Marseillaise* plus surréaliste ? Quoi, le seul chef militaire à la gloire intacte qui nous restât venait de dire aux Français « il faut cesser le combat », et voilà que résonnaient aussitôt à nos oreilles les accents guerriers d'une musique faite pour sous-

43

tendre les appels à d'héroïques combats. « Aux armes, citoyens ! Formez vos bataillons ! »

C'était pathétique et dérisoire. Je crus un instant que j'allais m'évanouir.

Alors, tout à coup, j'eus un geste pour me dégager, pour échapper à cette foule qui me retenait prisonnier de son malheur. Et quand j'y fus parvenu, je me mis à courir à toutes jambes vers le mien, vers la plage heureusement déserte. J'atteignis le sable où mes pieds s'enfoncèrent, ce qui ralentit ma course. Je fis un effort pour continuer encore. Et puis, quand je me sentis à l'abri de tous ces regards noyés que j'avais laissés derrière moi, je me jetai au sol, m'y écrasai à plat ventre, la tête entre mes bras serrés, le visage dans le sable, et m'abandonnai à la plus déchirante, à la plus désespérée des crises de larmes.

Durant le déjeuner, il me fallut pourtant résumer ce qu'avait dit Pétain. Les mots se brouillaient dans ma tête, mais j'avais bien retenu l'essentiel du message.

La France n'existait plus.

On m'aurait annoncé que Dieu n'existait plus que je n'aurais pas été plus sidéré, plus anéanti. La veille, nous étions vaincus. Aujourd'hui, on nous rayait de la carte. Pétain n'avait pas exactement dit cela, mais de quelle façon interpréter ses paroles, puisque l'ennemi était en mesure, désormais, de faire très exactement tout ce qu'il voulait de nous ? Weygand venait d'être nommé ministre de la Défense nationale. Mais de quelle défense, grands dieux ! et nationale de surcroît, pouvait-il bien s'agir ?

A présent, un seul espoir demeurait chevillé à mon âme, un seul auquel se rattachaient toutes mes ultimes raisons d'exister : que mon père fût vivant.

C'est le 18 juin, en fin d'après-midi, que les premiers détachements allemands arrivèrent à Saint-Quay. Peut-être bien à l'heure même où de Gaulle parlait de Londres.

Un bruit courait depuis le matin : ils ne vont plus tarder. On les savait à Rennes, on les disait à Saint-Brieuc. Le curé de Saint-Quay avait déjà fait sonner le tocsin.

Des rumeurs d'Apocalypse ne cessaient de se propager. « Ils » allaient s'emparer de tous les jeunes gens et des hommes encore en âge de porter les armes. A commencer par les marins. Mais, d'abord, « ils » violeraient les jeunes filles et les jeunes femmes. Or, Mado venait précisément de s'absenter sans dire où elle allait. Aux cent coups, ma mère se mit fébrilement à sa recherche, la trouva à l'église, ne l'en ramena pas moins toutes affaires cessantes à la maison pour qu'on pût, éventuellement, l'y dissimuler. Ce qui, vu l'exiguïté des lieux, n'aurait guère été facile. Quant à Toinon, peut-être était-il permis d'espérer, tout de même, que son état de jeune mère la protégerait des soudards.

Demeurait mon cas personnel qui, lui, entrait parfaitement dans la ligne des schémas anoncés.

Je venais justement de rencontrer deux compagnons de lycée dont l'un m'avait dit :

— J'ai un bon tuyau. Un bateau de pêche doit arriver de Paimpol à Portrieux, en fin d'après-midi, avec la marée. Il appareillera presque aussitôt pour Plymouth. Plusieurs places sont déjà retenues mais il en reste encore trois ou quatre disponibles. Nous c'est décidé, on part. Est-ce que ça t'intéresse ?

Il fallait vite faire un choix.

A tout hasard, je répondis que j'étais en principe d'accord. Et cependant, abandonner ma mère, différer de combien de mois, peut-être d'années, le jour où je connaîtrais enfin le sort de mon père, tout cela avait certes de quoi me donner matière à réflexion. A supposer néanmoins que l'alternative se situât bien entre un départ pour l'Angleterre et une éventuelle déportation en Allemagne, il n'y avait évidemment pas à hésiter. Mais encore une fois, le tout était de prendre une décision rapide.

Mes deux camarades attendraient ma réponse définitive, un quart d'heure plus tard, au jardin public. Je courus donc vers la maison, entrai dans la chambre de ma mère et, rapidement, la mis au courant de l'offre qu'on venait de me faire.

Elle m'écouta avec émotion et me dit :

— Je vais t'étonner. Si c'est un projet sérieux, je crois qu'il faut partir. Tu te doutes facilement de ce que cela sera pour moi. Cependant, si les Allemands devaient t'emmener, je vivrais moins encore. Je suis certaine que ton père serait de cet avis. Quels moyens as-tu de te renseigner un peu sur ce bateau, sur ces marins ?

— Aucun.

Elle me regarda au fond des yeux.

— Eh bien, il faut quand même partir.

Je me jetai dans ses bras, et lui dis que j'allais donner immédiatement la réponse à mes camarades.

Ma valise fut vite faite. En dehors d'un pantalon de rechange et d'une veste, elle contenait mes objets de toilette, du linge, un gros chandail qu'on venait précisément de m'acheter à la coopérative maritime, une deuxième paire de chaussures, un peu de ravitaillement pour la traversée et *Climats* d'André Maurois que j'avais déjà lu trois fois tant j'étais amoureux d'Odile.

Mon rendez-vous était fixé à six heures sur le port.

— Plus les adieux sont brefs..., avait dit ma mère que je ne reconnaissais pas et qui redevenait soudain la « femme de guerre » qu'elle avait été.

Je ne savais quoi répondre.

— Tu sais, je t'écrirai, lui dis-je. Et puis je te donnerai vite mon adresse.

J'avais tout à coup l'impression de parler comme si je m'en allais passer des vacances en Angleterre.

— D'ailleurs, on ne sait jamais. Les choses peuvent évoluer de façon imprévue, et que je sois de retour pour la rentrée d'octobre.

Peut-être étais-je tellement surpris par la réaction maternelle que, ne sachant plus très bien quoi dire, j'en étais vraiment réduit à dire n'importe quoi.

— Sors discrètement, fit ma mère. J'expliquerai à tes cousines et aux jumeaux.

Deux heures plus tard j'étais de retour. Sans ma valise qui ne tarderait pourtant pas à suivre.

Nous nous étions cependant bien retrouvés à l'heure dite, sur la jetée du Portrieux, mes camarades et moi. Deux autres candidats au départ, que nous ne connaissions pas, se trouvaient déjà là. Tous avions à peu près le même âge. Manquait seulement le bateau de pêche qui, selon un marin se disant bien informé, ne tarderait plus à accoster.

Les Allemands, hélas ! arrivèrent avant lui. Tout à coup, un vrombissement de moteurs se fit entendre à l'autre extrémité du port. Et des motocyclistes casqués apparurent, dévalant la route en pente qui venait de Saint-Brieuc.

Qu'allions-nous faire avec nos bagages à la main si les Allemands poussaient jusqu'à la jetée ? Un patron-pêcheur qui chargeait des cageots de poissons dans sa camionnette et avait tout compris vint à notre aide.

— Allez les mômes, balancez vite vos bardas à l'intérieur, on verra bien après.

Nous ne nous le fîmes pas dire deux fois.

Les motards allemands, par chance, n'avaient pas pris la

direction de la jetée. Ils s'étaient arrêtés devant la mairie où ils semblaient attendre des renforts.

— Je crois que le mieux est que vous passiez par le chemin de ronde et la plage de la Comtesse, nous dit le patron-pêcheur. Du côté du port et de la grand-rue, ça risque d'être vite assez mal fréquenté. Moi, je déposerai vos bagages à l'endroit que vous m'indiquerez.

Nous remerciâmes cet homme complaisant et courageux, lui donnâmes rendez-vous une heure plus tard au Saint-Quay-Bar, et prîmes le chemin des douaniers que nous connaissions bien.

Le soleil commençait à descendre vers l'horizon. Une sublime lumière tombait du ciel et inondait la mer. Comment était-ce possible? Nous marchions sans rien dire. Les deux garçons, qui étaient arrivés les premiers au port, avaient proposé de rester là, devant le bâtiment des douanes, à bavarder tout en surveillant les Allemands du coin de l'œil.

Certes, mon retour à la maison n'allait pas être glorieux. Peut-être le bateau arriverait-il plus tard. Mais, tant que les Allemands resteraient dans le secteur, il ne pouvait évidemment être question d'embarquer pour appareiller. C'est ce que j'expliquerais à ma mère en lui disant que si une autre occasion se présentait, nous l'examinerions.

Aucune autre occasion ne se présenta. Il est juste de dire que je ne la cherchai pas avec beaucoup d'ardeur. Souvent, depuis, je me le suis reproché.

Ce fut le lendemain que nous vîmes de près « nos » premiers Allemands. Traversant l'agglomération à bord de puissants camions, ils devaient à peu près constituer l'effectif d'une compagnie. Tous étaient très jeunes. La population faisait semblant de ne pas les voir. Eux ne se donnaient même pas cette peine. Ils avaient déjà l'air blasé du soldat vainqueur que les vaincus n'intéressent plus du tout. Leur présence nous était, certes, parfaitement atroce. Mais, pour moi, guère davantage que les paroles entendues, l'avant-veille, à la terrasse du Saint-Quay-Bar, et dont cette présence ne constituait qu'une suite assez logique.

Dans l'après-midi, j'accompagnai ma mère à l'église où elle continuait d'assister, chaque jour, au salut du Saint-Sacrement. A la sortie, nous rencontrâmes une femme d'un certain âge avec laquelle je l'avais vue, plusieurs fois échanger quelques propos.

— Hier, dit soudain celle-ci, j'écoutais la radio anglaise en français, et j'ai entendu parler un de nos généraux. Il avait l'air très énergique et affirmait que rien n'était perdu, que la France avait un immense empire, et que tout ne faisait que commencer. J'ai oublié comment il s'appelle, mais je me souviens qu'il a un nom à particule.

Immédiatement j'intervins.

— C'est le général de Gaulle, dis-je.

Autant que ma mère, l'excellente personne parut fort surprise par la rapidité de ma réplique et l'assurance qu'elle dénotait chez un garçon de mon âge.

— Mais comment savez-vous cela, mon jeune ami? demanda-t-elle.

— Madame, c'est très simple, fis-je. A l'état-major de la division où se trouve mon père, il lui est arrivé deux fois de déjeuner avec celui qui n'était encore que le colonel de Gaulle, et il nous en a beaucoup parlé. J'ai su par la radio que cet officier avait été nommé général, puis secrétaire d'État, et envoyé en mission à Londres. Je pense donc qu'il peut s'agir de lui.

— En effet, dit la dame. A présent, je m'en souviens très bien, il s'agit du général de Gaulle. Si vous voulez l'entendre, venez donc ce soir chez moi avec votre mère. Il doit encore parler à dix-huit heures sur la BBC.

Un peu avant l'heure indiquée, nous arrivions donc, ma mère et moi, chez celle qui nous avait si gentiment invités. Ainsi entendîmes-nous de Gaulle s'adresser aux troupes d'Afrique et à leurs chefs pour leur dire qu'ils ne devaient rien céder à l'ennemi, et qu'il serait intolérable que la panique de Bordeaux pût traverser la mer.

Les phrases étaient puissamment construites. Le ton était celui du commandement et de l'intransigeant souci du devoir national. Enfin nous arrivait une voix qui ne tenait pas des propos d'abandon mais d'incitation à la lutte.

Ma mère était aussi émue que moi.

— Quand vous voudrez écouter le général de Gaulle, surtout n'hésitez pas, venez ici, nous dit notre hôtesse avant que nous la quittions.

Comment aurais-je pu alors imaginer quelle place tiendrait dans ma vie celui que je venais d'entendre ainsi pour la première fois?

Le 25 juin, à 0 h 35, les derniers combats d'arrière-garde, qui ne pouvaient plus rien changer mais que menaient souvent d'héroïques précurseurs de la Résistance, avaient donc pris fin sur tout le territoire national.

Il ne nous en fallut pas moins attendre le 8 juillet pour apprendre que mon père était en vie. Et libre.

C'est une lettre de notre famille belge, réfugiée dans le Puy-de-Dôme, qui nous en informa. Elle venait de retrouver trace de la 14e DI qui avait fait retraite jusque-là sans cesser de combattre, mais en ayant perdu la moitié de ses effectifs.

Mon père était donc sain et sauf. Il avait été décoré de la croix de guerre. Une de plus. Nous respirions. Mais nous étions assoiffés de détails. Ils seraient longs à venir.

Et pourtant, peu à peu, la vie qui était la mienne allait forcément changer de nature et de rythme. Oh! je ne me cherche pas d'excuses. La défaite m'anéantissait. La présence des soldats allemands ne cessant de se déplacer au pas cadencé, en chantant des marches nazies, me broyait le cœur. Pourtant c'était l'été. Le lycée avait fermé ses portes. On ne pouvait évidemment parler de vacances mais, comme le dirait beaucoup plus tard une chanson à succès, il y avait « le ciel, le soleil et la mer ». Et suffisamment de jolies filles pour qu'entre mes camarades et moi n'existât jamais de véritable compétition dans la galante perspective d'une conquête passagère. J'ajoute que Saint-Quay regorgeait aussi de fort jolies femmes dont quelques-unes ne demandaient qu'à oublier provisoirement avec de très jeunes gens, qui ne risquaient pas de briser leur ménage, l'absence d'un mari tardant à revenir de guerre. Une commerçante de la Grand-rue ne voyait même qu'avantage à partager ses faveurs avec plusieurs d'entre nous, à charge pour eux d'organiser leurs visites en fonction de ses propres horaires. Généralement nos étreintes se faisaient au son du *Boléro* de Ravel. Et comme j'avais suggéré, un jour, afin de changer un peu, d'essayer la *Chevauchée des Walkyries* qui, pour ce genre d'exercice, me paraissait assez entraînante, je m'étais entendu répondre avec indignation :

— Ah! non, tant que les Boches seront ici, je ne ferai pas l'amour avec Wagner!

Ma mère fermait complaisamment les yeux sur ce versant libertin de ma vie qu'elle ne pouvait tout à fait ignorer. Je ne dis pas qu'elle l'approuvait. Mais elle devait penser qu'après les drames que nous venions de traverser, j'avais peut-être acquis un certain droit aux divertissements de mon âge.

Les lettres de mon père continuaient d'arriver. Avec beaucoup d'irrégularité, mais ce n'était guère étonnant. Nous le savions maintenant dans une localité du Puy-de-Dôme, Champeix, où il était commandant d'armes et ne semblait pas malheureux. Ma mère en prenait doucement son parti.

Et puis, c'est terrible à dire, mais les Allemands s'intégraient peu à peu à notre vie quotidienne. Leurs chants de marche, remarquablement interprétés, commençaient à nous devenir presque familiers. Il faut aussi reconnaître que leur discipline était sans reproche. Entre eux et nous, semblait exister comme une frontière qu'ils avaient reçu l'ordre de ne jamais franchir, sauf si nous les y avions poussés. Et cet ordre était strictement respecté.

Parfois, un détachement de *panzer*[1] traversait rapidement Saint-Quay en direction de Paimpol ou de Saint-Brieuc. De chaque tourelle émergeait un jeune athlète au torse nu et brûlé par le soleil, qui avait sans doute pris part à la bataille dont nous étions sortis vaincus. Et je commençais à mieux comprendre pourquoi nous l'avions été, en regardant ces guerriers qui semblaient tellement et si naturellement nés pour faire la guerre.

Un certain soir, pourtant, je m'offris une satisfaction à laquelle je n'aurais pas osé penser.

Quand le jour commençait à baisser, il arrivait à mes camarades et à moi de nous retrouver au club de ping-pong situé légèrement en retrait de la plage. Des Allemands y venaient aussi. Nous avions, entre nous, surnommé l'un d'eux Siegfried. C'était un longiligne jeune homme blond au profil d'aristocrate. Il ne jouait pas mal au ping-pong. Moi non plus. Un soir, il m'aborda et, dans un impeccable français, me demanda :

— Accepteriez-vous de disputer une partie avec moi ?

C'était la première fois que j'étais interpellé par un soldat ennemi. Je me sentis soudain observé de toute part. Il me fallait répondre. Je dis alors, très calmement :

— Non, je ne jouerai pas avec vous.

— Pourquoi ?

— Parce que vous êtes allemand, que je suis français, que nous avons perdu la guerre, et que je n'ai donc pas envie de jouer à quoi que ce soit avec vous.

---

1. Littéralement « cuirasse ». Par extension « arme blindée » et, par métonymie, militaire servant dans celle-ci.

L'Allemand esquissa un sourire distingué et mélancolique.

— La guerre, me dit-il, nous ne l'avons pas encore gagnée.

Et il rejoignit ses camarades.

Le dimanche 18 août, en fin d'après-midi, j'étais sur la plage en compagnie d'une demi-douzaine de garçons et de filles appartenant à la bande que nous avions peu à peu constituée. Soudain, l'un de ceux que nous attendions encore arriva au pas de course et me lança :

— Je viens de passer chez toi. Et sais-tu sur qui je suis tombé ? Sur ton père.

Je me levai d'un bond, ne pouvant en croire mes oreilles.

— Mais tu es sûr de l'avoir vu ? m'écriai-je

— Comme je te vois.

A mon tour, je me mis à courir de toute la vitesse de mes jambes. Je traversai la route, puis le jardin public et, tout essoufflé, fis irruption dans la salle à manger. Aussitôt que mon père me vit, il jaillit de sa chaise, et nous nous jetâmes dans les bras l'un de l'autre, riant, pleurant. Certes, ainsi que le disait ma mère, il avait besoin de se « remplumer » un petit peu. Mais enfin il était là. Vivant. Et moi aussi j'étais là. Il connaissait déjà le projet que j'avais nourri, savait comment il avait échoué.

— C'est mieux ainsi, dit-il. Pour toi, il était encore trop tôt. Cette guerre durera plus longtemps qu'on ne l'imagine. Un jour, peut-être, la verra-t-on revenir chez nous. Ce jour-là, ce sera ton tour.

Je me sentais revivre et le soir, durant le dîner, demandai soudain :

— Quand as-tu vraiment compris que c'était perdu ?

— J'avoue avoir mis longtemps à m'en apercevoir, fit-il. Mais cela ne tenait qu'à de Lattre et à la qualité de la division. Bien sûr, nous savions qu'ailleurs le front craquait de tous côtés. Pourtant, comme chez nous pas un boulon n'était desserré, nous ne pouvions pas imaginer ce qui nous attendait. Jamais le caractère du « Roi Jean », comme nous l'appelions, n'a fléchi. Non seulement il ne « subissait pas », mais il planait. A table, c'était prodigieux. Rien n'avait changé dans sa manière de prendre un repas et de mener la conversation. Et je l'ai vu un jour, pendant la retraite, renvoyer un plat à la cuisine parce qu'il ne le trouvait pas assez chaud, alors que les Allemands atteignaient les premières maisons du village, à trois cents mètres de nous. Si bien que, dans ce cas-là, tu sais, on est pareil à saint Thomas, on croit ce que l'on voit.

Dans la soirée, mon père me raconta comment, le 10 juin, avait été finalement abandonné Rethel. Cela faisait deux jours qu'ils avaient repoussé toutes les attaques de l'ennemi, ainsi qu'ils ne cessaient de le faire depuis le début de l'offensive allemande. Soudain quand la nuit se fut mise à tomber, de Lattre s'aperçut que plusieurs villages flambaient derrière eux. Par téléphone, il appela aussitôt le corps d'armée.

— Que se passe-t-il ?

— On allait vous prévenir. Les deux divisions qui se trouvaient à votre droite et à votre gauche ont dû se replier. Alignez-vous sur elles !

C'est alors que de Lattre, superbe, répondit :

— Et si vous leur demandiez plutôt, à elles qui ont perdu le terrain qu'elles étaient là pour conserver, de s'aligner sur moi qui n'ai rien perdu sinon beaucoup de mes hommes !

Durant les jours qui suivirent, j'aurais bien voulu arracher à mon père d'autres récits des combats et de la retraite. Mais je compris vite qu'il valait mieux lui abandonner l'initiative de la parole, car il avait sans doute besoin d'une certaine somme de provisoire oubli avant de passer à la suite du récit. Je le laissai même, plusieurs fois, accomplir de longues promenades solitaires à travers la lande où j'aurais bien aimé être son compagnon.

Une semaine plus tard, nous prenions de Saint-Brieuc le train pour Paris. Quelques jours encore à Saint-Quay, sous le soleil déclinant de la fin août, ne m'eussent pourtant pas déplu. Mais sans doute était-il plus sage de faire vite.

Je rapportais avec moi toutes sortes de souvenirs. J'avais beaucoup souffert, appris, mûri, changé à Saint-Quay.

III

Nous n'étions guère encombrés de bagages quand nous arrivâmes à la gare Montparnasse. Trois en tout. Chacun avait le sien. Je portais celui de ma mère en plus du mien. Mais il était si léger.

Une odeur nouvelle flottait dans le métro. C'était celle des soldats allemands. Une odeur de cuir et de transpiration. Celle du cuir venait de leurs demi-bottes qui s'arrêtaient au-dessus du mollet et sentaient peut-être la vache du Wurtemberg. Celle de leur transpiration émanait de partout ailleurs tant ils étaient engoncés dans un drap *feldgrau*[1] qui, en cette saison, devait peser son poids.

Je l'avais pourtant prévu, mais j'éprouvai un sérieux coup au plexus lorsque nous émergeâmes de la bouche de métro située face à l'entrée du château de Vincennes. Un étendard nazi flottait sur celui-ci. Des militaires allemands entraient et sortaient par la grande porte gothique où je voyais, enfant, s'engouffrer nos soldats en tenue bleu-horizon.

Cela faisait plus d'un an que je n'avais pas pénétré dans l'appartement de mon enfance. Je sentis ma gorge se serrer quand la clé tourna dans la serrure. Je me précipitai pour ouvrir les persiennes de ma chambre. O soulagement! le donjon qui émergeait des toits n'avait pas été surmonté de l'odieux emblème.

Ma mère descendit faire quelques courses pour le dîner que, malgré l'état de la salle à manger, nous voulûmes absolument y prendre, afin de retrouver aussitôt nos places de toujours.

Dès le lendemain matin, au petit déjeuner, mon père dit :

1. Vert-de-gris.

— Et maintenant les enfants, il va s'agir de tirer des plans sur la comète.

Ce qui signifiait, dans sa bouche, non pas construire de chimériques projets, mais trouver rapidement les moyens de faire face à une situation difficile. Mes parents n'avaient pas de grosses réserves de trésorerie. Et, dans les circonstances que nous traversions, les chances d'un artiste-peintre de voir, dès son retour, les commandes fondre sur lui comme les schrapnells à Gravelotte étaient, plus que douteuses.

Trois jours plus tard, à défaut de portraits à exécuter, de livres à illustrer, mon père avait néanmoins trouvé un emploi qui allait, quelque temps, nous aider à voir venir.

Dans la banlieue parisienne, à Savigny-sur-Orge, s'était ouvert un centre d'initiation à la nature pour les apprentis de divers corps de métier. Son responsable était un ancien chef-scout qui savait toutes les compétences de mon père en matière de flore, de faune et, plus généralement, de vie au milieu d'elles. Il lui proposa de se joindre à son équipe d'instructeurs, lui offrant un salaire modeste mais qui nous dépannait bien. Mon père accepta et partit presque aussitôt pour Savigny où il devait rester plus d'un mois, ne revenant à la maison qu'afin d'y passer le samedi et le dimanche, enchanté de ce qu'il faisait les autres jours.

Ma mère, de son côté, avait tout de suite commencé d'organiser l'intendance. Tandis qu'une femme de ménage qu'elle utilisait jadis rendait à l'appartement une apparence présentable, elle-même allait passé plusieurs jours difficiles à la mairie pour obtenir nos cartes d'alimentation et les premiers tickets auxquels nous avions droit. Ce qui n'était pas une mince affaire.

Quant à moi, instructions m'avaient été données de régler au plus vite ma situation scolaire, en vue de la rentrée.

En effet, si je voulais réintégrer le lycée Voltaire où j'avais séjourné deux ans et y entrer en classe de première, il me fallait absolument réussir l'examen de passage que m'imposait une année d'absence. Or je ne me faisais aucune illusion. Ni mes sept mois de cours par correspondance, ni mes deux mois à l'annexe du lycée Anatole-Le-Braz ne m'avaient préparé à subir victorieusement une telle épreuve. Je devrais donc me débrouiller autrement.

Ce que je ne fis d'ailleurs pas trop mal.

Tout d'abord, je me rendis au service des examens de l'Académie de Paris et m'inscrivis, d'autorité, aux épreuves de la session d'automne du premier baccalauréat en section A'. Cela se passa fort simplement, vu l'énorme pagaye qui régnait en ces lieux, et nul ne m'ayant demandé de quelle classe je sortais ni de quel établissement. Puis j'allai au lycée Voltaire, excipai de ma situation d'ancien élève et montrai le duplicata de mon inscription au bac A'.

— C'est donc tout simple, dis-je. Si je réussis, j'entre en " philo ". Si j'échoue, je redouble ma première.

Une première que je n'avais jamais faite.

On me crut.

Le plus fort est d'ailleurs qu'en raison des circonstances et le bac se déroulant sans oral, je faillis bien le réussir d'emblée. En lettres, j'avais six points d'avance. Les mathématiques m'en coûtaient huit. J'échouais de deux points. Mais j'entrais en première.

Que devenait pourtant la guerre dans tout cela ? Autrement dit, les Allemands seraient-ils assez forts pour débarquer en Angleterre avant l'approche de l'hiver ?

A en croire les journaux et la radio, entièrement sous contrôle de l'ennemi, l'affaire ne faisait guère de doute. Londres et d'autres grandes villes se trouvaient jour et nuit soumises au feu d'impitoyables bombardements. L'aviation britannique était à bout de souffle. Hitler touchait au but.

Heureusement, habitait au-dessous de chez nous un charmant vieux monsieur, radio-électricien à la retraite, qui disposait d'un récepteur pouvant capter les ondes courtes les plus rétives et voulait bien nous accueillir quand nous le souhaitions pour écouter la BBC. Dans les brouillages du soir, d'autres échos de la guerre parvenaient alors à nos oreilles. Ainsi découvrions-nous que, non seulement les chasseurs britanniques défendaient héroïquement leur ciel, mais qu'ils commençaient à prendre l'avantage sur les escadrilles de Goering. Et nous devions apprendre, de la même source, qu'à l'exception du Gabon, qui suivrait bientôt le mouvement, l'Afrique-Équatoriale française tout entière s'était déjà ralliée à de Gaulle, ainsi que Tahiti et les établissements français de l'Inde. Bref, la « radio de Londres », comme on l'appelait déjà, entrait dans notre vie dont elle allait devenir quotidiennement la bouteille d'oxygène. Des noms s'identifiaient à des voix et faisaient irruption dans les familles : Pierre Bourdan, Jacques

Duchesne, Jean Marin, celui qui deviendrait mon ami et confrère Maurice Schumann, d'autres encore... Les quatre premières notes de la *Symphonie héroïque*, servant d'indicatif à chacune de nos écoutes du soir, devenaient, dans nos cœurs, comme une sorte de *Marseillaise* de l'ombre.

J'avais retrouvé le lycée Voltaire au rendez-vous du Père-Lachaise. Un certain nombre de mes anciens camarades manquaient à l'appel. Parmi eux, il y avait une forte proportion de Juifs, nombreux dans le quartier, et dont les parents avaient sans doute été bien inspirés de rester en zone non occupée, s'ils en possédaient les moyens. Mais d'autres étaient encore là. Et l'on devinait chez eux comme une angoisse encore imprécise qui ne les quittait pas. Ceci rendait parfois nos rapports délicats. Nous aurions voulu, en effet, pouvoir nous montrer, à leur égard, différents de ce que nous étions entre nous qui n'allions pas courir les mêmes périls. Mais, en même temps, nous redoutions de les froisser par un comportement qui leur fût réservé.

Quand, le 20 octobre, parut l'infâme statut des Juifs concocté par le gouvernement de Vichy, avant même toute mesure équivalente prise par l'ennemi en zone occupée, j'aurais aimé avoir un mot, un geste pour tel ou tel de nos camarades juifs. Mais lequel? Je m'en ouvris à l'un d'eux qui habitait aussi Vincennes et avec qui je voyageais souvent par le métro.

— Merci, me dit-il. Mais si tu veux me faire plaisir, ne parlons pas de cela.

A l'intérieur même du lycée, nous étions rapidement devenus très prudents. Parfois, au moment d'entrer en classe, nous découvrions une croix de Lorraine tracée à la craie blanche sur le tableau noir. Sans rien dire, le professeur allait aussitôt l'effacer. Pouvaient alors se faire entendre quelques brefs et discrets murmures réprobateurs. Mais ils cessaient vite. Quant à avouer, même tout bas, des sentiments « gaullistes », nous ne le faisions qu'avec ceux de nos condisciples dont nous étions sûrs.

Le jeudi et le samedi après-midi, certains d'entre nous se retrouvaient au Quartier latin que je découvrais. Il nous arrivait d'y croiser des Allemands, généralement jeunes, déambulant sur le boulevard Saint-Michel. S'agissait-il d'étudiants venus chercher ici une ambiance qui leur manquait? C'était possible et même probable. Mais les regards que nous leur jetions n'avaient rien, je dois le dire, qui pût les inciter à prolonger leur séjour parmi nous.

Il existait alors, au coin du boulevard Saint-Michel et de la place de la Sorbonne, juste en face des Presses Universitaires de France, un grand café nommé le *D'Harcourt*. Au rez-de-chaussée, il y avait un long comptoir où l'on pouvait consommer debout, au premier étage une salle plus tranquille avec des tables et des banquettes recouvertes de molesquine.

Depuis la rentrée, étudiants et lycéens se rejoignaient souvent là, moins attirés par les mauvais jus de fruits qu'on y servait que par les excellents disques de jazz qu'y diffusait un bon électrophone.

Parfois, s'aventuraient également au *D'Harcourt* des soldats allemands qui traversaient la salle d'un pas mal assuré, comme s'ils espéraient vainement quelque invitation à s'asseoir parmi nous. Ou bien il leur arrivait de profiter d'une table vide et un peu à l'écart pour y prendre place à deux ou trois. Un garçon leur servait alors la commande qu'ils avaient passée. Mais, tout de suite, des doigts se posaient sur les bouches, des « chut » se faisaient entendre. Enfin, l'un de nous allait éteindre l'électrophone, et un pondéreux silence écrasait la salle entière.

Le samedi 26 octobre, vers 17 heures, survint ce qui était devenu presque inévitable. Quatre officiers allemands entrèrent et s'assirent à une table qui paraissait bien leur avoir été réservée. Le silence habituel s'installa aussitôt. Sans en paraître émus, les quatre officiers commandèrent une bouteille du meilleur champagne et cinq coupes. Alors, quand celles-ci eurent été remplies, chacun en prit une et un jeune *oberleutnant*[1] présenta la cinquième à un étudiant assis à la table voisine, l'invitant à trinquer avec lui. Aussitôt l'étudiant se leva, saisit la coupe, et en jeta le contenu à la face de l'officier qui répondit en lui assenant un violent coup de poing au visage.

La fête commençait.

Me trouvant non loin de là, j'avais pu suivre la scène dans sa totalité. Rien de celle-ci n'ayant visiblement été improvisé, je ne fus donc pas surpris de voir immédiatement surgir, par l'escalier en colimaçon qui montait du rez-de-chaussée, une bonne vingtaine de soldats allemands porteurs de longues matraques, et qui se mirent à en user avec une toute particulière ardeur sur les épaules et les crânes d'étudiants situés à leur portée.

En quelques secondes la bagarre devint générale, encore attisée par l'arrivée de renforts portant le sinistre uniforme

1. Lieutenant.

noir des *panzer*. Déjà plusieurs des nôtres gisaient au sol. D'autres saignaient abondamment du cuir chevelu. Oui, le coup était bien préparé.

Fonçant dans ma direction, un *gefreiter*[1] s'empara d'une chaise, la brandit à bout de bras, et voulut s'en servir pour m'assommer. Heureusement, je parvins à saisir au vol un de ses pieds avant qu'il m'eût atteint, puis un autre, tout en m'efforçant de ne les plus lâcher. Nous esquissâmes alors, le *gefreiter* et moi, trois pas de danse assez gracieux en continuant de tenir la chaise à quatre mains. Tant et si bien que je ne fus pas long à sentir celle-ci se réduire peu à peu à deux paires de pieds chancelants, un plateau de siège mal en point et un dossier lui-même en état de dislocation avancée. Je fis donc un brusque écart en abandonnant la chaise, ou plutôt ce qui en restait, à mon adversaire. Et celui-ci, emporté par son élan, s'affala sur la banquette sous une pluie de morceaux de bois.

Partout ailleurs, la mêlée ne cessait de grandir.

Vint pourtant un moment où je ne pus résister à la tentation de m'adresser un clin d'œil intérieur tout en me disant :

— Eh bien, mon vieux, si tous les samedis c'est ça, l'occupation, on ne va pas s'ennuyer !

Car il faut reconnaître aux Allemands que jamais l'un d'entre eux ne dégaina son arme pour tirer un seul coup de feu. Mais il est vrai qu'il eût fortement risqué, sauf à bout portant, de faire quelques dégâts dans son camp tout autant que chez nous.

Jusque-là, avant tout soucieux d'éviter les matraques et de baisser la tête au passage des verres qui voltigeaient à travers la salle, je n'avais pas encore observé que les baies vitrées donnant sur la place de la Sorbonne fussent grandes ouvertes, ni qu'un vélum de toile en descendît doucement jusqu'à deux mètres du sol. Je m'en aperçus quand je vis plusieurs d'entre nous utiliser ce vélum ainsi qu'un tobogan afin d'évacuer les lieux.

Pour ma part, ayant préféré l'escalier comme issue de secours, c'est seulement quand j'y parvins que je compris mon erreur. Une double haie de *panzer*, en effet, avait pris position sur la moitié des marches qui menaient au rez-de-chaussée. Quelle descente ! Renvoyés sans ménagements d'un *panzer* à un autre, mes camarades et moi ne pensions qu'à rester debout et à protéger au mieux nos visages et nos crânes tout en tirant nos

---

1. Sergent.

bordées. Une seule fois pourtant, comme j'entrevoyais de tout près les yeux, le nez et la mâchoire de celui qui allait m'expédier son énorme poing dans l'oreille, je me dis encore intérieurement :

— Toi, mon vieux, si jamais je te retrouve un jour dans d'autres circonstances, je suis sûr de te reconnaître. Et rira bien alors qui rira le dernier.

Un des étudiants qui me précédaient trébucha tout à coup et descendit les dernières marches sur le ventre. Moi, j'atteignis le rez-de-chaussée en voltige, puis la porte à battant qui donnait sur la place de la Sorbonne. Je n'étais d'ailleurs plus seul. J'avais retrouvé sur mon chemin Jean Stéfani, vieux compagnon du lycée Voltaire où nous avions été en troisième ensemble. Tout content de lui, il ne cessait de hurler :

— J'ai cassé la gueule d'un Boche ! J'ai cassé la gueule d'un Boche !

Je collai ma bouche à son oreille et, au risque de lui faire éclater le tympan, je tonitruai :

— Mais ferme donc la tienne, espèce de con, tu vas tous nous faire foutre en taule !

Une bourrasque de flics français en civil, qui arrivait à contre-courant, mit fin à cet échange de considérations sur la douceur de l'air en octobre, à Paris.

— Barrez-vous, bande de petits crétins, criaient les policiers. Prenez le métro, n'importe quoi, mais débarrassez le plancher !

Je suivis ce sage conseil et me retrouvai chez moi, une heure plus tard. Dans le métro, les chaos du train m'avaient mal permis de dresser un compte exact de mes points douloureux, c'est-à-dire des coups reçus. Je les estimais approximativement à une douzaine, ce qui n'était pas cher payé. Et pas un seul ne m'avait atteint au visage. Ainsi demeurais-je tout à fait présentable. Car mes parents ne devaient surtout rien savoir de ce qui m'était arrivé. Sinon, je risquais de manquer le prochain samedi au *D'Harcourt*.

La bataille était-elle engagée sur le front du quartier Latin ? On ne pouvait encore le dire, mais beaucoup d'entre nous sentaient bien qu'il se préparait quelque chose.

Le lundi 11 novembre, vers cinq heures de l'après-midi, deux camarades du lycée Voltaire et moi prenions place dans une rame de métro à la station République et descendions à Rond-

Point des Champs-Élysées, pour saisir la température du quartier avant d'entrer dans le vif du sujet.

Au début rien ne nous parut anormal. C'était le public des jours ordinaires. Et vers le grand cinéma réquisitionné pour l'armée allemande se dirigeaient les membres de celle-ci, ni plus ni moins nombreux que de coutume.

Je crois me souvenir que c'est à la hauteur de la rue Pierre-Charon que nous commençâmes à voir déambuler, sur les trottoirs de l'avenue, des groupes de jeunes qui, de toute évidence, ne se trouvaient pas là par le seul effet du hasard. Très vite leur nombre augmenta régulièrement, d'un côté comme de l'autre. Ils arrivaient pour la plupart des rues adjacentes. Et des cris se mettaient à fuser : « Vive de Gaulle », « Mort à Hitler », « Pépé au dodo ». Certains portaient même deux longues cannes à pêche réunies par une ligature, et scandaient en les brandissant au-dessus d'eux : « C'est deux gaules, deux gaules, deux gaules... c'est de Gau-lle qu'il nous faut ! »

Des passants applaudissaient. D'autres même faisaient mine de se joindre à nous, et n'étaient pas forcément les plus jeunes. Certains, en revanche, s'éclipsaient rapidement.

Le jour baissait. Les Allemands avaient dû être prévenus de ce qui allait se passer, car, à partir de l'avenue George-V, nous n'en rencontrerions plus un seul. En revanche, les policiers français en uniforme se multipliaient peu à peu. Mais ils restaient sagement groupés le long des immeubles, comme s'ils attendaient des ordres.

Ici et là, retentissaient des *Marseillaise* et des *Chants du Départ*, plus ou moins bien repris en chœur, mais bouleversants dans cette semi-obscurité qui descendait sur nous comme un voile de complicité.

Les jours suivants, nous apprendrions qu'une gerbe avait été déposée par plusieurs des nôtres sur la tombe du Soldat inconnu. Mais je n'en fus pas témoin.

Au demeurant, soyons justes, jamais notre manifestation ne prit l'allure d'un très grand mouvement de foule. Qu'elle dût avoir lieu un lundi ne la favorisait d'ailleurs pas, le dimanche n'ayant pu que briser sa préparation déjà très artisanale, très improvisée.

Mais cette improvisation donnait bien, je crois, son caractère à notre présence sur les Champs-Élysées. Car celle-ci ne répondait pas à de vrais mots d'ordre. Elle venait d'abord du cœur. Elle correspondait à un sursaut de patriotisme et de refus du malheur national — réflexe éminemment gaullien — que nous tenions, spontanément, pour indissociable de notre âge. Elle représentait aussi un acte de piété envers tous les morts tombés au champ d'honneur. Ceux qu'incarnait le héros anonyme inhumé sous l'Arc de Triomphe. Mais également ceux qui avaient donné leur vie dans les malheureux combats de l'impitoyable été.

Plus tard, des historiens écriraient que nos évolutions sur les trottoirs de l'avenue ressemblaient à un chahut d'étudiants. C'était assez vrai. En effet, sans chefs ni véritables directives, nous formions bien là comme une sorte de monome ayant choisi cette date symbolique pour " chahuter " l'idée même de l'ennemi occupant notre sol. Quant à la composition politique de nos rangs, c'est peu dire que nous ne nous posions guère de questions à son sujet. En revanche, ce que nous savions à coup sûr, c'est que, dans les lycées comme au sein des facultés, le parti communiste avait tout fait pour briser notre initiative.

Quand les charges de police commencèrent, je me trouvais au coin de la rue de Tilsitt. En courant j'échappai à la première. La seconde me rattrapa et m'expédia dans un car à coups de pèlerine. Sans véritable brutalité, en fait. De façon un peu machinale. A l'intérieur du véhicule on comptait déjà une vingtaine de mes semblables, dont je ne pouvais distinguer le visage à travers l'obscurité. Au cours de ma fuite, j'avais perdu mes camarades du lycée Voltaire. J'interrogeai mon plus proche voisin :

— D'où es-tu ?

— Fac' de droit.

Puis je me tournai vers un autre :

— Et toi ?

— Louis-le-Grand.

Dès que nous eûmes fait le plein, deux gardiens de la paix montèrent avec nous en claquant la porte dans leur dos.

— Et tâchez de vous tenir tranquilles, fit l'un d'eux.

Nous roulions dans la nuit. Par la lucarne grillagée du véhicule, je reconnus l'avenue Kléber.

— Où allons-nous ? souffla une voix.

— Je ne crois pas qu'ils nous emmènent chez les Boches, répondit une autre. Plutôt dans un commissariat ou peut-être à la Préfecture.

Mais, place du Trocadéro, nous prîmes l'avenue Paul-Doumer. Nous nous dirigions donc vers la Muette. Ensuite il y avait le bois. Cela ne me parut pas de très bon augure.

Tout à coup, pourtant, nous nous arrêtâmes. De l'extérieur la porte s'ouvrit. Trois agents se tenaient dehors, pèlerine à la main. Nos deux gardiens les rejoignirent. Alors, des cris éclatèrent :

— Allez les petits gars, taillez-vous, taillez-vous, taillez-vous !

Tandis qu'en désordre nous dévalions du car, les coups de pèlerine recommencèrent à pleuvoir. Mais plutôt pour nous faire accélérer le mouvement.

— Le métro est à côté. Prenez-le et qu'on ne vous revoie pas !

Nous ne demandâmes pas notre reste, atteignîmes la station et descendîmes en courant les marches de l'escalier avec l'intime conviction de nous en être bien sortis. Ce qui était vrai. En effet, une demi-heure après notre « enlèvement » par de braves fonctionnaires de police, plusieurs sections allemandes arrivaient sur les Champs-Élysées, mettaient des fusils-mitrailleurs en batterie, et commençaient à tirer des rafales. Elles blessèrent une dizaine d'étudiants, sans qu'on pût jamais obtenir un compte précis des victimes. Au lycée Voltaire, un de nos camarades avait reçu une balle explosive dans la cuisse. Les Allemands étaient même venus l'interroger brutalement sur son lit d'hôpital. On parla aussi d'une centaine d'arrestations qui ne furent pas maintenues très longtemps.

J'étais rentré chez moi à l'heure prévue, ayant pris la précaution de dire à mes parents que des travaux pratiques de chimie nous retiendraient assez tard. On ne me posa aucune question sur ma journée. La radio ne parlait de rien. Même pas celle de Londres.

Mais voilà soudain, suprême récompense, que le 29 novembre au soir, sur les ondes de la BBC., de Gaulle s'exclamait : « Il est maintenant établi que, si des chefs indignes ont brisé l'épée de la France, la nation ne se soumet pas au désastre ! » Or, j'avais cru le deviner, et on allait vite nous le confirmer au micro même de Londres, c'était bien aux manifestants du 11 novembre que de Gaulle faisait allusion en parlant de la nation ne se soumettant pas. Quel honneur, quelle fierté !

Mon père avait fini de travailler à Savigny-sur-Orge et venait de rejoindre un autre centre, à peu près identique, installé au Plessis-Trévise. Il y semblait aussi heureux de la vie qu'il menait et des élèves qu'on lui confiait. Cela ne m'empêchait pourtant pas, loin de là, d'admirer le courage avec lequel, à son âge, et sortant à peine de l'épreuve qu'il venait de subir, il se battait comme un jeune homme pour mieux assurer, provisoirement, notre existence quotidienne.

Dans son vrai métier, heureusement, certains projets commençaient à se faire jour. Ce qui l'encourageait.

N'importe comment, durant les fins de semaine qu'il passait à la maison, il ne cessait de dessiner et de peindre. Et cela était encore meilleur signe que tout.

Quant à ma mère, elle organisait notre vie matérielle avec une imagination et un dynamisme bravant allègrement tous les problèmes de l'époque, et Dieu sait qu'il n'en manquait pas ! De notre séjour à Saint-Quay, elle avait conservé d'heureuses relations avec une commerçante locale à qui nous achetions l'essentiel de notre alimentation, et qu'on appelait Mme Arthur. Si bien que ma mère, dès qu'il était question de cette personne, retrouvait la voix de sa jeunesse pour fredonner aussitôt :

Madame Arthur est une femme
Qui fit parler, parler, parler

Il est vrai qu'à la maison, Mme Arthur faisait beaucoup parler d'elle.

Mais nous ne représentions nullement un cas très original. En effet, dès le début de l'Occupation, donc des restrictions, la France des villes s'était mise à subsister, pour une très large part, grâce aux « colis » de la France des campagnes qui avait tout de même, dans bon nombre de nos provinces, conservé des ressources propres à faire rêver les pauvres citadins. Aussi, qui habitait la ville mais n'avait pas sa propre « Mme Arthur », et ne recevait donc pas de « colis » réguliers, éprouvait beaucoup de mal à vivre. Sauf s'il pouvait se contenter de ce que lui assuraient les tickets d'alimentation, ce qui était fort peu. Ou recourir au marché noir, ce qui coûtait fort cher.

Mme Arthur était ainsi et demeura jusqu'au bout notre principale pourvoyeuse en « colis ». Chaque semaine, par la poste, elle nous en faisait parvenir un ou deux savamment composés, contenant de la viande bretonne, de la charcuterie bretonne, du beurre breton. Qu'aurions-nous fait sans elle ?

Et pourtant, même en ne dépensant pas les sommes qu'elle n'avait d'ailleurs pas, ma mère n'en continuait pas moins à faire elle-même des miracles, grâce au génie qu'elle possédait pour dénicher l'indénichable, et à ses dons exceptionnels de cuisinière quand il s'agissait de rendre succulente une simple seiche que beaucoup dédaignaient, ou encore des poulpes qui faisaient horreur à tant de ménagères.

Afin de la distraire un peu des soucis et de la monotonie de cette lutte quotidienne, nous lui avions plusieurs fois suggéré de se remettre à la musique dont elle tirait, jadis, tant de succès et de bonheur. Car ma mère avait été artiste bien avant d'être femme d'intérieur, ce qu'elle n'était devenue qu'après ma naissance et à cause de moi.

Davantage pour nous être agréable, je crois, que pour son réel plaisir, elle avait donc fait quelques tentatives. Parfois je l'avais entendue jouer au piano une valse de Chopin ou chanter, en s'accompagnant, quelques mélodies de Fauré. Mais elle n'avait pas persévéré. Et je m'étais bien aperçu que toute insistance aurait été vouée à l'échec. Peut-être même eût-elle ranimé des regrets qui s'étaient lentement évanouis avec le temps.

En revanche, et malgré toutes les difficultés qu'il fallait alors surmonter, ma mère ne pouvait renoncer à convier, comme autrefois, des amis à dîner. Alors, par une sorte de prodige auquel chacun apportait sa quote-part, notre table arrivait presque à retrouver sa gaieté de jadis pour un oubli de quelques heures.

Mais le froid, aux approches de l'hiver, se rappelait vite à notre souvenir. Pourtant nous apprendrions aussi à lutter contre lui. Poêles à bois et radiateurs électriques nous y aideraient.

Presque tous les soirs, après le dîner, mon père et moi continuions de descendre un étage pour aller écouter la BBC. chez notre voisin en prenant fébrilement des notes. Ainsi avions-nous toujours des nouvelles fraîches de la bataille aérienne d'Angleterre qui semblait, de plus en plus, tourner à l'avantage des pilotes britanniques.

Et quand, le 12 janvier 1941, nous apprendrions qu'un détachement français parti du Tchad, aux ordres du lieutenant-colonel d'Ornano, avait détruit le poste italien de Mourzouk, dans le Fezzan, seule la mort du valeureux Ornano durant la bataille nous empêcherait de boire à cette première victoire de nos armes, depuis que des « gouvernants de rencontre » avaient jugé le moment venu de les remettre au râtelier.

Ma vie scolaire avait retrouvé un certain calme. Au lycée Voltaire, le censeur veillait au grain. A chaque rentrée, à chaque sortie, on le voyait dressé comme une caryatide devant la grande porte de l'établissement, pour faire la chasse aux éventuels distributeurs de tracts. C'était un homme dont la haute silhouette et l'air sévère en imposaient, mais qui, nous le saurions plus tard, était du très bon côté. Simplement, ses fonctions lui ordonnaient d'appliquer, à la virgule près, les consignes de l'administration. Ainsi une photographie du maréchal Pétain avait-elle été accrochée, dans chaque classe, au-dessus du tableau noir, soulignée de phrases telles que : « Je fais à la France le don de ma personne », « Je hais les mensonges qui vous ont fait tant de mal » ou encore « Le plaisir abaisse, seule la joie élève ».

Par chance, aucune de ces fortes réflexions ne nous fut jamais proposée comme sujet de dissertation. Mais le jour où nous découvrîmes l'effigie du Maréchal ainsi exposée à la meilleure place, nous fut aussitôt donné lecture d'un texte assez alambiqué, destiné à nous rappeler que nous étions responsables de notre classe ; que nous devions donc veiller sur ses murs, ses meubles et, plus généralement, sur tous les accessoires, tableaux, cartes ou images pouvant y figurer ; que toute inscription sans rapport avec les sujets figurant au programme était absolument interdite ; et que la moindre infraction à ces règles serait sévèrement punie. C'était clair.

Et pourtant, une fois par jour, ne nous distribuait-on pas d'affreux biscuits vitaminés, baptisés par l'économat du lycée : les « biscuits du Maréchal » ? Or, me semblait-il, voilà bien qui aurait dû être considéré comme une grave offense au chef de l'État que d'attacher son nom à ces horribles gâteaux secs rendus absolument immangeables par le goût de moisi qui s'en dégageait. On ne nous contraignait heureusement pas à les ingurgiter sous surveillance. Nous pouvions donc, le plus souvent, les fourrer dans nos poches pour les jeter dans une poubelle à la sortie. Mais que l'un de nous, voulant prendre un mouchoir, laissât malencontreusement tomber au sol un de ces détestables craquelins, se trouvait toujours un voisin pour chuchoter : « Vingt-deux les gars, v'la les vitamines de Pépé qui se barrent ! »

Les opinions de nos professeurs étaient devenues difficiles à saisir. Avant la guerre, il n'y avait rien de plus simple. D'ailleurs, quand l'un d'entre eux sortait un journal de sa poche, c'était généralement *l'Œuvre*, un des bastions de la presse du

Front populaire. Mais, si *l'Œuvre* continuait bien de paraître, elle avait carrément viré de bord et donnait maintenant dans une « collaboration » militante. Marcel Déat[1], issu du socialisme, en était devenu le directeur politique et rêvait de transformer son journal en tremplin d'un « parti unique » avec tenues paramilitaires et slogans à l'hitlérienne. La clientèle de *l'Œuvre* avait ainsi beaucoup changé tandis que baissait, du même coup, son influence sur le corps enseignant. Je ne me souviens pas avoir jamais surpris un seul de nos professeurs la lisant. Pas plus, d'ailleurs, qu'ayant en main quelque autre quotidien sous contrôle allemand. Comme les journaux de zone non occupée n'arrivaient pas à Paris, cela condamnait nos maîtres à ne lire aucune feuille. Du moins devant nous. Pour deviner leur pensée, il fallait donc nous y prendre différemment. Par d'autres approches, à travers de subtiles indications et les lentes déductions qu'on en pouvait tirer. Mais tous, plus ou moins, se tenaient prudemment à carreau.

Je ne me sentais vraiment fixé que sur les choix de notre professeur d'anglais. Noblesse obligeait. C'était un jeune sous-lieutenant de réserve, fraîchement démobilisé, portant toujours sous son veston les chemises en popeline kaki auxquelles avaient droit les officiers et eux seuls. Vu la matière qu'il enseignait, est-il besoin de le dire, chaque fois que nous entrions en classe avec lui, nous avions presque l'impression de faire acte de résistance. Pendant une heure, n'entendre parler qu'anglais, ne parler qu'anglais... Ou presque. Je pensais avec effroi au drame que cela eût été pour moi si, par je ne sais quelle aberration, j'avais choisi l'allemand comme langue vivante.

Puisque ce maître, qui s'appelait René Ouvrieu, me paraissait excellent, je confiai donc à mes parents que je me sentais un peu faible en anglais, et que des leçons particulières me feraient certainement le plus grand bien. Ils acquiescèrent tout de suite. Et celui qui me les donnait devint très vite un véritable ami. Nous avions des conversations fort libres. Et rapidement j'eus donc la joie de constater que nous étions à peu près d'accord sur tout.

A bien écouter notre professeur d'histoire entre les mots, je crois que nous pouvions également avoir confiance en lui. Le

---

1. Auteur, en août 1939, d'un article qui fit quelque bruit, intitulé « Faut-il mourir pour Dantzig ? ».

bruit courait même qu'il n'avait pas été étranger au remplacement du célèbre ouvrage de Mallet et Isaac, dont avait été prononcée la mise à l'index pour les raisons qu'on imagine, par un manuel signé de Lévy et Schneider, ce qui était passé complètement inaperçu de la hiérarchie et nous réjouissait infiniment.

Pour les autres nous n'avions, si j'ose dire, ni certitude ni soupçon.

Quant à la classe elle-même, à part quelques « pétainistes mous » et un ou deux « collabos durs », sa composition était plutôt satisfaisante.

Noël arrivait. Il me semblait en voir approcher le jour avec autant de tendresse et d'émotion que de tristesse et de malaise. Cette fête avait illuminé mon enfance. L'an dernier, une permission de mon père avait coïncidé avec elle. Cette fois, nous allions vivre notre premier Noël en devant supporter l'ennemi dans nos rues, à nos portes.

Je ne pouvais m'y faire.

Parfois, je pensais à la bagarre du *D'Harcourt* et, au plus fort de celle-ci, à cette phrase en forme de clin d'œil que je m'étais intérieurement lancée : « Eh bien, mon vieux, si c'est comme ça tous les samedis, l'occupation, on ne va pas s'ennuyer ! ».

On ne s'ennuyait pas : on avait le cœur broyé.

Les restrictions, les privations n'étaient qu'un aspect des choses et peut-être le plus supportable. Restait le pire : l'humiliation de l'âme, ponctuée d'odieux numéros, conçus pour nous mortifier encore davantage en nous faisant l'aumône. Comme le 15 décembre, cet horrible retour des cendres de l'Aiglon aux Invalides, face à un parterre chamarré d'officiers nazis et dans la lueur des torchères qui semblaient tout droit venues de Nuremberg.

De ce premier Noël, enfermé entre les frontières vertes et noires de l'Occupation, je craignais donc tout.

Ma mère eut heureusement l'idée qui allait le sauver.

A environ 500 mètres de chez nous se trouvait l'hôpital militaire Bégin que les Allemands, peut-être par méfiance, n'avaient pas réquisitionné. Il demeurait donc toujours aux mains de nos services militaires de santé, presque uniquement réservé aux prisonniers rapatriés d'Allemagne pour blessure ou maladie grave, et dont l'état exigeait des soins urgents. Or, nous avions appris que, chaque dimanche, la messe célébrée à la chapelle de l'hôpital était accessible au public dans la mesure des places disponibles, et que la présence de ces pauvres rescapés du désastre, n'ayant souvent pour tout vêtement que des restes d'uniformes qu'ils avaient portés dans la tourmente, constituait un poignant spectacle. Ma mère s'était donc renseignée pour savoir s'il y aurait une messe dans la nuit précédant Noël. On lui avait répondu par l'affirmative, tout en précisant que, pour des raisons de couvre-feu, il ne pourrait évidemment s'agir d'une véritable messe de minuit. L'office serait donc célébré à dix heures du soir.

Nous décidâmes de nous y rendre et, par précaution, arrivâmes avec un bon quart d'heure d'avance.

La chapelle était déjà aux trois quarts pleine. Des militaires de toutes armes en occupaient les premiers rangs. Mais on distinguait également, non loin d'eux, plusieurs petites voitures d'invalides où avaient pris place de grands mutilés. Le reste de l'assemblée était composé de civils.

Je remarquai tout de suite, à gauche de l'autel, une crèche de dimensions modestes. Mais tellement émouvante. Et que chaque entrée d'un nouveau blessé ou malade, allant s'asseoir parmi ses camarades, l'était aussi ! Les tenues avaient presque toutes quelque chose de disparate. Il y avait néanmoins des fantassins et des artilleurs en kaki, des chasseurs au passepoil jonquille, des « marsouins » portant la vareuse bleu foncé ornée de l'ancre de marine. Aux poitrines étaient souvent épinglées des croix de guerre, des médailles militaires et même quelques Légions d'honneur. J'avais les larmes aux yeux en regardant passer près de nous ces hommes que, soudain, je n'arrivais pas à prendre pour les représentants d'une armée anéantie, mais seulement pour de malheureux soldats ayant longtemps lutté avant de succomber. C'était la première fois, depuis l'affreux naufrage, que se trouvaient réunis devant moi des militaires français méritant qu'on leur présentât les armes, au moins celles du cœur.

L'harmonium attaqua « Des anges dans nos campagnes », et tous ceux qui pouvaient se lever le firent. Dans sa chasuble aux ors élimés, l'aumônier entra par la porte du fond, traversa lentement la chapelle et gagna l'autel, encadré de deux jeunes soldats qui serviraient la messe. L'homme était d'allure très militaire, avec un visage émacié qui respirait à la fois le drame et la sérénité.

Quand vint la lecture de l'Evangile, je me demandai un

instant lequel avait pu choisir le célébrant. Or, il était extrait du deuxième livre de saint Luc et débutait ainsi : « En ces jours-là, parut un édit de César-Auguste ordonnant le dénombrement universel des peuples. Ce premier dénombrement fut exécuté par Cyrinus, gouverneur de Syrie. Et tous allaient se faire inscrire, chacun dans son lieu d'origine. »

Mon père se tourna vers moi.

— Cela commence bien, me dit-il à l'oreille. Un édit de César-Auguste, le dénombrement des peuples. Il ne l'a pas choisi au hasard son passage. C'est un courageux, cet aumô-nier.

Un peu plus loin, mon père me fit signe à nouveau.

— Tiens, écoute.

Le prêtre continuait sa lecture.

« Des bergers passaient la nuit dans les champs, veillant tour à tour à la garde de leurs troupeaux. Soudain un ange du Seigneur s'arrêta près d'eux, la gloire de Dieu les environna de sa lumière et ils furent saisis de frayeur. " Ne craignez rien, leur dit l'ange, car voici que je vous annonce la nouvelle d'une grande joie, pour vous et pour tout le peuple. Aujourd'hui, dans la cité de David, vous est né un Seigneur. " »

J'interrogeai mon père du regard. Il me répondit :

— Une voix qui annonce la nouvelle d'une grande joie c'est-à-dire d'une grande espérance pour tout un peuple, cela ne te suggère rien ? Il y a vraiment tout ce qu'il faut dans cet Evangile.

Oh ! je sais, le texte de saint Luc avait été écrit dix-neuf siècles plus tôt. Mais son choix, ce soir ? Et cette insistance à s'attarder sur certains mots ?

Quand l'aumônier entama son homélie, nous sûmes encore mieux à quoi nous en tenir, à supposer qu'un dernier doute fût demeuré en nous.

Je n'avais rien sur moi pour prendre des notes, aussi ne pus-je les griffonner qu'à mon retour chez nous. Mais je crois qu'elles furent fidèles à ce que je venais d'entendre.

« Mes frères, avait dit en substance l'aumônier, les tyrans ne changent pas avec les siècles. Quand César-Auguste ordonnait le dénombrement universel des peuples, il savait très bien ce qu'il faisait et poursuivait deux buts. D'abord, connaître le volume exact de ceux qu'il lui fallait dominer afin de mieux régner. Ensuite, savoir à chaque instant où pouvaient se trouver les mercenaires comme les esclaves dont il avait besoin. Enfin, où il devait aller pour détruire plus rapidement les groupes humains dont il aurait décidé qu'ils ne méritaient pas de vivre. César-Auguste n'est pas mort. Pourtant, même au fond du plus grand malheur, un peuple qui a la foi ne doit jamais perdre l'espérance. Le tyran peut sembler l'emporter un moment, car les forces du mal sont toujours difficiles à conjurer. Pourtant arrivera l'instant où les bergers, dans la nuit, apprendront que le salut est proche et que les armes qui avaient permis au tyran d'imposer sa loi ne sont plus suffisantes pour lui donner la force de prolonger son règne. Alors la gloire de Dieu environnera tous les hommes de sa lumière, et la justice reviendra parmi eux avec la liberté. »

Encore une fois, je ne fais que retranscrire ici quelques notes hâtivement prises et j'ai recours à ma mémoire. D'ailleurs, dans l'éloquence de ce prêtre, il y avait des envolées, et dans sa voix frémissaient des accents impossibles à reproduire. Surtout si longtemps après. Mais enfin son message était clair. Nous avions été vaincus par une tyrannie. Les forces de la victoire nous reviendraient à condition de croire en ce retour.

En somme, nous venions d'entendre un sermon de « résistance ».

Quel soir de Noël !

Ce qui plus tard, en y repensant, devait pourtant m'étonner davantage que tout, à travers de telles paroles, c'était leur impulsion prémonitoire. Car enfin, lorsqu'il mettait à ce point l'accent sur les « dénombrements » prescrits par César-Auguste, le prédicateur ne connaissait pas encore l'ampleur des recensements de Juifs en Allemagne, en Pologne, ne pouvait deviner ceux qui auraient lieu chez nous en vue des rafles et des déportations. Or, de quoi s'agissait-il d'autre quand il évoquait la destruction de ces groupes humains dont le tyran avait décidé qu'ils n'auraient pas le droit de vivre ?

Je regretterai toujours de n'avoir jamais eu la plus rapide relation avec cet homme. J'ignore son nom et ce qu'il est devenu. Mais jusqu'au bout, et presque chaque dimanche, il tint le même langage. Comme s'il avait décidé, une fois pour toutes, de mettre en jeu sa vie pour ce qu'il croyait juste. Et de laisser Dieu faire.

Dehors, le sol était couvert d'une neige qui soulignait aussi de blanc chaque branche d'arbre dépouillée par l'hiver. La pleine lune arrivait et le ciel, à travers les nuages, laissait deviner ses premières clartés. De l'hôpital Bégin à notre domicile, nous ne croisâmes pas plus de trois militaires allemands qui marchaient d'un pas rapide.

Quand nous eûmes regagné la maison, je compris vite que Noël ne tarderait pas à nous y rejoindre.

La température de l'appartement n'atteignait certes pas ses degrés d'avant guerre. Toutes les persiennes, pourtant, étaient closes depuis longtemps et leurs fentes minutieusement obstruées par d'épaisses couches de papier journal conformément aux prescriptions de la défense passive. Avant de gagner la cuisine pour préparer le dîner, ma mère me chargea d'aller vérifier le tirage des poêles qui chauffaient nos deux pièces de séjour et, si besoin, d'y rajouter quelques morceaux d'anthracite. Celui-ci non plus n'était pas simple à se procurer. Les allocations eussent tout juste permis de nous chauffer deux jours par semaine. Et encore! Ma mère, heureusement, connaissait un charbonnier vincennois qui la livrait jadis et voulait bien s'en souvenir. Nous étions entrés dans une époque où l'expression « avoir des relations » avait beaucoup changé d'usage.

En allant donc m'occuper du poêle de la salle à manger, qui en avait bien besoin, je découvris mon père en train de faire sa table. Il était parvenu à me cacher cela toute la journée, mais le bristol blanc et le papier doré y avaient été à la fête. En dehors de ses personnages habituels, anges et chérubins, il avait même ajouté, la posant sur un socle recouvert de velours bleu, une haute silhouette de militaire dont les manches et le képi étaient ornés de deux étoiles d'or. Si bien que le général de Gaulle, tenant une croix de Lorraine dans la main droite, paraissait commander à une légion de séraphins.

Sans rien dire à personne, mais comme il fallait s'en douter, ma mère avait composé un menu qui eût mérité, à lui seul, de défrayer longtemps la chronique de l'époque.

Cela commençait par des huîtres dont pas une seule n'avait été surprise franchissant l'huis familial depuis bien longtemps. Venait ensuite un dindonneau expédié de Bretagne par la diligente Mme Arthur. Puis des fromages, issus de la même provenance, une salade, un gâteau à l'ananas confectionné par ma mère. Le tout arrosé d'un chambertin 1932 toujours en réserve pour les grandes occasions.

La table était éclairée aux bougies. A chaque nouvelle entrée, mon père faisait des « oh » et des « ah ». J'avais l'impression du temps heureux soudain retrouvé. C'était le bonheur simple et parfait de nos Noëls d'autrefois. Je savais que, dans la pièce voisine, la crèche aux santons était à sa place, que tout à l'heure elle s'éclairerait, qu'un à un j'y redécouvrirais chacun de ses personnages définitivement entrés pour moi dans les sous-bois légendaires de ma tendre enfance. Bref, plus que jamais je croyais au Père Noël.

Par-dessus la table, mon père prit nos mains comme il le faisait autrefois et prononça les paroles qu'il employait alors :

— On est bien tous les trois.

Le malheur s'était abattu sur le pays comme à aucun moment de son histoire. Chacun de nous s'en trouvait déchiré, désespéré, humilié à pleurer. Mais il était vrai qu'à cette table, tous les trois, soudain nous étions « bien ».

— Et puis toi, tu es là, dit ma mère en regardant mon père.

— Nous sommes tous là, répondit-il.

J'avais eu la même pensée que ma mère. Depuis notre retour à Vincennes, mon père nous avait conté plusieurs actes de la bataille. Sans jamais se mettre en avant. Mais il n'était pas difficile de saisir que, certaines fois, il s'en était vraiment fallu de très peu.

A la fin du repas, il leva son verre en direction de la haute silhouette née de ses mains.

— A lui, dit-il.

Puis, il ajouta très bas.

— Quand je pense que, deux fois, j'ai déjeuné à ses côtés à la table du général ! Il y a dix mois à peine.

Nous passâmes dans l'atelier. Mon père illumina la crèche. Il posa un disque traditionnel sur le plateau du phonographe. Je sortais du monde où nous vivions et rentrais dans celui né peu à peu de mes secrets et de mes émotions.

— Uniquement des cadeaux utiles, avait dit ma mère.

Il y avait un châle de laine pour elle, une toque de mouton que mon père guignait depuis longtemps, un chandail à col roulé pour moi. Quelques livres. Des gants.

Nous nous embrassâmes comme si nous venions de nous offrir la Lune.

J'avais tellement craint ce premier Noël de malheur.

« Fils de peu de foi », aurait dit l'Écriture.

IV

J'ai déjà fait allusion aux journaux désormais publiés à Paris, et dont pas un numéro n'était dispensé de l'imprimatur ennemi avant de voir le jour. Façon nuancée de dire que leurs rédactions vivaient entièrement sous la férule de l'occupant, recevaient de lui toutes leurs directives et, très vite, n'eurent d'ailleurs plus guère besoin qu'on leur en communiquât. Pourtant, comme je l'ai mentionné, il était devenu parfaitement impossible de vivre sans journal, puisque c'était là qu'on trouvait, chaque matin, les indispensables renseignements sur ce que j'appellerai les « tickets d'alimentation à géométrie variable », ceux qui ne donnaient pas toujours droit, au même moment, à une égale distribution de tel ou tel produit.

Aussi, parmi ces journaux, fallait-il en choisir un et le garder quelque temps, ne fût-ce que pour s'habituer à la rubrique en question.

Mes parents avaient donc jeté leur dévolu sur *Aujourd'hui* qui leur était apparu, du moins à ses débuts, comme étant de moins mauvaise compagnie que les autres. Des amis le leur avaient signalé en disant :

— Il y a chez lui un ton qu'on ne trouve pas ailleurs.

C'était alors vrai. Et ce ton, *Aujourd'hui* le devait tout entier à son rédacteur en chef, Henri Jeanson, étincelant dialoguiste de films, doué d'un très grand courage intellectuel en même temps que d'une lâcheté physique à toute épreuve qu'il était d'ailleurs le premier à reconnaître. « Vous n'allez quand même pas frapper un lâche », s'était-il écrié, un jour, face à un adversaire qui menaçait de le gifler. Ce mot avait fait le tour de Paris et on le cite encore.

Je ne sais pas ce qui avait pris à Jeanson de vouloir diriger un journal sous l'occupation allemande mais, durant les deux

73

mois où il s'occupa d'*Aujourd'hui*, il ne fait aucun doute qu'il s'y soit beaucoup amusé — chose qui n'était pas alors si fréquente — au nez et à la barbe des Allemands qui n'y voyaient que du feu.

Son premier fait d'armes avait été l' « affaire des doryphores ». Un journaliste, comblé de talent par les dieux, Raymond Thomazeau, mais qu'habitait également un goût immodéré du canular, était allé dans une de nos campagnes pour y enquêter sur une affaire d'actualité : le combat mené par le doryphore contre la pomme de terre qui menaçait dangereusement nos récoltes. Mais il y avait façon et façon de traiter le sujet. Or, à lire l'article de Thomazeau, ne découvrait-on pas la France livrée à une véritable occupation de son territoire par des légions de doryphores venues de l'est et ne lui laissant presque rien à manger? La parabole était d'autant plus claire que Thomazeau distinguait deux espèces de doryphores, les bruns et les verts. Ils empruntaient nos routes pour aller d'un champ à l'autre, marchant en rangs serrés. On en voyait même certains se déplacer à bord de camions bâchés. C'était tout juste s'ils ne chantaient pas en chœur afin de mieux rythmer leurs pas. Quand nous en délivrerait-on?

Bien entendu, l'article sur les doryphores, auquel pas un fonctionnaire de la censure allemande n'avait trouvé le moindre reproche à faire, déclencha aussitôt des torrents de rires à travers Paris. Même chez ceux qui ne l'avaient pas lu et à qui on le racontait. Même auprès des citadins qui savaient à peine ce qu'était un doryphore. Et aussitôt, les Boches, les Fritz, les Frisés, les Fridolins, les Chleuhs et, plus cérémonieusement « ces messieurs » héritèrent d'un nouveau surnom. Les « doryphores » étaient nés.

Comme Henri Jeanson n'allait pas en rester là, il se verrait vite remercié par les propriétaires d'*Aujourd'hui*, et très heureux de s'en tirer à si bon compte. Georges Suarez, ancien collaborateur de Clemenceau, prendrait sa succession avec le titre de directeur. Ce serait le premier journaliste fusillé à la Libération.

Entre-temps, *Aujourd'hui* avait évidemment beaucoup changé et fort mal tourné.

Pourtant, je me souviens y être allé plusieurs fois chercher un camarade qui travaillait, fort innocemment, à la rubrique des spectacles. Il m'y présenta à Jacques Audiberti, qui s'occupait assez prosaïquement des tickets d'alimentation pour essayer lui-même de survivre, et à Robert Desnos, le doux poète, promis à la mort dans un camp de déportés. Tous deux, qui n'étaient pourtant pas des militants de la collaboration, avaient ainsi trouvé refuge à *Aujourd'hui*. Et je ne vois pas bien dans quel autre journal du même bord, puisque ceux-ci monopolisaient le marché, ils auraient pu être aussi discrètement hébergés.

Quant à la radio, son indépendance valait celle de la presse écrite.

Tous les postes privés d'avant-guerre avaient disparu, supprimés d'un trait de plume. Radio-Paris, dont le siège se trouvait sur les Champs-Élysées, vivait sous la férule d'une direction intégralement allemande. Et même si l'on y parlait français, on y pensait exclusivement nazi. Quant à la Radio nationale, qui émettait de Vichy, il n'en fallait rien attendre d'autre qu'un flagorneur écho des grands thèmes de la « révolution nationale » et un compte rendu adulateur des activités, réceptions, déplacements et villégiatures du maréchal Pétain.

Ma classe de seconde, faite presque entièrement par correspondance, m'avait certes donné toute satisfaction, mais pour des raisons strictement personnelles n'ayant pas grand-chose à voir avec le niveau réel de mes études. Et je ne me sentais plus très loin de devoir payer sévèrement le montant de la facture.

C'est du moins ce qui ressortait des appréciations de mes différents professeurs, mis à part le charmant René Ouvrieu qui m'enseignait donc l'anglais, me trouvait un excellent élève, et ne comprenait vraiment rien à toutes les appréciations peu flatteuses qu'il entendait colporter sur moi au conseil de classe.

Il fallait pourtant se rendre à la triste vérité : je n'étais, de toute évidence, pas du niveau de la première. Le contraire eût d'ailleurs été miraculeux après l'année scolaire que j'avais passée pour les trois quarts à L'Isle-Adam et pour le reste à Saint-Quay-Portrieux. En français, je me défendais assez bien. En anglais, j'ai dit ce qu'il en était. Mais partout ailleurs, il manquait une bonne et véritable classe de seconde bien musclée à mes bagages scolaires. En mathématiques, en sciences physiques notamment, où je n'avais jamais brillé d'un éclat particulier, je campais désormais sur les rives de la Berezina.

L'ennui était qu'au terme de ces trois nouveaux trimestres ne m'attendait pas un banal examen de passage d'une classe à l'autre dont on peut toujours se tirer, plus ou moins, en

75

achetant quelques doctes et discrètes complicités. Attendu, et même au coin du bois, je l'étais cette fois par la première partie du baccalauréat, en section A'. Et, comme disait mon père, il s'agissait là d'une tout autre paire de manches.

Il me fallait réagir. J'avais six mois pour cela. Pas de quoi rattraper au vol tout le temps que j'avais négligemment perdu, mais peut-être de ne pas trop gaspiller celui qui me restait afin de recoller entre eux quelques menus morceaux de savoir dispersés.

Hélas! je dois le reconnaître, je n'avais pas du tout l'esprit aux études. J'avais déjà connu pareille humeur vagabonde au long des deux années précédant immédiatement la guerre où je m'intéressais davantage, en fait de cours, à celui des événements qu'à ceux qu'on nous prodiguait au lycée. On comprendra donc sans peine que, dans le nouvel état de fait où nous vivions, fussent encore plus nombreuses mes sources de distractions, même si le mot s'applique bien mal au sujet qui l'amène sous ma plume.

En Europe, l'année 1941 commençait au milieu du silence des armes terrestres. Dans le ciel, en dépit des bombardements qui continuaient sur Londres, on sentait les Allemands fort loin d'être aussi dominateurs qu'à l'automne. Ayant dû renoncer au débarquement lorsque la saison pouvait encore s'y prêter, ils n'allaient donc pas, maintenant, le risquer en plein hiver.

Au nord du continent africain, en revanche, le canon s'était mis à tonner.

Partis d'Égypte au début de décembre et enfonçant aussitôt les lignes italiennes de Cyrénaïque, les Anglais avaient réussi à conquérir Tobrouk le 21 janvier, fait aussitôt de même avec Benghazi et n'étaient plus très loin de la Tripolitaine. Bilan : 150 000 prisonniers italiens dont une dizaine de généraux, 1 300 canons et des centaines de chars capturés. Plus de 600 kilomètres parcourus.

Tous les soirs, la radio nous communiquait de nouveaux résultats en kilomètres, hommes et matériel. Nous pavoisions intérieurement.

Mais la radio anglaise commençait aussi à nous parler d'un certain général Leclerc, tout en laissant entendre que, derrière ces deux syllabes, somme toute assez banales, se cachait un grand nom de France. Or voilà que, vers les premiers jours de mars, les mêmes ondes nous apprenaient l'arrivée à Koufra, en plein Fezzan libyen, de Leclerc et de sa colonne motorisée au terme d'une course de 1 000 kilomètres à travers les dunes. Et ce raid fantastique permettait non seulement au jeune général de planter nos trois couleurs sur le poste ennemi, comme l'avait déjà fait Ornano sur Morzouk, mais de prêter le serment de ne déposer les armes que « lorsque le drapeau tricolore flotterait de même sur Metz et sur Strasbourg ».

Comment s'occuper de tout à la fois ? Suivre les opérations à la radio et sur une carte. En Libye et en Éthiopie où les Anglais avaient fait leur entrée. Et cela tout en m'efforçant d'accomplir l'effort nécessaire pour réussir l'épreuve qui m'attendait en juin. Vaste programme, comme quelqu'un dirait un jour !

Sans compter que, nonobstant la situation qui faisait notre malheur, je pouvais aussi, de temps en temps, revendiquer très poliment le droit de vivre un peu la vie des jeunes de mon âge.

C'est ce qu'il m'arrivait parfois de faire.

Mais, pour certains d'entre nous, les mois étaient comptés.

Le premier trimestre 1941 s'était donc passé doucement, sans incident notable. Pour tout dire de façon inespérée compte tenu des circonstances.

Ma mère continuait à faire des prodiges en vue de maintenir haut et fier le drapeau de son intendance. Et il était des jours où je me demandais vraiment d'où elle pouvait bien sortir, comme un prestidigitateur de son haut-de-forme, tout ce qu'elle déposait sur notre table sans jamais avoir l'air d'y toucher.

Mon père avait connu un grand succès au Salon des Humoristes. Tout son envoi s'y était vendu le jour du vernissage et, quarante-huit heures plus tard, continuait d'ailleurs de se vendre puisqu'il avait été entièrement renouvelé. A présent, il travaillait aux illustrations de *Graziella*, et je ne cessais d'admirer l'aisance, le bonheur avec lesquels il faisait naître de son trait et de son pinceau des paysages romains ou napolitains qu'il n'avait jamais vus. Si bien qu'en les regardant se composer peu à peu sous mes yeux, comment n'aurais-je pas rêvé du jour où je les découvrirais moi-même ? J'imaginais Rome à travers Lamartine, « le matin sous les pins aux larges dômes du Monte-Pincio ; le soir sous les grandes ombres des colonnades de Saint-Pierre ; au clair de lune dans l'enceinte muette du Colisée ; par de belles journées d'automne, à Albano, à Frascati et au temple de la Sibylle tout retentissant et tout ruisselant de la fumée des cascades de Tivoli ». A tout moment, je passais du texte à l'image, revenais de l'image au texte. Je me souvenais du temps où j'étais enfant et que mon père travaillait ainsi. Doucement je m'approchais alors de lui, et me haussais sur la pointe des pieds, essayant de découvrir, en vue rasante, ce qu'il était en train de composer. Puis je courais à ma petite table pour m'efforcer de reproduire, incertaines, les perspectives qui me fuyaient.

Je continuais aussi à faire de sérieux efforts en vue d'améliorer mes résultats scolaires et, ce qui m'encourageait, certaines disciplines paraissaient ne pas être tout à fait insensibles à ma bonne volonté.

Le régime de Vichy traversait la deuxième crise de foie de sa brève existence. Après le départ de Pierre Laval, vice-président du Conseil, en qui l'occupant n'avait plus confiance, l'incolore Pierre-Étienne Flandin, son partiel remplaçant, venait d'être invité à gagner discrètement la porte de sortie, là encore sous la pression allemande. Ainsi l'amiral Darlan, qui passait pour avoir l'oreille de Berlin, était-il devenu vice-président du Conseil, héritant au passage des Affaires étrangères, de l'Intérieur et de l'Information. Mais surtout, par la grâce d'un acte constitutionnel en bonne et due forme, celui qu'on surnommait déjà l' « amiral Courbette » prenait officiellement le titre de dauphin du Maréchal.

A la maison, nous n'éludions jamais la « question Pétain » et, quand nous l'abordions, le faisions toujours dans un climat de très grande liberté. Certes, l'ancien combattant qu'était mon père ne pouvait renier le souvenir de celui qui, en 1915, commandait le 33e corps d'armée dont faisait partie son régiment. Il demeurait justement fier d'avoir combattu sous ses ordres à Verdun, refusant de le croire traître à la patrie, même par sénilité. Mais il n'admettait pas qu'on utilisât la gloire d'un pareil chef, et du même coup celle de ses soldats, pour tenter de faire accepter une politique de soumission à l'ennemi. Et il pardonnait difficilement au Maréchal de couvrir tout cela de son képi à feuilles de chêne et de ses sept étoiles.

— Les Belges, avec leur gauleiter, s'en tirent plus honorablement, disait-il.

Pourtant, si les trois premiers mois de l'année 1941 avaient été plutôt satisfaisants, notion toute relative bien sûr, avril s'annonçait redoutable.

Les Italiens s'avérant définitivement incapables, en effet, de résister aux Anglais dans le désert de Cyrénaïque, Hitler avait pris, de toute urgence, la décision d'y envoyer le général Rommel à la tête d'une impressionnante force blindée, l'*Afrika*

Korps. Et ce que, depuis décembre, on avait vu se dérouler d'est en ouest, se répétait maintenant dans l'autre sens, exactement comme si l'on rembobinait un film cinématographique mais, ce qui était plus grave encore, qu'on le fît à vitesse accélérée.

Le 5 avril, les Allemands reprenaient ainsi Benghazi. Le 14, ils atteignaient la frontière égyptienne. Certes, les Anglais conservaient Tobrouk. Mais, depuis quatre mois, que de sang vainement répandu pour en arriver là! Que d'efforts gâchés au loin pour une Angleterre toujours si vulnérable chez elle!

Et, simultanément, la guerre s'allumait de nouveau en Europe. Dans les Balkans, elle faisait rage.

Car, là encore, les Allemands avaient dû voler, en catastrophe, au secours de leur allié italien qui s'était fort imprudemment aventuré, dans les montagnes d'Epire[1], face à l'armée du peuple hellène et s'y trouvait en bien mauvaise posture. Mais, pour la Wehrmacht, cependant plus sûre d'elle-même qu'elle ne l'avait jamais été, comment atteindre le territoire grec sans utiliser les réseaux routiers roumains et bulgares, ou passer par la Yougoslavie très peu disposée à se laisser faire?

A l'aube du 6 avril, se déclenchait donc une attaque en direction du royaume serbe, par Hongrie interposée, tandis qu'à travers la Roumanie et la Bulgarie, dûment chapitrées, les divisions du Reich fonçaient vers Salonique.

L'affaire n'allait pas traîner. En dépit de la résistance farouche des paysans yougoslaves et des montagnards grecs, Belgrade tombait le 13 avril, Athènes était occupée le 27 et les troupes anglaises qui, en nombre insuffisant, avaient débarqué pour prêter main-forte aux défenseurs de Delft et du Parthénon, se voyaient obligées de reprendre la mer dans des conditions difficiles. Certes, le 10 avril, les bataillons kényans, ougandais, somalis étaient entrés dans Addis-Abeba, accompagnés de tirailleurs français. Mais ceci ne compensait pas cela.

Oui, sombre mois d'avril.

C'est l'espérance en berne que nous descendions, chaque soir, chez notre commissaire d'immeuble aux télécommunications auquel nous permettions, en échange, d'utiliser gracieusement notre ligne téléphonique.

---

1. Le 7 avril 1939, jour du Vendredi Saint, l'Italie avait envahi l'Albanie qu'elle devait conquérir en une semaine. Le roi Zog s'enfuyait. Victor-Emmanuel III se proclamait roi d'Albanie.

Et si, un soir, nous avions été retenus par un cas de force majeure, le lendemain matin, dès que l'un de nous rencontrait notre voisin, il l'interrogeait :

— Alors, quelle nouvelle ?

— Ils tiennent, ils tiennent, répétait imperturbablement l'excellent homme, avec un bon sourire. Et cela même quand les chars allemands fonçaient à nouveau comme en 40.

Certes, les évolutions victorieuses de la Wehrmacht en direction de l'Adriatique et de la mer Egée ne changeaient pas grand-chose à ce qui se passait chez nous. Mais elles montraient bien toutes les réserves en hommes et en matériel que possédait l'Allemagne nazie, et surtout le formidable dynamisme guerrier que lui avaient conféré ses premières victoires.

Du cap Nord à Cythère, de la pointe du Raz à Brest-Litovsk, le Reich venait d'édifier, en quelques mois, un empire militaire tel qu'on n'en avait pas vu depuis la gloire des Césars.

Et comme eux, n'était-il pas en train de vouloir se donner, à présent, des marches en Afrique ?

Mais saurait-il résister à la tentation d'aller, tel Napoléon, défier les neiges rouges de Russie ? Nous n'allions plus tarder à connaître la réponse.

Je continuais à pratiquer, avec assiduité, ma quotidienne culture physique. J'y avais même, désormais, ajouté la course à pied. Le bois de Vincennes commençait à 500 mètres de la maison. Tout l'hiver, enfoui dans plusieurs chandails, ganté de moufles fourrées, un bonnet de laine descendant sur mes oreilles lorsque la température l'imposait, j'étais allé, deux fois par semaine, y couvrir des kilomètres dont je m'efforçais d'augmenter progressivement le nombre, en dépit des remontrances de ma mère prétendant qu'elle ne pourrait bientôt plus suivre, c'est-à-dire m'assurer le nombre de calories susceptibles de renouveler tous celles que je brûlais aussi inconsidérément.

Cet entraînement « à la suédoise », comme on disait alors, m'ayant donné une certaine confiance en moi, j'avais déjà pris le départ de plusieurs cross scolaires où, sans figurer parmi les dix premiers, je m'étais toujours comporté assez honorablement. Dans la cour de récréation du lycée, dont le ciment n'était pourtant pas un sol idéal pour la course à pied, je dominais sans trop de mal mes compagnons de classe sur des distances allant de trois cents à mille mètres. Si bien qu'à l'approche du printemps, j'avais adhéré au Paris Université Club, le fameux PUC, afin de pouvoir profiter de sa piste en cendrée, voisine de la porte de Versailles, et aussi d'échapper à ma solitude « suédoise ». Là non plus je ne me comportais pas trop mal. Et j'avais même, une ou deux fois, attiré sur moi l'attention de l'entraîneur du PUC, André Cherrier, avec lequel il était préférable de filer doux car il avait le verbe haut et disposait d'un vocabulaire où la délicatesse dans le choix des expressions n'était généralement pas ce qu'on remarquait le plus.

Un jour, vers le 12 ou 13 mai 1941, nous étions une douzaine de « pucistes » qui avions ainsi pris le train à la gare Saint-Lazare pour aller participer à je ne sais plus quelles obscures épreuves matinales devant néanmoins se disputer sur la piste du légendaire stade olympique de Colombes. J'étais d'autant plus heureux de découvrir celui-ci et fier d'y courir que je n'oubliais pas qu'il avait servi de cadre aux Jeux de 1924 dont l'affiche officielle était l'œuvre de mon père.

Pareils déplacements ferroviaires donnaient presque toujours lieu à d'innocents chahuts dont les usagers du train avaient généralement le bon esprit de rire plutôt que de s'en offenser. Mais ce jour-là, nous étions particulièrement calmes. Quand tout à coup l'un des nôtres se leva, aborda fort poliment un voyageur, et lui demanda avec le plus grand sérieux :

— Connaissez-vous la raison pour laquelle, depuis trois jours, les Allemands réquisitionnent tous les haricots ?

Interloqué, l'autre ne savait que répondre.

— Eh bien, c'est pour chercher Rudolf Hess dans les cosses, reprit notre camarade en éclatant de rire.

Trois jours plus tôt, en effet, le disciple favori du Führer, son éventuel successeur, disait-on, avait mystérieusement pris l'air à bord d'un Messerschmidt et, craignant d'être abattu par la DCA britannique, s'était jeté en parachute au-dessus de l'Écosse. D'où ce calembour à base de haricot.

Saurons-nous jamais l'absolue vérité sur cette étrange affaire ? Depuis dix mois, les Anglais combattaient seuls contre la plus puissante armée que, sans doute, le monde eût jamais connue. Deux semaines plus tôt, Londres avait encore subi un bombardement ayant fait 2 300 morts. Hess pensait-il être capable d'amener les Anglais à négocier la paix de la dernière chance ? Ou bien avait-il compris que Hitler était fou et voulait-il se dresser en rempart du destin contre cette folie ? Était-il fou lui-même ?

Ce fut au voyageur interpellé d'éclater de rire à son tour après être demeuré coi un instant. D'autres firent comme lui. Certains prirent la tangente ou changèrent de place. La station de Colombes arriva et nous quittâmes le train.

M'excusera-t-on si j'avoue, à présent, que l'entrée en guerre de l'Allemagne contre l'Union soviétique, le 22 juin 1941, ne retint pas autant mon attention que si elle s'était produite quelque dix jours plus tôt?

Certes j'en mesurais parfaitement l'importance. J'imaginais même, sans trop de mal, quelques-unes des conséquences les plus faciles à augurer d'une telle extension de la guerre. Mais, pour tout dire, j'avais la tête absolument ailleurs. Trois jours plus tard, en effet, j'étais convoqué pour subir les épreuves écrites du premier baccalauréat.

Mes professeurs, j'en ai déjà parlé, ne donnaient, hélas! pas cher de ma peau. Et ce n'était pas mon livret scolaire, sur lequel on me jugerait si mes notes ne s'en étaient pas encore chargées, qui possédait la moindre chance de me tirer d'affaire. Depuis deux mois, pourtant, quel mal j'avais pu me donner! Plusieurs de mes maîtres avaient même bien été forcés d'en tenir chichement compte et de me faire, du bout des doigts, l'aumône de quelques points chèrement acquis. Mais cela n'avait en rien changé leur opinion à mon égard. Aussi, mes parents ne tardaient-ils pas à apprendre, par une lettre du proviseur, que si je n'étais pas reçu à l'examen qui m'attendait, je ne serais même pas admis à tenter une autre chance entre les vénérables murs du lycée Voltaire.

Cette fois, l'outrage dépassait les bornes.

Pour le laver, je n'avais donc pas le choix. D'abord réussir ma première partie de baccalauréat. Ensuite annoncer à haute et intelligible voix que, dès la rentrée d'octobre, je m'en irais philosopher ailleurs.

Dans l'immédiat, je me sentais d'autant plus décidé à me battre de toutes mes forces que ma blessure était profonde. Sans doute était-il bien tard pour le faire avec cette ardeur de néophyte. Mais un je-ne-sais quoi me soufflait secrètement à l'oreille qu'une telle volonté avait peut-être quelque chance de me conduire au succès. Et même par la voie la plus inattendue, celle des mathématiques où ma nullité passait pourtant, à très juste titre, pour tout à fait indéracinable.

Je m'explique.

En latin, en français, en anglais, je me présenterais sur la ligne de départ avec mes lacunes et mes quelques atouts. Car ce n'était évidemment pas en si peu de temps que j'allais devenir, dans ces trois matières, un autre candidat.

Avec les mathématiques, en revanche, et aussi étonnant que cela fût, tout n'était pas joué d'avance. Car si la moitié des points se trouvait affectée à un problème d'algèbre, l'autre l'était à un théorème de géométrie dans l'espace. De l'algèbre je n'avais évidemment rien à espérer. Au contraire, démontrer un théorème, fût-il de géométrie dans l'espace, pouvait très bien ne représenter, pour moi, qu'un pur exercice de mémoire. Et la mienne, pour inexploitée qu'elle fût trop souvent, était largement supérieure à la moyenne.

Durant les quinze jours précédant l'examen, je consacrai donc la quasi-totalité de mes efforts à apprendre absolument par cœur, sans y comprendre grand-chose, les fumeuses démonstrations des quelque vingt-cinq théorèmes inscrits au programme. Sauf accident de parcours, plus une ligne de leur indigente littérature ne devait ainsi me faire défaut. Ce qui, logiquement, pouvait suffire à m'assurer la moyenne en cette matière. Mais rien qu'à imaginer l'effort de « mémorisation », comme on dit à présent, indispensable pour graver en moi toutes ces élucubrations fuligineuses, sans doute comprendra-t-on que je n'aie guère eu le temps, les 22, 23 et 24 juin, d'accorder à l'offensive allemande vers les grandes plaines de Russie toute l'attention qu'elle méritait.

Le 25, d'ailleurs, dès la pointe du jour, j'étais moi-même sur le pied de guerre. Avant huit heures du matin, j'arrivais dans les vastes et tristes locaux du Centre des examens, rue de l'Abbé-de-l'Épée, au sommet du boulevard Saint-Michel, avec mon encrier au bout d'une ficelle, comme l'exigeait la tradition, et mon dictionnaire de latin sous le bras. Et le lendemain soir, en me retrouvant sur le trottoir de la rue de l'Abbé-de-l'Épée, je poussais un grand soupir de soulagement. Les choses auraient pu se passer plus mal. Je devais atteindre la moyenne en mathématiques et m'élever de quelques points au-dessus d'elle en anglais. En latin, je nourrissais l'espoir d'un résultat honorable. Restait la composition française dont la notation, par nature, appartenait au domaine du goût, de l'humeur et de l'imprévisible.

Durant ces trois derniers jours, j'avais donc laissé de côté le déroulement de la guerre pour me préoccuper, exclusivement, de ma situation scolaire. Et pourtant, je l'ai dit, venait de se produire l'événement le plus important depuis juin 1940 : les Allemands étaient entrés en Russie cent vingt-neuf ans et presque jour pour jour après que Napoléon se fut lancé dans la même aventure.

Mon père avait scrupuleusement respecté ma « montée en loge » précédant l'examen. Je ne l'en sentais que plus impatient de me conter, par le menu, ce qui s'était passé pendant que je m'occupais de parallélépipèdes et de trapézoèdres se mouvant dans l'espace. Tel est donc ce qu'il fit, le 26 juin au soir, après m'avoir entendu proclamer haut et fort que je me mettrais à « bûcher » mon éventuel oral dès le lendemain matin.

Ainsi appris-je, en moins d'une heure, qu'ayant franchi, le 22 juin, la ligne de démarcation qui séparait la Pologne en deux depuis les accords de Brest-Litovsk, les Allemands avaient aussitôt retrouvé le style d'offensive motorisée qui leur avait si bien réussi en France et dans les Balkans. Les blindés faisaient donc des percées rapides puis convergeaient afin d'encercler l'adversaire. Il appartenait alors à l'infanterie motorisée de clouer celui-ci au sol, puis de le pilonner, le tronçonner, le réduire en pièces avec le soutien de l'aviation.

Et l'on avait immédiatement senti les grands objectifs assignés par le haut-commandement. Sur l'aile gauche, foncer vers la Baltique et prendre Leningrad. Sur l'aile droite, atteindre la mer Noire, Odessa, la Crimée avant d'aller encore plus loin. Au centre, s'emparer de Moscou. Tout cela comportant un front déployé sur 1 800 kilomètres.

— Et les Russes ? demandai-je.

— Pour l'instant, ils n'existent pas, répondit mon père. C'est la grande surprise. En Finlande, on avait pu penser qu'ils étaient victimes du terrain, des conditions climatiques, et avaient voulu économiser leur matériel en prévision, justement, d'une affaire plus sérieuse. Mais là, on a l'impression d'une armée aussi peu faite que la nôtre pour s'opposer à ce genre de guerre où le moteur est roi. Et pourtant...

— Et pourtant ?

— Eh bien, la Russie est la Russie. C'est-à-dire quelque chose qui ne s'arrête pas. Notre retraite avait ses limites. Celle des troupes russes n'en a pour ainsi dire aucune. Et les Allemands n'ont pas le choix. Quand l'ennemi recule, il leur faut bien le suivre pour garder le contact, occuper le terrain et l'empêcher de se réorganiser ailleurs. Mais jusqu'où ? Jusqu'à quel engloutissement ?

J'aimais la façon dont mon père expliquait les choses. Tout devenait simple. Des images se formaient aussitôt sous mes yeux. Je croyais voir les armées soviétiques comme éventrées par l'étrave en acier de toutes ces divisions blindées, mais répondant aussitôt à l'ennemi en encombrant ses arrières de prisonniers par dizaines, par centaines de milliers, avant d'aspirer ses troupes fraîches vers l'intérieur d'un continent qui, bientôt, se transformerait en enfer de neige et de glace.

— Enfin, nous reparlerons de tout cela plus tard, dit mon père.

Il avait raison. Car avant même d'avoir les résultats de l'écrit, il me fallait, pour ne pas risquer d'être pris de court, ne penser qu'à l'oral et le préparer tout le jour durant.

Or je venais de découvrir les « aide-mémoire » qu'éditait la librairie Gibert. Naturellement, nos professeurs nous en disaient le plus grand mal. Moi j'en pensais le plus grand bien et n'étais pas seul dans mon cas. Je leur trouvais une clarté synoptique admirable et un art de faire tenir vingt-cinq mots en un seul qui ouvrait toutes grandes à celui-ci les portes de la mémoire. Pour l'agrégation, c'était nettement insuffisant. Pour un oral de bac, avec un peu de bagout, cela devait parfaitement convenir.

Le jour où je reçus, par la poste, ce qu'on appelait la « collante », mes doigts tremblaient tout en l'ouvrant.

— Hourra !

Je m'étais presque fait peur en criant. Ma mère accourut. Mon père sortit de son atelier tout haletant.

— Je suis admissible ! Je suis admissible !

Quel bonheur ! Mais aussi quelle revanche ! Bien sûr, je n'étais pas encore reçu. Il me fallait réussir mon oral. Mais si je n'y parvenais pas maintenant, cela serait pour octobre. A présent, je n'avais plus le moindre doute. Et alors quelle paire de gifles assènerait ce résultat sur les faces anémiques des pauvres cloportes qui prétendaient m'expulser de leur établissement si je ne réussissais pas l'examen où, d'avance, ils ne m'accordaient aucune chance !

D'ici là, au charbon !

Jusqu'au 18 juillet, date de ma convocation, j'allais travailler comme jamais je ne l'avais fait. Avec une sorte de rage. A raison de dix à douze heures par jour. Les rubriques sportives des journaux parlaient quelquefois de la « fureur de vaincre » de tel ou tel athlète. Eh bien, cette « fureur de vaincre », j'avais désormais l'impression d'en être complètement possédé.

Le jour de vérité arriva. Les épreuves avaient lieu dans un amphithéâtre de la Sorbonne. En y entrant, je me sentais déjà moins sûr que la veille et beaucoup moins que l'avant-veille du résultat final. Je passai discrètement en revue les examinateurs répartis à travers la salle et comparus d'abord devant celui chargé de m'interroger en anglais.

— C'est un plaisir pour moi de vous féliciter, me dit-il dès que j'eus pris place devant lui.

Mon air ahuri le fit sourire. Si bien qu'aussitôt il ajouta :

— Je présume que vous ne connaissez pas votre note à l'écrit. Vous avez 17 sur 20. Non seulement, c'est une note remarquable, mais c'est la meilleure de l'Académie de Paris pour la section A'. Je vais donc me borner à vérifier un peu votre pratique de la langue.

Notre dialogue fut, à vrai dire, de courte durée. J'étais si ému que je trouvais difficilement les mots dont j'aurais eu besoin. Je crois qu'en face de moi on voulut bien s'en apercevoir et me manifester quelque indulgence.

Après la physique où je fus égal à moi-même, hélas! vint heureusement l'histoire.

— Parlez-moi donc du règne de Nicolas Ier, me demanda l'examinateur.

Nous avions trois tsars au programme et, sur chacun d'eux, je savais strictement par cœur tout ce qu'en disait l'aide-mémoire Gibert. C'est dire si je me sentais sûr de moi. Par prudence, toutefois, je ne voulus pas avoir l'air, pour commencer, de trop réciter une leçon.

— Si vous le permettez, monsieur, dis-je, avant de développer ma réponse, j'aimerais vous en donner le plan.

Il s'agissait du plan de l'aide-mémoire Gibert, bien entendu, qui figurait au début de chaque chapitre, et que je voyais soudain se composer dans ma tête, comme sur un écran intérieur, aussi nettement que si je l'avais eu sous les yeux.

L'examinateur, dont le nez avait machinalement plongé dans les documents administratifs étalés devant lui, releva soudain le front, me dévisagea et dit :

— Monsieur, arrêtez-vous là.

Je fus saisi de stupeur. Qu'avais-je fait? Qu'avais-je dit? L'origine de mon plan avait-elle été identifiée?

Mais l'homme reprit aussitôt :

— Voilà trois jours, monsieur, que je fais passer des oraux

d'histoire. Et aucun candidat ne m'a jamais proposé de me communiquer le plan de sa réponse avant de la développer. Au moins aurait-on eu quelque petite chance d'y voir un peu plus clair. Alors là, monsieur, je ne veux même pas vous entendre. Je vous fais confiance et vous attribue d'office la note la plus élevée qu'il m'arrive de donner. Je suis sûr que je ne me trompe pas. Vous êtes libre, monsieur.

Je n'en revenais pas. Certes, j'étais parfaitement capable d'en dire suffisamment sur Nicolas Ier pour obtenir une note tout à fait honorable. Mais je n'aurais jamais imaginé qu'elle tomberait dans mon escarcelle avant même que j'eusse véritablement répondu à la question posée.

Une fois mon parcours terminé, je me sentais bien quelques points faibles. En physique, cela allait sans dire. En latin où je ne m'étais pas trouvé irrésistible. Sur l'ensemble, pourtant, je n'avais pas trop mauvaise impression.

Le jury se retira pour délibérer. Arrivait le moment le plus éprouvant de la matinée. Celui de l'attente.

Je fus délivré assez vite. Mon nom sortit le quatrième. Je revenais de loin. Vite un téléphone pour appeler mes parents dont j'imaginais l'état. Je ne pensais même pas aux scribes racornis qui m'avaient humilié ni au plat froid de vengeance que, sans tickets, j'allais m'offrir à leurs dépens. Dans des conditions difficiles je m'étais lancé un défi. J'avais mis toute ma volonté et aussi mon orgueil dans la balance. Le résultat était là. Il me paraissait de bon augure.

Ô la joie de mes parents quand je leur appris la nouvelle! Ô leur accueil quand je rejoignis la maison d'où j'étais guetté par la fenêtre! Ô la fête intime et simple qui fut la nôtre!

Pour le lendemain, je m'étais évidemment promis une autre fête. Aller au lycée Voltaire et annoncer qu'on ne m'y verrait plus. Ce que je comptais bien faire bruyamment, avec tous les accents de triomphe et de provocation qui s'imposaient. Hélas! au secrétariat du proviseur, je ne trouvai qu'une très gentille jeune femme, à qui je montrai la note reçue par mes parents. Elle la lut et me dit aussitôt:

— Vraiment, ce n'est pas très chic de vous avoir traité ainsi. On peut tout de même offrir une seconde chance aux gens qui en auraient besoin. Surtout à un ancien élève comme vous.

Que répondre?

J'avais rêvé de jeter ses quatre vérités à la figure d'un adjoint du proviseur, mieux encore au proviseur lui-même. Et voilà que j'avais affaire à une aimable personne qui prenait sans barguigner mon parti contre son administration, ne sachant quels mots trouver pour que je ne garde pas un trop mauvais souvenir de l'établissement où j'avais tout de même passé trois années de ma vie scolaire.

— Ne t'en fais pas, me dit mon père quand je fus de retour à la maison. Tu n'as pas eu la satisfaction d'amour-propre que tu espérais t'offrir. Mais tes professeurs, eux, connaissent les résultats. Imagine donc leur tête, et celle qu'ils auraient faite si tu avais échoué. Cela devrait te suffire.

Le lendemain, je m'inscrivais au lycée Louis-le-Grand pour y entrer en « philo » à partir d'octobre.

L'été venait donc d'arriver. Mais c'était un été où il ne serait évidemment pas question de vacances au bord de la mer, puisque toutes les côtes de la Manche et de l'Atlantique étaient « zone interdite ».

Des amis de mes parents, qui habitaient L'Isle-Adam mais devaient s'en absenter durant deux mois, leur proposèrent la maison qu'eux-mêmes occupaient toute l'année. Mes parents acceptèrent aussitôt. L'un et l'autre aimaient L'Isle-Adam pour des raisons différentes. J'en partageais avec chacun d'eux. Et puis j'avais aussi les miennes.

C'était la première fois que je me retrouvais là depuis que nous en étions partis le 17 mai 1940. Quatorze mois seulement s'étaient écoulés. J'avais l'impression qu'il s'agissait d'années.

On s'était battu autour de L'Isle-Adam. Mais brièvement, et la petite ville elle-même n'avait pas trop souffert. Seuls avaient sauté les ponts métalliques sur les deux grands bras de l'Oise. On se demandait d'ailleurs bien pourquoi. Des ponts de bois provisoires les avaient remplacés où les voitures pouvaient néanmoins circuler, dans un sens puis dans l'autre. Le pont de pierre du Cabouillet, celui que Corot et Jules Dupré aimaient tant peindre, avait été heureusement épargné.

Nous nous installâmes donc. J'éprouvais la délicieuse impression de me sentir, chaque jour, un peu plus heureux de mon succès et de savoir la joie de mes parents au moins égale à la mienne. Et pourtant, quelles étaient donc ces brumes de choses non dites qui, parfois, venaient flotter autour de nous ?

A l'égard de ce que mon père avait vécu, en mai et juin 1940, il m'arrivait de trouver, chez lui, comme des silences et jusqu'à des indifférences qui ne lui ressemblaient pas. On aurait presque pu penser que, de ce drame très court, mais d'autant plus brûlant, assourdissant, qu'il avait traversé dans la douleur, ne lui étaient restés que des souvenirs anecdotiques. Lui qui avait gagné une guerre, et quelle guerre, ne paraissait tout à coup pas tellement meurtri d'avoir perdu celle-ci. Je ne comprenais pas.

Nous renouâmes cependant peu à peu avec nos marches en forêt. Là nous n'avions pas besoin de mots pour exprimer notre accord parfait. Mais il nous arrivait aussi de nouer de longs dialogues sur les arbres et les plantes, sur les oiseaux et les animaux qui, même lorsqu'ils échappaient à nos yeux, n'étaient jamais très loin. J'interrogeais mon père. Il me répondait. Je le retrouvais. Il prenait de toute évidence plaisir à me confier, sur la nature, des choses dont il ne m'avait jamais parlé.

— Je n'irais pas jusqu'à prétendre, disait-il par exemple, que les fleurs s'endorment ainsi qu'un enfant, mais il y a de cela. On pourrait très bien soutenir, en effet, que la façon dont l'obscurité modifie leur aspect correspond à une sorte de sommeil. Les feuilles des marronniers de l'Inde se rabattent comme les baleines d'une ombrelle. Le trèfle en fait autant. Les liserons se closent. Mais il faut croire que l'arrivée de l'obscurité ou le retour à la lumière peuvent être différemment ressentis par elles car le réveil n'est pas identique pour toutes les plantes. A trois heures du matin, ce sont les liserons qui s'ouvrent. A cinq heures, les pissenlits et la chicorée qui s'éveillent. Le nénuphar blanc s'épanouit à sept heures, le mouron rouge à huit et le souci fait la grasse matinée jusqu'à neuf heures.

Ou bien mon père me parlait de la forêt comme d'un vaste potager dont les herbivores étaient seuls à bien connaître sentiers et secrets.

— Ils nous surpassent en tout. Dans un milieu où abondent les feuilles vénéneuses et les baies toxiques, ils se gardent sains, vigoureux, capables d'efforts prolongés alors que, livre en main et binocle sur le nez, l'amateur de champignons commet gaillardement des erreurs dont il partage tranquillement les suites avec ses invités. Certaines plantes sauvages et dont nous ne savons pas toujours qu'elles sont parfaitement comestibles constituent des éléments de force nutritive pratiquement analogues à ceux de nos meilleurs légumes. Cela ne coûte que d'être à même de les reconnaître et de les cueillir. Peu de gens savent, ainsi, que la feuille de pourpier, de plantain lancéolé se mangent en salade et sont exquises. De même que l'ortie blanche en soupe. Sautées au beurre, les jeunes pousses de fougère-aigle sont un mets de choix. Et je ne te parle pas du cresson des sources qui vaut souvent celui des meilleurs cressonnières.

Je ne disais rien. J'écoutais et j'essayais d'ancrer dans ma mémoire tout ce que j'aurais voulu savoir pour sidérer je ne sais quels examinateurs, à une imaginaire épreuve de science des bois et des forêts.

Un jour, où nous venions d'atteindre une clairière cernée de grands hêtres dont le soleil empourprait les troncs lisses, mon père eut soudain cette phrase :

— Après la guerre, j'aimerais bien aller flâner à travers l'Ermerich et le Brandenbuch. Durant nos patrouilles matinales, je n'en ai pas vu grand-chose. Et puis, c'était l'hiver.

Il venait de prononcer les noms de deux bois situés dans la Sarre, et aux lisières desquels, durant la « drôle de guerre », se trouvaient les petits postes qu'il lui arrivait de fréquenter.

— Je suis sûr qu'en temps de paix c'est plein d'animaux, reprit-il. Et peut-être s'y trouve-t-il des arbres et des plantes que je ne connais pas.

Je sentis confusément qu'en changeant tout à coup de décor et de sujet, nous progressions lentement vers un nouvel univers de confidences. Mon père me dit alors à voix basse, en me posant la main sur l'épaule :

— C'est dur, tu sais, de vivre ce que nous avons vécu. Plus dur que tout. Et je ne parle pas des combats. J'en ai connu de plus rudes. Mais cette humiliation.

Jamais encore il n'avait prononcé le mot.

— C'est vrai, avec de Lattre et les troupes que nous avions, il était difficile de se rendre compte. Mais quand nous avons compris...

Nous suivions un layon, bordé de hautes fougères, qu'avaient tracé les pluies et le passage des animaux. L'air sentait le tilleul. Mon père tenait à la main le bâton de cornouiller qui, en forêt, l'accompagnait toujours et dont la fourche, où il passait son pouce, était devenue comme un instrument à se jouer de toutes les difficultés du sous-bois.

— Les jeunes officiers qui ne s'étaient jamais battus, continua-t-il, ne sentaient pas les choses comme nous. Peut-être pensaient-ils qu'ils auraient leur revanche. Quand j'ai appris que le capitaine Laurent, que j'appelais amicalement le petit Laurent, s'était fait tuer sur le pont de Nevers, je t'avoue que je l'ai envié. Si je ne vous avais pas eus, ta mère et toi, je crois que je me serais fait donner une mission dont je n'avais aucune chance de revenir. Cela aurait tout réglé. Je n'aurais pas eu toute cette amertume, toute cette honte épinglée au cœur.

Puis, après avoir évoqué la mission que, pour nous, il n'avait pas demandée, mon père me raconta en détail celle pour laquelle il s'était porté volontaire, durant les tout derniers jours.

La 14ᵉ DI avait donc atteint l'Auvergne, sans jamais cesser de se battre depuis Rethel. De Lattre n'aurait pas « subi », en effet, qu'on ne défendît pas jusqu'au bout ce qui restait à défendre. Ainsi d'un tunnel proche de Riom, par lequel pouvaient passer les Allemands pour déboucher sur nos arrières. Une compagnie était nécessaire si l'on voulait tenter de les en empêcher. Mais où la trouver ? C'est alors que de jeunes recrues de la classe 40 arrivèrent justement. Elles étaient environ deux cents. Aucune d'elles ne possédait la moindre instruction militaire. Mais on n'avait pas le choix. Mon père fut le volontaire qu'on cherchait pour encadrer ces hommes, les équiper, les armer, leur apprendre à se battre avec les moyens du bord. Il aurait deux jours pour cela.

Au terme de ces deux jours, les recrues originaires d'un département du Midi ressemblaient à une vraie compagnie. Elles prenaient position dans le tunnel. Et elles « en » voulaient.

— Mon capitaine, avait dit l'un de ces jeunes à mon père, j'espère bien qu'on va tous se faire tuer. Comme cela on n'aura pas été vaincus.

Je m'aperçus bien qu'en citant cette phrase, mon père avait du mal à surmonter son émotion. Comme j'aurais voulu être avec ces néophytes !

Les Allemands n'avaient pas attaqué le tunnel. Mais cela ne changeait rien à ce qui venait d'être dit.

Nous continuâmes, sous les hautes voûtes forestières, à parler de cette guerre comme jamais nous ne l'avions fait. Et nulle part ailleurs, à aucun autre moment, je n'éprouverais l'impression aussi nette que mon père commençait à peine d'en rentrer. Mais sans doute la forêt était-elle seule à même de pouvoir l'y aider en rendant peu à peu à son âme et à son corps les forces qui leur manquaient depuis la fin du drame.

— Maintenant, je crois que je pourrai te raconter d'autres choses que nous avons vécues, fit-il. Mais pas aujourd'hui. Pas tout le même jour.

Nous marchâmes encore plus d'une heure. Nous aperçûmes un renard qui fuyait, une hulotte dormant au creux d'un chêne. Les jours suivants, nous refîmes d'autres promenades semblables. Mais celle-ci avait probablement décidé de tout ce que mon père continuerait de me confier, et dont il aurait mis longtemps à libérer l'ombre de ce jeune guerrier victorieux qu'il avait été vingt-deux ans plus tôt.

Un autre jour, durant le déjeuner, il nous dit tout à coup :

— Moi, ce n'est rien. Nous sommes là pour que le temps nous oublie. Mais il y a la France. Et je crains qu'elle ne s'en remette jamais, qu'elle ne soit jamais plus regardée par le monde comme elle l'était avant. Nul ne pouvait imaginer la voir s'effondrer ainsi en quelques semaines. Maintenant, on sait que c'est possible. Pas toujours en quelques semaines, bien sûr, mais d'une façon que nul n'aurait osé concevoir ou espérer jusque-là. Il en est, croyez-le, qui ne l'oublieront pas. J'ai peur aussi pour sa langue. Et c'est peut-être le plus grave de tout.

Le régime de Vichy avait inventé une nouvelle catégorie de Français particulièrement située, durant les mois d'été, dans le collimateur de ce qui tenait lieu de pouvoir. On les dénommait les « oisifs ». Qui n'avait pas d'emploi fixe ou n'était pas inscrit au chômage devenait *ipso facto* un oisif. Surtout s'il avait moins de vingt ans, ce qui aggravait considérablement son cas, et se trouvait en vacances scolaires ou universitaires, fussent-elles tout à fait légales. Ainsi avait-on créé un Commissariat à la Jeunesse qui dépendait de Vichy mais possédait, hélas ! en zone occupée, toutes les ramifications nécessaires pour gérer l'oisiveté des oisifs. A savoir la nôtre, à peine lycées et facultés avaient-ils fermé leurs portes. Dès lors, nous avions tout de même un choix. Ou bien nous étions volontaires pour les cinq semaines de ce qu'on avait baptisé le « Service civique rural », que nous passions dans une exploitation agricole qu'on pouvait nous imposer, ou nous avions toutes les chances d'être requis pour trois mois et même quatre, si, disait-on, les besoins du pays l'exigeaient.

Je dois cependant reconnaître, pour être tout à fait honnête, qu'il y avait aussi quelques manières de contourner le règlement. Pour peu que l'on connût, par exemple, un exploitant agricole de bonne volonté acceptant de vous accueillir pendant une ou deux semaines et de prendre le risque de vous délivrer, ensuite, un certificat de séjour et de travail chez lui correspondant au temps prescrit, tout se passait généralement assez bien.

Des amis de mes parents possédaient précisément une ferme dans la région du Vexin. Ils voulurent bien m'y héberger aussi longtemps que je le désirerais. Je les prévins honnêtement qu'en dehors de l'arrachage des pommes de terre et de celui des betteraves, que j'avais pratiqué en septembre 1939, quand on s'adressait aux garçons de mon âge pour remplacer les ouvriers de ferme appelés sous les drapeaux, je ne savais strictement rien du plus humble travail des champs. Ils me répondirent que cela n'avait aucune importance, ayant en stock tout le personnel qualifié nécessaire. Cela voulait-il dire qu'ils ne manquaient de rien sauf d'un peu d'incompétence? Dans ce cas, il était évident que je ferais parfaitement l'affaire.

Mes hôtes m'offrirent chez eux deux semaines délicieuses. C'était la première fois que je séjournais dans une ferme, et m'aperçus tout de suite, à ma grande surprise, qu'on y pouvait vivre aussi agréablement que dans la plus confortable des maisons de campagne. J'avais une chambre aux murs tendus d'une très gracieuse toile de Jouy. Le matin, quelques volatiles de basse-cour me donnaient une discrète aubade. En ouvrant mes persiennes, je ne faisais entrer chez moi nulle odeur de fumier. Sous ma fenêtre, j'entendais le pas des lourds chevaux de trait et, plus loin, tous les bruits de la campagne.

Comme nul n'attendait rien de moi, je ne décevais personne. Mes journées se passaient à longer les champs ou explorer les bois qui jonchaient le paysage. Certains étaient presque impénétrables, mais je m'étais rapidement taillé un bâton fourchu pareil à celui de mon père, me permettant d'écarter les ronces et les branches susceptibles de gêner ma marche ou de fouetter mon visage. Parfois, quand j'avais trouvé une place hospitalière au pied d'un arbre, je m'y asseyais et restais plus d'une heure à écouter le chant des oiseaux. Et je me demandais souvent, pour les plus difficiles à identifier, si mon père ne m'avait pas appris un jour à reconnaître ceux-là au ramage, et si je n'étais pas gravement fautif de l'avoir oublié.

Un paysan du coin m'avait montré un cours d'eau où saisir des écrevisses, me faisant même, à plusieurs reprises, la démonstration de cette pêche un peu particulière. Je m'y étais essayé plusieurs fois seul, sans aucun succès, mais en ayant passé un incomparable après-midi au bord de ce ruisseau ombragé de feuillages d'orme, et dont l'eau transparente semblait ne cesser de rebondir sur des cailloux de nacre.

Pour offrir néanmoins quelque divertissement à ma vie, dont ils semblaient craindre qu'elle ne devînt monotone, mes hôtes me proposèrent, un jour, d'aller faire seul une promenade à cheval. Une jument baie semblait précisément se morfondre à l'écurie, n'attendant sans doute que l'occasion de humer la chlorophylle des prés et des bois. On la sortit et la sella pour moi. J'appris alors qu'elle n'avait pas été montée depuis une semaine, mais ignorant ce que cela pouvait signifier, je n'y prêtai aucune attention, croyant même que l'animal s'en trouverait peut-être légèrement engourdi, ce qui, si je veux être franc, m'arrangeait plutôt. En effet, hormis quelques poneys sur la plage de Knokke-le-Zoute, je n'avais jamais approché le moindre équidé pour en faire un objet de sport ou moyen de locomotion. Mais, bien entendu, je me serais fait hacher menu plutôt que de l'avouer.

Le rapprochement soudain entre l'isolement prolongé de la jument et l'inexpérience totale de son présumé cavalier faillit bien se transformer, très vite, en un mélange particulièrement détonant. Pas tout de suite, cependant. Car, visiblement, on me laissait venir, on me jaugeait, on m'attendait au premier tournant. Quant à moi, je n'avais rigoureusement en tête que cet avertissement dont mon père m'avait un jour fait présent : « Il faut toujours se méfier de ce qu'on croit pouvoir imposer à un cheval. Il a les moyens de vous le rendre au centuple. »

Au début, il y eut donc un pas tranquille et observateur. Mais dès que nous arrivâmes à la prairie qui m'avait été suggérée pour une paisible flânerie, ma trompeuse cavale plaça un démarrage aussitôt foudroyant. Car elle avait de l'énergie en réserve, la bougresse ! Et la mienne possédait ses limites. Heureusement, le galop de ma monture, pour bien trop rapide qu'il fût à mon goût, n'en restait pas moins assez souple, et elle n'en changeait pas. Si bien qu'en serrant mes cuisses à lui broyer les flancs, mais aussi en me penchant sur son encolure pour saisir prestement sa crinière si j'y étais contraint, je pouvais envisager de tenir à ma selle encore quelques instants. La prairie, hélas ! n'était pas extensible à l'infini. Je m'en rendis mieux compte en découvrant soudain une haie d'arbustes, mesurant environ deux mètres de haut, et qui se rapprochait à une vitesse impressionnante.

« Deux mètres valent mieux qu'un, pensais-je tout de même. Un mètre pourrait lui donner envie de sauter. Deux risquent de la faire réfléchir et de l'arrêter. »

C'est ce qui se passa. Tout à coup, je sentis le galop ralentir. Nous n'étions plus qu'à trente mètres de la haie. Je me hasardai alors à tirer très doucement sur les rênes, ce qui accentua le ralentissement. Puis nous passâmes au trot. Enfin nous parvîmes au pas, et regagnâmes doucement la ferme. Sur le chemin qui nous y ramenait, je crois pourtant n'avoir jamais fait aussi attention de ma vie à mes mains, à mes cuisses, à mes genoux, à mes talons. Rien ne devait faire croire à cette satanée jument que j'en voulais encore.

Lorsque j'eus rejoint la cour d'où nous étions partis, le palefrenier me demanda :

— Alors, tout s'est bien passé ?

— Parfaitement, c'est une bête agréable, répondis-je d'un air faussement désinvolte.

— Oh oui, et puis qui ne démarre jamais sans qu'on lui demande. A condition qu'elle se sente bien tenue en main, évidemment. Pas tirée. Mais bien tenue.

Je fus intéressé de l'apprendre.

Le lendemain, pour ne pas rester sur un demi-échec, je demandai à monter de nouveau la fringante jument. Il faut dire que, cette fois, j'avais pris mes précautions, préférant à la prairie de la veille deux ou trois sentiers sous bois qui se prêtaient moins aux grandes chevauchées. Et puis, j'avais suivi les conseils qu'on aurait mieux fait de me donner plus tôt. Sans tirer sur les rênes, je les tenais bien en mains.

Trois jours plus tard, je quittais la ferme en possession d'un beau certificat attestant que j'y avais accompli un service civique rural de cinq semaines durant lesquelles j'avais donné pleine et entière satisfaction à ceux qui m'avaient si gentiment reçu.

Je serais bien resté chez eux une ou deux semaines de plus. Mais je venais seulement de m'en apercevoir.

J'avais rejoint mes parents à L'Isle-Adam où nous resterions jusqu'à la fin du mois d'août. Plusieurs fois, il devait m'arriver de pousser quelques petites reconnaissances vers ces maisons où, durant l'hiver 39-40 et le début du printemps, j'étais venu m'initier, de la meilleure façon qui fût j'en demeure persuadé, à des jeux de mon âge. Mais partout je n'avais trouvé que volets clos et jardins entièrement retournés à une sorte d'état sauvage. De l'un d'eux se dégageait même plus qu'un abandon passager. On y sentait quelque chose d'appelé à ne jamais revivre. Je m'étais enhardi à interroger une voisine.

— Oh, les pauvres X... ! m'avait-elle répondu. D'abord, lui est prisonnier. Et puis elle, on la comprend, elle a préféré rester en zone non occupée avec ses enfants. Avec le nom qu'elle porte !

Alors, soudain, les consonances de ce nom, auxquelles je n'avais jamais prêté attention, se chargèrent brutalement de m'éclairer.

Je réfléchis. Avais-je éprouvé pour cette jeune femme et pour telle autre davantage qu'une attirance purement physique, fortement initiatique, et à laquelle s'ajoutait classiquement l'amour-propre flatté d'un très jeune homme dans les bras d'une jolie partenaire ayant quinze ou vingt ans de plus que lui? Honnêtement, je ne le crois pas. Mais là, soudain, je ressentais bien davantage qu'une ombre de tendresse blessée. Je découvrais douloureusement le confus désespoir de ne rien pouvoir faire pour venir en aide à cette ancienne amie dont je devinais bien qu'elle risquait, tout à coup, de se trouver en danger. Et prenaient soudain possession de mon cœur des sentiments qui, jusque-là, étaient passés très loin de lui.

Mon pressentiment n'était pas vain. Une imprudence, un retour à Paris au pire moment suffiraient. Je ne l'apprendrais que longtemps après la guerre.

Il était cinq heures de l'après-midi sur les Champs-Élysées. Une compagnie d'uniformes vert-de-gris, occupant le milieu de l'avenue, descendait vers le Rond-Point au pas cadencé. Un tel spectacle n'était plus, malheureusement, de nature à étonner les promeneurs. Mais là, tout de même, vu d'un peu loin, celui-ci me paraissait comporter quelque chose d'assez inhabituel. D'abord il y avait cette foule, apparemment française, qu'il rassemblait sur les trottoirs. Oh! ce n'était pas celle d'un 14 Juillet, certes, mais ce genre de défilé avait généralement lieu entre deux haies d'indifférence figée, ce qui n'était pas le cas. Et puis, en tête de la colonne, devait se trouver un détail curieux que je ne distinguais pas, mais qui semblait, davantage que tout, attirer l'attention des badauds.

Je hâtai le pas en longeant les immeubles, et traversai la rue Washington quand le début de la troupe atteignait à peu près la rue de Berri.

Et de là, je vis. Je vis ce que je n'avais jamais vu et n'imaginais pas possible, bien qu'on m'en eût déjà parlé. Je vis une compagnie formée d'hommes en uniforme allemand et marchant au pas cadencé, mais précédée par un drapeau français entouré de sa garde.

C'était un détachement de la LVF[1]. Mais il fallait, comme on dit, le voir pour y croire. Et au bord du trottoir, ces gens qui applaudissaient, ces civils qui levaient le bras à l'hitlérienne? Des Français pour la plupart! A tout prendre, j'aurais préféré

---

1. *Légion des volontaires français contre le bolchevisme*, fondée pour aller combattre sur le front russe et sous l'uniforme allemand.

de vrais Allemands et leurs drapeaux à croix gammée. Ceux-là, au moins, nous savions pourquoi ils étaient là, et ce qu'ils y faisaient.

Des jeunes gens, vêtus de blousons et bottés de cuir, l'œil aux aguets, passaient leur temps à repérer les chapeaux peu pressés de se soulever au passage du drapeau et, sans excès de civilités, se chargeaient de les faire voltiger. A un moment, je me rapprochai des spectateurs. Il y en avait toujours, parmi eux, qui levaient le bras et même proféraient des « Heil » mollassons ou hystériques selon les cas. A défaut de les fesser, j'aurais aimé pouvoir leur cracher au visage. Le porte-drapeau et les gardes avaient tous trois la poitrine constellée de décorations qui ne pouvaient avoir été gagnées que sur les champs de bataille de juin 40. Que n'y avaient-ils mérité une bonne croix de bois qui leur eût, au moins, conservé l'honneur !

Depuis notre retour à Paris, nous avions déjà dû subir les étendards nazis frappés de la svastika, flottant sur tant d'avenues et de places que nous aimions, ainsi que les sinistres panneaux indicateurs, aux carrefours, tous rédigés dans la langue de l'ennemi. Allions-nous, pensais-je, devoir maintenant supporter le spectacle d'Allemands d'un nouveau type et qui seraient des Français ?

Le soir, en dînant, je racontai à mes parents ce dont j'avais été témoin.

— Je peux à la limite comprendre, dis-je, que de jeunes hommes aient envie d'aller se battre sur le front russe, bien que l'époque soit assez mal choisie, et parce que c'est contre le communisme qu'ils le feraient. Mais sous l'uniforme ennemi, non ! Il y aurait de quoi souiller le plus pur des croisés.

Nous avions regagné Vincennes depuis plusieurs jours, heureux de nous retrouver chez nous. Mon père me répondit :

— C'est ce dont j'ai réussi à convaincre, avant-hier, un de mes anciens sous-officiers qui était venu me voir pour me demander conseil. Il voguait un peu à la dérive et voulait s'engager à la LVF. Je lui ai dit : « Que votre conscience décide. Mais si vous venez me voir en uniforme boche, il va de soi que vous n'entrerez pas ici. Ce ne sera pas à vous que je refuserai ma porte. Ce ne sera même pas à votre uniforme. Ce sera à l'un portant l'autre. » Il me regarda fixement dans les yeux : « Mon capitaine, fit-il, vous m'avez convaincu. La prochaine fois, vous pourrez me laisser entrer. Et vous saurez que je n'ai pas laissé ma tenue à la maison pour entrer chez vous en civil. »

Je me remettais mal de cette vision de LVF défilant sur les Champs-Élysées. Mais, du moins, ne l'avais-je pas cherchée. Elle avait surgi devant moi sans qu'il me fût possible de l'éviter ou de fermer les yeux sur elle.

Avec l'atroce exposition *le Juif et la France*, qui venait de s'ouvrir au Palais Berlitz, j'irais me jeter vraiment et délibérément dans la gueule du loup. Mais je pensais qu'à partir d'un certain degré d'abomination, il ne fallait pas refuser de voir jusqu'où l'homme peut aller.

Deux semaines avant l'inauguration de cette foire de la haine et de la honte, prévue pour le 5 septembre, une publicité sans précédent s'était mise à écraser les murs de Paris pour appeler à la visiter. Dans l'ignoble, tous les records étaient déjà pulvérisés. Les plus infâmes caricatures, les plus honteux slogans, les insultes les plus abjectes annonçaient leur présence au rendez-vous de l'exposition elle-même.

— N'y va pas, m'avait dit ma mère. Cela ne t'apprendra rien. Et je te connais, tu en ressortiras hors de toi ou écœuré.

— Si. Je tiens à voir. Je ne veux pas qu'on puisse me dire, un jour, que ce n'était pas comme cela, sans que j'aie les moyens de répondre.

J'y suis donc allé. En me cachant. Ou plutôt était-ce l'impression que j'essayais de me donner. Mais, contrairement à ce que l'on croit volontiers, on ne se cache pas facilement dans une foule. On n'est jamais aussi entouré, donc aussi vu de tous côtés. Car cela change une foule, cela remue. Et le drame, l'indécent drame était qu'au Palais Berlitz il y avait foule. Je tremblais de peur à l'idée de rencontrer quelqu'un de connaissance. Car, sachant bien ce que je me dirais en le voyant, j'imaginais ce que lui-même penserait de moi dès qu'il m'apercevrait.

Des haut-parleurs, qu'on pouvait entendre de partout, ne cessaient de vous abasourdir avec d'épouvantables boniments sur les Juifs et la race sémite que de prétendus schémas anthropologiques essayaient de définir, en usant des clichés les plus éculés. D'immenses panneaux, disséminés un peu partout, montraient des visages de Juifs célèbres et appartenant, en général, aux milieux de la pensée, de l'édition, de la presse, de la radio, du spectacle. Je n'en connaissais pas beaucoup. Mais quand je vis apparaître l'effigie d'André Maurois — né Émile Herzog, ne manquait-on pas de préciser —, je fus pris d'une sourde colère. Comment pouvait-on, parce qu'il était juif, offrir ainsi à une vindicte populaire que l'on espérait bien susciter, un aussi grand écrivain français dont le visage rayonnait d'intelligence et de bonté ? Joseph Kessel figurait également sur cet abominable tableau d'affichage. Il me revint à l'esprit que mon père m'en avait parlé avec enthousiasme comme d'« un cosaque et d'un paysan de chez nous », après l'avoir vu à la 14e DI.

J'entrai, sans m'y asseoir, dans une minuscule salle de cinéma où l'on projetait de méprisables films.

Ma mère avait eu raison. Hors de moi, j'étais également écœuré en sortant. Pourtant, je ne regrettais pas d'être venu. Maintenant j'en savais davantage. Et encore cette exposition ne montrait-elle rien, cela va de soi, de l'abominable « pire » que nous connaîtrions bientôt. Mais il était en filigrane derrière tous ces stands, ces panneaux, ces écrans. Des visages se bousculaient dans ma mémoire. Ceux des camarades juifs de mon enfance, de mes voisins juifs du lycée Voltaire, de cette jeune femme qui avait dû fuir la zone occupée parce qu'elle-même était juive.

J'avais regardé rapidement, superficiellement, cette exposition tant elle m'était intolérable. Mais assez pour avoir eu l'impression d'y sentir brûler quelque chose de semblable à un gaz fait pour tuer.

Le 3 octobre, huit synagogues étaient dynamitées à Paris.

C'est quelques jours plus tard que je fis mon entrée au lycée Louis-le-Grand.

Je n'étais pas peu fier d'y accomplir mes premiers pas.

Ma vie scolaire n'avait plus qu'une année à vivre. Mais je pouvais dire qu'elle allait s'achever en beauté, dans l'établissement le plus glorieux de Paris.

Au seuil du *Fils unique*, et pour favoriser un petit tour de passe-passe chronologique, j'ai déjà raconté qu'en arrivant à Louis-le-Grand, j'étais naturellement convaincu d'être versé d'office dans la classe du célèbre Armand Cuvillier, dont les deux manuels de « philo » régnaient sur presque tous les collèges et lycées français. Aussi avais-je été fort déçu d'apprendre que je ne découvrirais pas la philosophie en écoutant les leçons du Socrate de la rue Saint-Jacques, mais celles d'un professeur beaucoup moins illustre qui s'appelait Maurice Marsal.

Que je m'en suis vite félicité !

En effet, je ne fus pas long à apprendre que les cours du grand homme ne consistaient, à peu près, qu'en une lecture compassée de ses propres ouvrages. Tandis qu'avec Marsal, nous vivions la philosophie.

Je le revois, entrant dans la salle où nous l'attendions. Coiffé de son béret basque, il avait la silhouette encore jeune, le visage à angles vifs, le regard pétillant. A la boutonnière de son veston étaient noués un mince ruban de la Légion d'honneur et celui de la croix de guerre 14-18.

« Nous n'étions pas en classe depuis cinq minutes, et déjà nous nous sentions bousculés, provoqués, réveillés », écrit André Maurois, dans ses *Mémoires*, en évoquant sa première leçon de philosophie avec Alain. Sans doute Marsal n'était-il pas Alain, mais je garde le même souvenir du début de sa première classe.

Pour chacun de nous, j'imagine, ce fut une année éblouissante et riche. Si la philosophie est bien l'enseignement de « toute connaissance par la raison », Maurice Marsal ne nous enseigna peut-être pas toute connaissance, et d'ailleurs il n'y prétendait pas. Mais il nous ouvrit, avec une lumineuse intelligence de chaque pensée, de chaque mot, bon nombre de portes sur la raison que j'aimerais, aujourd'hui, voir se rouvrir plus sûrement, plus naturellement et plus souvent devant moi.

Quand je commençai à publier des livres, je les adressais toujours à Maurice Marsal. J'avais un peu l'impression de continuer ainsi à lui remettre ma copie. Et chaque fois, je recevais une longue lettre de lui où il me disait, comme au temps de Louis-le-Grand, ce qu'il avait bien et moins aimé.

Il m'écrivit un jour : « L'outrance des épithètes a conduit les gens posés, et ceux qui se veulent dans le vent, à les bémoliser par le mot " assez ". Il y a un abus, quand l'adjectif a une valeur absolue ou superlative. " Assez " extraordinaire, " assez " richissime, et votre " assez " miraculeuse (page 144 des *Compagnons de la Forêt-Noire*) en sont des exemples " assez " excellents. »

Autant ma dernière année au lycée Voltaire avait été pénible, autant celle que j'entamais à Louis-le-Grand s'annonçait bénéfique à tout point de vue. Je n'étais peut-être pas en tête de la classe, mais dans une « botte » honorable. Et qu'on me pardonne cette expression : je me sentais dans le coup. C'était quelque chose que je n'avais pas éprouvé depuis un temps « assez » interminable.

La joie m'était également donnée, en sciences naturelles, de retrouver l'un de mes anciens professeurs du lycée Voltaire, le seul, en dehors d'Ouvrieu, avec lequel j'entretenais des rapports véritablement cordiaux. Il s'appelait René Voyer. C'était un homme aux connaissances infinies, passionné par son métier et l'exerçant avec une flamme communicative. Ses deux fils, Claude et Pierre, avaient été plusieurs fois dans la même classe que moi, et je devais probablement à la camaraderie qui nous liait une bonne part des sentiments de leur père à mon égard. En somme, outre la fierté légitime de me trouver dans un lycée aux dimensions historiques, j'y découvrais un confort et un bonheur de l'esprit insoupçonnés.

Je commençais donc à me demander si je ne serais pas tenté de rester rue Saint-Jacques davantage que prévu. Les hypokhâgnes et les khâgnes étaient ici, avec celles du lycée Henri IV, les plus réputées de Paris. Le choix de ma carrière demeurait incertain. Sans doute me sentais-je naturellement attiré par le journalisme, plus secrètement par la littérature. Mais si je me rendais parfaitement compte que la presse pouvait être l'une des voies menant à la véritable écriture, il n'en était pas moins certain que, pour un temps indéterminé, les circonstances douloureuses dans lesquelles nous vivions m'en interdisaient dramatiquement l'accès.

Une idée, plus qu'une vocation, me vint alors à l'esprit. Il était naturel que la sensation de vivre, désormais, entre des frontières de fil de fer barbelé inoculât rapidement à un jeune homme de mon âge l'appel des grands horizons. Même s'il se doutait parfaitement qu'il devrait encore attendre longtemps l'occasion d'y répondre. Puisque l'anglais semblait donc bien me réussir, puisque je n'étais pas absolument nul en français et que j'aspirais de toutes mes forces à connaître un jour le monde, pourquoi ne m'orienterais-je pas vers le professorat de français à l'étranger ? Ce qui, dans mon imagination, devrait me conduire inévitablement vers une université du Middle West ou de Californie afin d'y enseigner notamment notre langue à de pulpeuses étudiantes américaines comme on en voyait dans les films. Dès lors, pour affermir mon français tout en développant mon anglais, il m'apparaissait que deux années d'hypokhâgne et de khâgne ne seraient pas mal venues, du moins si j'étais capable de me hisser à leur niveau. Ce qui aurait également l'avantage de prolonger mon séjour à Louis-le-Grand, et de me faire ainsi admettre dans l'aristocratie du lycée.

N'importe comment, ce projet venant seulement de m'effleurer, il était encore prématuré d'imaginer son destin.

Du moins pouvais-je voir une perspective qui nourrissait mon rêve.

V

Je me sentais de mieux en mieux au lycée Louis-le-Grand et mes résultats s'en portaient assez bien. Mais je m'acclimatais également plus vite que je ne l'aurais pensé au Quartier latin lui-même où, désormais, je vivais du matin au soir puisqu'il ne pouvait être question, pour moi, de regagner Vincennes à l'heure du déjeuner.

Rapidement, j'avais réussi à vaincre une sotte méfiance à l'égard des restaurants chinois et même pris pour eux un goût dont je ne me déferais jamais. L'établissement que je fréquentais le plus était situé rue Cujas, donc tout près du lycée. Il présentait le double avantage de pratiquer des prix assez raisonnables et de n'exiger aucun ticket de pain en échange du riz qu'on y servait généreusement. Les menus proposés n'étaient pas d'une très grande variété. Nul n'aurait pu affirmer que le shop-suey au lapin, déjà plutôt surprenant dans un restaurant chinois, mais régulièrement inscrit à la carte, ne fût pas tout bonnement du shop-suey au chat. Beaucoup rôdaient, en effet, autour des tables qu'on revoyait rarement les jours suivants où ils avaient laissé la place à d'autres. Mais enfin, la sauce faisait passer la chair. Il n'y avait pas que du lapin au menu. Et j'étais très fier d'avoir vite appris à manger avec des baguettes.

Il faut d'ailleurs croire que je manifestais, à cette époque, un certain goût pour l'exotisme car j'avais alors, comme camarade de jeux, une fort jolie métisse antillaise qui fréquentait un cours voisin des arènes de Lutèce. Et quand, le soir, nous nous retrouvions à la Source, qui était le café du boulevard Saint-Michel le plus fréquenté par une clientèle de notre âge, pour peu que le célèbre Ferdinand Lop[1] vînt à passer, il manquait rarement de nous lancer :

— Très bien, mes petits, il faut resserrer les liens entre la métropole et l'empire !

Car l'occupation ne priva jamais le Quartier latin de l'auguste présence du « Maître », pas plus qu'elle n'altéra un seul instant la confiance que celui-ci ne cessait d'affirmer dans son imminente prise du pouvoir. Avec les Allemands ou contre eux ? C'était un point sur lequel il savait se montrer discret. Tout ce que l'on pouvait parfois tirer de lui était un mystérieux :

— Le Maréchal pense à moi. Il vient encore de me le faire savoir. Je suis prêt.

Et, pareil au baron Clappique cher à Malraux, Ferdinand Lop mettait promptement un doigt sur sa bouche, comme s'il en avait déjà trop dit. Et celui auquel était destinée cette confidence répondait aussitôt :

— En tout cas, Maître, vous pouvez compter sur moi.

— Je sais, je sais, crachotait le vieil homme à travers son dentier. Et vous aussi comptez sur moi. Vous apprendrez en temps utile quel portefeuille je vous réserve. Mais en attendant, prudence et silence. La police de Vichy ne me quitte pas des yeux et des oreilles.

Puis, un peu plus bas :

— Darlan me craint beaucoup.

Chaque soir c'était le même numéro. Ou à peu de choses près. Il est vrai que nous n'en demandions pas plus. Parfois, des militaires allemands, qui avaient dû entendre parler de Ferdinand Lop ou se souvenaient de leurs études en Sorbonne, venaient lui faire des courbettes dérisoirement obséquieuses. Je dois dire que Lop les traitait toujours avec assez de morgue, faisant à peine mine de les voir, ne leur adressant pas un mot, et poursuivant son chemin.

D'autres jours, il nous entretenait de ses rêves européens, quand il aurait épousé la princesse Elisabeth d'Angleterre et régnerait sur le continent, au moins jusqu'à l'Elbe.

Ce n'était pas un mauvais homme. Il sentait bien, je crois, que par ces temps voués au malheur et noyés de tristesse, nous avions besoin d'une forme ou d'une autre de merveilleux pour

---

1. Ancien professeur d'histoire et de géographie qui, durant plus d'un quart de siècle, fut la vedette ubuesque du quartier Latin, ne cessant de confier à qui voulait l'entendre ses ambitions fantasmatiques d'un destin national dont il feignait de ne pas douter.

tromper un instant notre mélancolie. Et il nous donnait celle dont il disposait. Ce qui le distrayait en même temps et conférait un corps mystérieux à ses plus secrètes chimères.

Faute d'avoir pu, à l'instar de Napoléon, prendre Moscou en septembre, l'armée allemande avait été rejetée, le 25 décembre, sur les bases de départ de sa grande offensive contre la capitale soviétique. Elle se trouvait maintenant à deux cents kilomètres des tours du Kremlin, aux prises avec un froid qui semblait arriver tout droit de Sibérie.

En revanche, le déferlement nippon sur le Sud-Est asiatique se poursuivait presque sans résistance, hormis aux Philippines où MacArthur se battait comme un tigre. Mais, le 15 février, les Japonais s'emparaient de Singapour, haut lieu du prestige britannique en Extrême-Orient, d'où ils allaient à la fois descendre vers la Malaisie et remonter en direction de la Birmanie.

Chez nous, le 19 février, s'ouvrait à Riom le procès où comparaîtraient quelques-uns, mais quelques-uns seulement, des responsables de la défaite : Léon Blum, Edouard Daladier, Guy La Chambre, le général Gamelin et le contrôleur général Jacomet. Que d'absents ! Où était donc Pierre Cot, par exemple, dont on savait ce que lui devait notre aviation ? Il est vrai que les jeux étaient faits d'avance. Pour Vichy, il apparaissait insupportable que fût mise en cause la responsabilité militaire du maréchal Pétain et du général Weygand entre les deux guerres. Pour Hitler, ce n'étaient pas les responsables de la défaite française qui devaient être jugés comme tels, mais ceux de l'ouverture des hostilités. En avril, il exigerait donc l'arrêt des débats et que jamais ceux-ci ne fussent repris. Ce qui arrangeait bien des gens.

Les vacances de Pâques approchaient. De plus en plus je me sentais saisi à bras-le-corps par un besoin de grand air et d'horizons. Oh ! mon rêve était modeste. Il se limitait à Saint-Quay-Portrieux. J'y avais passé des jours cruels. Mais, pour la dernière fois, m'étaient apparus la mer et le grand large. C'était là que je voulais aller. Je m'en ouvris à mes parents qui, à ma profonde surprise, n'y firent aucune objection de principe.

Restaient pourtant à mettre au point mon déplacement et mon séjour. Ce qui n'était pas si simple que cela. Car tout le littoral de la Manche et de l'Atlantique était, je l'ai dit, considéré comme « zone interdite », uniquement accessible aux résidents et à ceux qui disposaient d'un « laissez-passer » très difficile à obtenir. J'en fis néanmoins la demande auprès de la Préfecture de Police, prétextant la visite que je devais rendre d'urgence à une cousine — à la mode de Bretagne, c'était bien le cas de le dire — dont la santé inspirait quelque inquiétude. Évidemment la cousine n'était autre que Mme Arthur, notre pourvoyeuse en beurre, pâtés, lapins et autres denrées, discrètement avisée par ma mère.

L'avant-veille du jour prévu pour mon départ, je n'avais toujours aucune réponse de la Préfecture. La veille non plus. L'après-midi de ce jour J pas davantage. Tant pis, j'étais si décidé à partir, si obsédé par ce départ que je résolus de prendre, quelques heures plus tard, le train de nuit pour Saint-Brieuc et, sur place, à Dieu vat! de confier mon sort aux brises de l'aventure. Ce qui était, cela va sans dire, de la plus haute imprudence.

A Louis-le-Grand, un camarade paimpolais, qui connaissait bien le secteur, m'avait dit ce qu'il fallait faire, selon lui, quand on était dans ma situation.

— Surtout, arrivé en gare de Saint-Brieuc, n'emprunte à aucun prix la sortie réservée aux voyageurs et passant par la gare elle-même. Tu tomberais automatiquement sur un contrôle allemand et on te demanderait ton *ausweis*. Bref, à éviter. En descendant du train, tourne donc à gauche et commence à suivre la voie. Tu trouveras très vite une palissade pas très haute. Au-delà, c'est la ville. Tu regarderas s'il n'y a personne dans le coin. De toute façon, il ne fera pas encore très jour. Tu balances alors ton sac par-dessus la palissade. Tu prends le même chemin. A ce moment-là, il n'y a plus de couvre-feu. Tu cherches le car pour Saint-Quay. Tu montes dedans. Et le tour est joué.

C'est ainsi que tout se passa et que j'arrivai à Saint-Quay sans encombre. Mme Arthur m'avait réservé une chambre à l'hôtel de la Comtesse, non loin du port. J'en étais, je crois bien, le seul pensionnaire. Les propriétaires s'appelaient Delachoue et avaient un fils, Roger, à peu près de mon âge, avec lequel je sympathisai aussitôt. Je me sentais presque en famille.

Évidemment, je n'avais jamais séjourné à Saint-Quay autrement qu'en été. Mais nous étions aux tout premiers jours de mars. Le ciel avait des trouées bleues et, sur les bords de la route, j'avais déjà entr'aperçu des champs d'ajoncs et des iris. Après avoir fait ma toilette, enfilé un vieux pantalon de velours côtelé, passé un gros chandail à col roulé, je quittai donc l'hôtel et descendis vers le port. Devant le petit bâtiment affecté à la douane, se tenaient deux militaires allemands. Vu ma situation, je ne tenais pas le moins du monde à avoir d'ennuis avec eux. C'est pourquoi je leur lançai, au passage, un « morgen » affable et détendu auquel ils ne devaient pas être tellement habitués de la part des autochtones. Effet immédiat. L'un d'eux me répondit avec un demi-sourire et un geste de la main.

J'étais maintenant sur cette jetée où, le 18 juin 1940, nous avions vainement attendu le bateau qui devait nous emmener. Où serais-je aujourd'hui, me demandai-je, s'il était arrivé à temps ? L'heure n'était pourtant pas à la méditation, mais à ne pas me faire trop remarquer avant de mieux savoir où j'allais poser mes pieds. Il me sembla donc raisonnable de revenir d'abord sur mes pas et de remonter la Grand-rue en me promenant pour traverser l'agglomération. C'est au bout d'une centaine de mètres que je m'entendis héler, dans mon dos, par une voix féminine :

— Qu'est-ce que tu fiches ici ?

Me retournant, je reconnus la dame qui avait un tel penchant pour le Boléro de Ravel. Je fis demi-tour pour aller la saluer. Elle me présenta à son mari qui venait de passer vingt mois de captivité en Allemagne, et devait sa libération à une congestion pulmonaire un peu trop insistante.

— Il faudra que tu viennes dîner un soir, me dit la dame avec une lueur de mélancolie dans ses yeux pervenche. Où habites-tu ?

Je donnai mon adresse et poursuivis ma route. Je retrouvais tout. Chaque maison, chaque boutique. J'arrivai enfin à hauteur de la plage. Elle était déserte, et ressemblait au décor du film Patrouille perdue, avec Boris Karlov, qu'on m'avait emmené voir avant la guerre. J'allai jusqu'à l'endroit où je m'étais effondré sur le sable en sanglotant, après avoir écouté le Maréchal nous dire, d'une voix anéantie, que tout était perdu. Puis je passai devant la maison où nous habitions alors, et qui ne paraissait plus occupée. Je fis également une halte chez la bonne Mme Arthur comme je l'avais promis à ma mère. Enfin j'entrai à l'église où nous avions tant prié, elle et moi.

Ne disposant pas de la moindre bicyclette, je n'avais que la marche pour me déplacer. Elle me permettait ainsi de mieux retrouver ce que j'étais venu chercher ici : des paysages, des couleurs, des échos et des ombres. En fin d'après-midi, j'esquissai une brève entrée au Saint-Quay-Bar, toujours tenu par sa flamboyante patronne, afin de voir si je n'y trouvais pas réunis, à la table où ils avaient leurs habitudes, le héros de *Remorques*[1] et le modèle du capitaine Conan qui, tous deux, s'étaient retirés à Saint-Quay. Mais j'appris que l'un et l'autre ne sortaient plus guère. C'était maintenant chez eux que Roger Vercel allait encore les voir.

A l'hôtel, par élémentaire prudence, j'avais demandé si l'on ne courait pas de risques à suivre le chemin de ronde qui épousait chaque méandre de la côte.

— Non, m'avait-on répondu, ce n'est pas là que les Allemands sont tellement sur le qui-vive. Il y a trop de rochers à fleur d'eau et ils craignent plus les parachutages que les petits débarquements.

J'allais donc souvent flâner de ce côté, poser mes yeux sur l'horizon et admirer, en contrebas, les rocailles brunes et les algues luisantes dès que la mer se retirait. Une villa, ici ou là, évoquait un visage, une silhouette. Il me semblait entendre une musique, une voix que j'avais cru aimer. Et pourtant, je ne comprenais toujours pas. Comment, dès que j'avais su mon père sain et sauf, m'avait-il été soudain possible de me sentir si libre et, disons le mot, si heureux, alors que tout ce qui avait été jusque-là ma seconde religion venait de s'anéantir ? Pourtant, avec le recul, je parvenais mal à m'en trouver tout à fait coupable, tant je baignais à présent dans la nostalgie très douce de ces jours-là, cette nostalgie pour laquelle, et pour rien d'autre, j'avais probablement fait le voyage de Saint-Quay.

D'un matin à l'autre, j'oubliais d'ailleurs un peu plus que j'étais ici en situation tout à fait irrégulière. Un dimanche après-midi, cependant, c'était celui de Pâques, une chaude alerte vint me rappeler à davantage de prudence.

Une fois encore j'avais emprunté le chemin de ronde. Mais avec un carnet de croquis sous le bras. Et je m'étais assis pour crayonner quelques rochers dont la forme escarpée me plaisait. Tout à coup, je crus entendre des pas et, brusquement, s'arrêta face à moi un officier allemand qu'un détour de la côte ne m'avais pas permis de voir arriver. Il portait une superbe cape de velours noir, et était accompagné d'une jeune femme. Regardant mon carnet de croquis, il m'interrogea d'un ton rogue :

— Que tracez-vous, monsieur ?

---

1. Le héros de *Remorques* se nommait Louis Malbert. Il avait commandé, à Brest, l'*Iroise*, remorqueur de sauvetage. Quant au petit commerçant qui avait inspiré à Vercel son capitaine Conan, je n'ai jamais connu son véritable nom.

Je sentis mon cœur pris dans un étau, et tendis mon carnet dont, heureusement, les autres pages contenaient surtout des études de personnages.

— Allez, viens, fit la jeune femme avec un accent parisien.

Je me tournai vers elle. Son regard croisa le mien et je crus y voir passer comme une lueur de complicité. L'officier me rendit mon carnet. Il saisit le bras de sa compagne, et tous deux s'éloignèrent. La température était plutôt fraîche mais j'avais l'impression que tout mon corps ruisselait de sueur. Quelle folle imbécillité venais-je donc de commettre ! Aussi ne pouvais-je plus, maintenant, m'autoriser la moindre faute. Et la première eût été, bien sûr, de prendre la poudre d'escampette par l'étroit sentier faisant communiquer le chemin de ronde avec une allée bordée de pins et de villas qui passait derrière lui. Car les méandres de la côte permettaient à l'officier, qui avait d'excellentes jumelles, de m'observer régulièrement, durant un bon quart d'heure, tout en continuant sa promenade. Et c'est d'ailleurs bien ce qu'il fit. Moi, imperturbable et sans quitter ma place, je continuais de dessiner. Quand le couple fut enfin arrivé au point d'où j'étais sûr qu'il ne pouvait plus me voir, je me levai lentement et regagnai mon hôtel par des voies détournées. Je m'y enfermai dans ma chambre et n'en bougeai plus jusqu'au lendemain.

Deux jours plus tard, je croisai l'officier à la cape dans la rue. Il sembla ne pas me reconnaître. J'appris que c'était le chef de la Kommandantur locale et qu'on en avait connu de pires. Quant à sa compagne, je la rencontrai un soir, passant juste devant mon hôtel au moment où j'y rentrais. Elle me sourit et dit :

— Vous pourriez tout de même m'offrir un verre, cela vaut bien ça.

Il y avait, évidemment, une provocation un peu appuyée dans le ton. Mais que devais-je faire ? Comme on dit familièrement, j'étais plutôt coincé. Je ne voulais pas vexer la jeune femme et qu'elle me le fît payer. Au demeurant, elle était assez belle. Toutefois, être vu avec cette personne dans un lieu public ne me ravissait pas. Et puis, l'officier devait avoir ses agents de renseignement.

— Alors, fit-elle, on le boit ce verre, oui ou non ?

Il y avait un tout petit café-bar, généralement peu fréquenté, dans la rue qui descendait vers le port. Je prenais, le lendemain matin, mon train pour Paris. J'offris donc à l'appétissante mais compromettante créature de lui payer aussitôt — et j'espérais, discrètement — le verre qu'elle pensait avoir mérité. Mais, à une ou deux allusions faciles à saisir, je compris vite qu'elle jugeait encore insuffisante cette manifestation de ma gratitude. Alors, puisqu'il était possible d'accéder à ma chambre de façon discrète et que, pour y accueillir la dame qui aimait Ravel et son *Boléro*, j'en avais déjà profité, je résolus de le faire encore ce soir-là. Nous ne parlâmes de rien et nous quittâmes bons amis.

Là encore, j'avais été bien imprudent. Mais où se situait vraiment l'imprudence? Dans l'acceptation ou le refus? Cela pouvait se discuter.

Le lendemain, avant de quitter Saint-Quay, je dis à Roger, le fils de l'hôtelier :

— Si un jour, tu vois se profiler un moyen de filer en Angleterre, préviens-moi tout de suite en m'écrivant que tu m'attends pour passer quelques jours ici. Je comprendrai.

Roger promit aussitôt et me dit au revoir. Mais je n'eus jamais de ses nouvelles.

C'est quarante ans plus tard qu'il m'en donna, lors d'un des brefs séjours que j'aime faire à Saint-Quay avant l'afflux des estivants. Une stèle sur le chemin de ronde, une lecture attentive des noms inscrits sur le monument aux morts auraient pu m'informer elles aussi, mais avec moins de détails.

Au seuil d'avril 1943, ils avaient donc été dix-neuf jeunes à affréter un bateau, le *Viking*, afin de prendre la mer pour l'Angleterre. Mais le marin professionnel qui devait les emmener s'était récusé au dernier moment. Ce qui n'avait pas découragé les volontaires pour le départ et le combat. Plusieurs d'entre eux, en bons Bretons qu'ils étaient, savaient naviguer ou, du moins, le croyaient. Mais au lieu de passer très au large des îles Anglo-Normandes, ils s'étaient échoués à Guernesey que les Allemands occupaient. Tous avaient été arrêtés, puis déportés. Seulement six étaient rentrés, dont Roger Delachoue qui n'avait pas eu le temps de me prévenir pour m'inviter à le rejoindre.

Dans le train qui me ramenait à Paris, j'essayais de faire le point. Ce que je venais de demander à Roger Delachoue, le souhaitais-je vraiment autant que j'eusse aimé le croire ou le faire croire? N'y avait-il pas plutôt là comme un besoin de me « dédouaner » vis-à-vis de moi-même? Car pouvait-on assimiler à un acte de guerre le fait d'avoir couché avec la maîtresse

française d'un officier allemand, fût-il chef d'une Kommandantur en zone interdite? C'était plus que douteux. J'aurais
aimé, sinon pouvoir en être fier, du moins avoir le droit d'en
rire comme d'un bon tour joué à l'ennemi. Je n'y parvenais
même pas.

Il m'était arrivé plusieurs fois, durant mon séjour à Saint-
Quay, d'aller jusqu'au bout de la jetée en songeant à ce bateau
qui n'était pas venu, le 18 juin 1940 au soir. Déjà, sur le
moment, j'en avais assez vite pris mon parti. Et pourtant, il ne
faisait aucun doute que si ce sacré bateau était bien arrivé, je
serais monté à bord sans l'ombre d'une hésitation. Mais dans
quel but? Pour fuir un péril ou en affronter d'autres? Si je
voulais être sincère avec moi-même, il est évident que le souci
de mettre ma précieuse petite personne à l'abri des Allemands
comptait alors bien davantage, dans ma tête, que l'impatience
d'aller exposer cette même petite personne face à ces mêmes
Allemands sur quelque champ de bataille à venir. D'ailleurs,
dès le moment où je m'étais rendu compte qu'un garçon de
mon âge, s'il ne commettait pas d' « imprudences », comme
celle du chemin de ronde par exemple, ne risquait pas tous les
jours de ne pas rentrer chez lui le soir, il me faut être honnête
et avouer que je n'avais plus jamais cherché à gagner l'Angleterre. Et m'eût-on proposé de le faire à coup sûr qu'il n'est pas
du tout certain que j'aurais accepté. Non par manque de foi
patriotique, sens du devoir ou simple courage. Mais parce que,
tout à coup, je découvrais l'âge des études et l'utilité de celles-ci
comme base de mon avenir. Il était peut-être temps. Si je
réussissais mon second bac, je disposerais déjà, me semblait-il,
d'un socle sur lequel bâtir une ébauche d'existence, même
après deux ou trois ans d'un entracte guerrier. Pour l'instant,
ce n'était pas encore le cas. Lorsque j'avais demandé à Roger
Delachoue de me prévenir à la première occasion qui se
présenterait, je me croyais peut-être sincère. Mais au fond de
moi-même, je fanfaronnais aussi quelque peu. Ou bien, j'essayais de me racheter dans l'hypothèse où Roger eût été au
courant de ce qui s'était passé la veille.

Le train m'emportait. Les maisons aux toits d'ardoise et
crépies à la chaux qui plantaient la lande bretonne commençaient à se faire plus rares. Bientôt nous atteindrions Rennes et
ses airs de capitale. Je poursuivais mon examen de conscience.

Qu'avais-je fait, jusqu'ici, qui s'accordât aux événements que
nous vivions? La bagarre du *D'Harcourt*? J'y avais reçu des
coups et j'en avais donné, certes, mais tout à fait par hasard. Le
11 novembre sur les Champs-Élysées? J'avais été arraché au

véritable danger par la police française à l'instant précis où les fusils-mitrailleurs allemands allaient commencer de s'en mêler. Enfin j'aurais pu me retrouver fusillé pour espionnage parce qu'un *Herr Major* en goguette m'avait surpris en train de dessiner des rochers et des goémons. Cela n'aurait pourtant rien eu de très glorieux.

Voilà, c'était tout. Donc finalement assez peu.

La Résistance existait pourtant. Elle avait certainement besoin d'hommes. Tout autour d'elle s'établissaient des contacts. Je ne les avais jamais cherchés. Peut-être aurait-il été temps d'y songer.

Mon père et ma mère s'extasièrent sur ma bonne mine. Je leur racontai mon séjour à Saint-Quay, sans évidemment leur souffler mot de l'affaire du chemin de ronde. En mon absence, un pli de la Préfecture de Police était d'ailleurs arrivé pour m'informer que mon « laissez-passer » à destination de la zone côtière interdite m'avait été refusé. Mes parents ne firent aucun commentaire. J'en fus surpris. Que j'eusse pu courir quelques risques à séjourner aussi près de la mer sans y être officiellement autorisé paraissait, pour une fois, leur échapper totalement. Je m'en réjouissais. Mais fils unique j'étais, fils unique je restais. Et j'avais souvent du mal à trouver tout à fait naturel ce qui n'eût étonné que très peu des garçons de mon âge.

Le 18 avril, il y eut un remue-ménage gouvernemental supplémentaire à Vichy. Voilà maintenant que les Allemands n'appréciaient plus Darlan et réclamaient à nouveau Laval. On le leur rendit sans marchander. Ce fut probablement sa perte. Car, le 22 juin, le vice-président du Conseil — puisque tel était son seul titre — allait prononcer la fameuse phrase qui, pour une large part, scellerait à jamais son destin : « Je souhaite la victoire de l'Allemagne. » Ces mots nous transpercèrent. Ainsi le chef du gouvernement qui se prétendait celui de la France ne se cachait-il pas de souhaiter la victoire de l'ennemi.

Il est pourtant juste de préciser que la phrase aussitôt et partout citée ne s'arrêtait pas là. Pour qu'elle fût complète, et exprimât du même coup l'entière pensée de son auteur, il fallait en effet la connaître dans sa totalité : « Je souhaite la victoire de l'Allemagne parce que, sans elle, le bolchevisme s'installerait partout. » Autrement dit, entre la peste nazie et le choléra bolchevique, Pierre Laval choisissait la peste. L'ennui était que cette peste nous l'avions déjà, qu'elle occupait la moitié de notre territoire, nous dictait ses lois, pillait notre pays, retenait prisonniers deux millions de nos hommes, et que c'était à elle que nos résistants et nos soldats encore libres de leurs bras et maîtres de leurs armes avaient choisi de livrer combat. Au contraire, à l'autre bout de l'Europe, le choléra se comportait comme notre allié. Du moins pour l'instant.

Oui, il y avait donc bien crime de haute trahison pour un chef de gouvernement d'en appeler au succès d'une puissance avec laquelle nous n'avions pas cessé d'être en état de guerre. Néanmoins, *stricto sensu*, il est vrai que la phrase de Pierre Laval ne signifiait pas seulement ce qu'en la tronquant on se bornait à lui faire dire.

Mais revenons un mois en arrière.

C'est en mai 1942 qu'eut lieu, à Paris, un événement dont le tintamarre organisé autour de lui dépassa, dans le genre, tout ce qu'on avait pu entendre jusque-là : l'exposition du sculpteur allemand Arno Breker au musée de l'Orangerie.

A tel point qu'on aurait presque pu se demander si les autorités allemandes n'avaient pas voulu punir Breker de quelque félonie, en le rendant ainsi odieux à Paris tout entier ou presque. Certes, on était libre d'aimer ou de ne pas aimer sa sculpture, trop souvent inspirée par l'admiration mal contrôlée qu'il vouait à Maillol. Mais l'homme — que j'ai connu après la guerre — ne pouvait sérieusement passer pour un nazi pur et dur. De 1927 à l'ouverture des hostilités, il avait d'ailleurs vécu l'essentiel de son temps à Paris, où tous les artistes de l'époque, Picasso compris, étaient ses amis. Oh, je me garderais bien d'affirmer que Breker, à aucun moment, n'ait profité de la situation, grâce aux commandes que lui distribuait largement le régime, car prétendre cela serait s'exposer au cinglant démenti des faits. Mais nul ne me fera jamais croire qu'il ait servi le nazisme de façon militante.

En tout cas, je puis fournir un témoignage personnel sur les sentiments que lui inspirait ce tapage mené autour de son exposition, en racontant à une scène à laquelle il me fut donné d'assister par le plus grand des hasards.

Cela se passait un matin rue de Rivoli, devant une vaste librairie que les Allemands avaient réquisitionnée et qui consacrait toute une vitrine à de très belles photos des œuvres d'Arno Breker. Toujours passionné de culture physique, je ne détestais pas le spectacle de ses grands gaillards athlétiques, même s'ils donnaient parfois l'impression d'avoir été sculptés dans un bloc de saindoux. Son gladiateur blessé, en revanche, était superbe. Et j'avais découvert dans la presse que l'artiste s'était inspiré, pour le composer, d'une photo représentant le champion cycliste André Leducq, victime d'une chute dans la descente du Galibier. Or, j'avais toujours admiré Leducq et d'ailleurs, vingt ans plus tard, lui et moi deviendrions amis. Je m'étais donc arrêté un instant pour regarder ces photos quand j'entendis un passant qui, faisant la même chose que moi, disait à sa femme sans se méfier de rien.

— Quel dommage qu'un aussi grand sculpteur soit pareillement desservi par une telle propagande !

Un autre badaud, qui se tenait légèrement en retrait, intervint alors. C'était un homme de taille moyenne. Il pouvait avoir dans les quarante-cinq ans.

— Monsieur, dit-il, comme je vous approuve. Et j'ai quelque raison pour cela, car je suis Arno Breker.

Sur ce, il souleva légèrement son chapeau, sourit et, d'un pas vif, s'éloigna vers la place de la Concorde.

Aux premières heures du 27 mai, après une trêve relative, Rommel reprenait soudain l'offensive en direction de l'Égypte. Et au sud du système de défense allié, se trouvait un carrefour de caravanes, marqué par un puits, un tas de pierres et un rempart de terre qu'on appelait : Bir Hakeim. C'est là que les Français libres du général Kœnig, 5 000 hommes environ, avaient établi un point d'appui d'une étonnante robustesse et allaient résister, pendant deux semaines, aux assauts d'une division allemande, forte de nombreux blindés, et même d'une division italienne qui, par sa vaillance, irait jusqu'à étonner le général Rommel en personne.

Toujours fidèles au rendez-vous du soir chez notre voisin, nous suivions donc, jour par jour, ce Verdun des sables, toutes proportions évidemment gardées, où les armes françaises faisaient à nouveau l'admiration du monde. Par trois fois, l'ennemi enverrait des parlementaires pour sommer Kœnig de déposer les armes. Par trois fois, ils seraient sommairement éconduits et réexpédiés chez eux avant qu'ordre soit donné à nos artilleurs d'accélérer, durant quelque temps, la fréquence de leurs tirs. Quand le commandement allié aurait enfin estimé que Bir Hakeim avait, plus que largement, rempli sa mission, tout ce qui restait d'hommes valides, de blessés et même une bonne partie des prisonniers ennemis réussiraient une sortie, dans la nuit du 10 au 11 juin, franchiraient la plupart des champs de mines et, avec l'essentiel du matériel encore en état de marche, rejoindraient les forces britanniques envoyées à leur rencontre.

Le 18 juin, célébrant à l'Albert Hall de Londres l'anniversaire de l'appel, de Gaulle rendrait un pathétique hommage aux héros de Bir Hakeim. Nous ne l'entendrions que le lendemain soir, mais j'ai encore les accents de sa voix présents à la mémoire lorsque le Général s'écria : « Quand, à Bir Hakeim, un rayon de sa gloire renaissante est venu effleurer le front sanglant de ses soldats, le monde a reconnu la France. »

Hélas ! tandis que par les ondes nous vivions cette épopée, une infamie de plus venait meurtrir le cœur de nos compatriotes juifs. Par sa huitième ordonnance dirigée contre eux, l'occupant leur imposait maintenant le port de l'étoile jaune dès l'âge de six ans, poussant même le cynisme jusqu'à faire exiger un point de textile en échange des trois étoiles obligatoires par personne qu'on distribuait dans les commissariats. Oh, je sais que beaucoup de Juifs portèrent cette étoile avec une héroïque fierté dans l'attente de leur destin. Je sais même que bon nombre de non-Juifs l'arborèrent parfois en signe de solidarité ou par provocation. Mais enfin, cela ne changeait rien au sens d'une telle mesure qui, dans l'esprit de ses auteurs, était de désigner à l'opprobre des foules ceux que l'horreur nazie affectait de considérer comme les représentants d'une race vile et maudite.

Presque chaque jour, en allant prendre le métro, je croisais le père d'un ami juif. Cet homme était resté seul à Paris et portait l'étoile jaune cousue à son veston. Il me semblait le revoir quelques années plus tôt, trois ou quatre peut-être, entouré de sa femme et de ses enfants. Unis, prospères, heureux. Trois ou quatre années ! Quand je le rencontrais, toujours je le saluais. Et il me répondait avec un sourire triste qui, chaque fois, me bouleversait. Mon salut venait-il, un tant soit peu, adoucir sa solitude, ou bien eût-il préféré que je fisse comme si je ne le voyais pas ? Je me le demandais souvent.

Le 12 juillet, fut publiée la neuvième ordonnance. Elle interdisait aux Juifs de zone occupée l'accès à tous les lieux publics tels que : restaurants, cafés, théâtres, cinémas, cabines téléphoniques, piscines, musées, bibliothèques, expositions, etc. Déjà, dans le métro, le dernier wagon leur avait été assigné, avec interdiction de monter dans un autre.

Et puis, le 16 juillet, eut lieu ce que, plus tard, on appellerait couramment : la rafle du Vel' d'hiv'. C'est elle qui drainerait vers le vieux Vélodrome d'hiver du boulevard de Grenelle plus de 20000 hommes, femmes, enfants, arrachés de chez eux à l'aube d'un jour d'été et qui, bientôt, rejoindraient les camps de la mort en Allemagne.

Mais le plus étonnant de ce drame, peut-être l'un de ses aspects les plus terrifiants, est que nous fûmes longtemps, très longtemps à ne rien en savoir. La presse n'avait pas publié une ligne sur lui. La radio était muette. Même la BBC, me semble-t-il, fut longue à en parler.

Les langues ne se délièrent pas vite. Y compris à la Libération. Trop de complicités françaises pesaient probablement sur cette atroce affaire pour qu'on fût très pressé d'en connaître toute la vérité.

Mais qu'un tel crime se soit pareillement déroulé dans l'ignorance, dans le silence d'une ville entière, et pas de n'importe laquelle, m'apparaîtra toujours presque aussi terrible que le crime lui-même.

Tandis que se nouaient ainsi des drames de toutes sortes, et dont je n'étais pas seul, bien souvent, à ne rien savoir, mon baccalauréat de philo se rapprochait à grands pas.

Je le voyais arriver sans véritable angoisse.

Mon année scolaire avait été franchement bonne. Mes professeurs étaient généralement contents de moi. Et moi-même je l'étais assez d'eux. Sur mon livret scolaire, le proviseur du lycée avait ainsi résumé les appréciations de mes différents maîtres : « A travaillé sérieusement et fait de grands progrès. Mérite le succès. »

Je n'avais jamais été à pareille fête.

Ce n'était pourtant pas une raison de croire que tout était réglé.

Pour l'écrit, la philo ne me donnait pas de très grandes inquiétudes. En sciences naturelles, j'étais bon premier de ma classe. Évidemment les sciences physiques demeuraient mon point faible. Ma mémoire, heureusement, ne l'était pas. Quant aux matières d'oral, j'aurais trois bonnes semaines pour ne penser qu'à elles.

Non, cela ne faisait aucun doute, je n'étais plus le même candidat bachelier qu'un an plus tôt. Était-ce la philosophie qui avait fait de moi un autre homme ? Ou simplement le lycée Louis-le-Grand ?

Mes projets d'avenir, en revanche, avaient sensiblement évolué.

Je croyais désormais plus sage de ramener mes ambitions

khâgneuses à la poursuite d'une simple licence d'anglais que je préparerais à la Sorbonne. Et j'avais résolu de m'ouvrir à d'autres disciplines en m'inscrivant à l'École libre des Sciences politiques, section diplomatique.

Le journalisme continuait à me trotter dans la tête. Mais la présence des Allemands parmi nous le rendait toujours aussi infréquentable. Et n'existait alors aucune école où l'on pût, *in vitro*, s'initier à ses rudiments.

Je pensais qu'aux Sciences politiques, en revanche, on m'enseignerait sinon le journalisme, du moins beaucoup des connaissances pouvant m'y être utiles un jour. J'apprendrais l'histoire diplomatique, la géographie économique, le droit international et l'économie politique. Je suivrais les cours d'André Siegfried qui, en plus de tous ses talents universitaires, était aussi un journaliste. Et puis, qui sait, peut-être me découvrirais-je une vocation inattendue pour la diplomatie elle-même, et celle-ci m'ouvrirait-elle, à son tour, les voies auxquelles j'aspirais pour sillonner ce monde que j'avais tellement soif de découvrir.

Sans oublier que porter le chapeau noir à bords roulés et le parapluie bien gainé, que l'on citait généralement comme les deux accessoires indispensables au parfait élève de Sciences po, n'était pas non plus pour me déplaire.

Mes parents, qui me laissèrent toujours une liberté absolue dans les choix de ma vie, même lorsqu'ils auraient pu y avoir leur mot à dire, acquiescèrent immédiatement. Il fut donc entendu qu'aussitôt mon second bac obtenu je m'inscrirais à la Sorbonne et à l'école de la rue Saint-Guillaume.

En attendant, je me préparais calmement.

Le sport jouait toujours un certain rôle dans ma vie. Je continuais, le dimanche, à galoper dans le bois de Vincennes. Le jeudi, je participais à l'entraînement du PUC, près de la porte de Versailles. Mes résultats n'étaient pas impressionnants, mais j'avais tout de même réussi à courir le 300 mètres en 41 secondes, le kilomètre en 2 minutes 50 secondes et, sur cette distance, à terminer quatrième du championnat de Paris scolaire.

Je fréquentais également, non loin de la porte de Vincennes, un petit stade un peu zonard, celui des Vallées, dont on se demandait bien d'ailleurs ce qui avait pu lui valoir un nom si poétique. J'y retrouvais régulièrement un grand escogriffe très doué pour le saut en hauteur et qui nous faisait tordre de rire, dans les vestiaires, en nous contant d'irrésistibles histoires qu'il semblait inventer les unes après les autres. Il les débitait avec un accent faubourien aux intonations légèrement éraillées qu'il n'a pas perdu depuis et s'appelait Robert Lamoureux. Comme quoi le talent se cultive mais ne s'apprend pas.

Vinrent le 30 juin et les épreuves écrites du bac. Une journée leur était suffisante. Dissertation de philosophie le matin. Sciences naturelles et sciences physiques l'après-midi.

En philo, je choisis un sujet portant sur l'entendement chez Leibniz. Il me permit de caser à bon compte les quelques connaissances que je croyais avoir sur ce philosophe allemand, sa théorie des monades et l' « innéisme virtuel » opposé, par lui, aux « idées innées » de Descartes. En sciences naturelles, je ne fis qu'une bouchée de la digestion gastrique chez l'homme. Et du côté des sciences physiques, j'eus l'impression d'être moins faible que je ne le redoutais, même s'il n'y avait pas non plus de quoi hisser le grand pavois.

Huit jours plus tard, m'arriva le petit pli orange. Tout allait bien, j'étais admissible. J'avais déjà commencé à m'imprégner des différents aide-mémoire Gibert qui pouvaient m'être utiles. Me restait à accélérer le débit de cette ingurgitation. Mais je voulais tellement l'emporter que dix heures de révision par jour ne me faisaient pas peur.

A l'interrogation d'anglais, Hamlet fut avec moi. J'en avais bien besoin pour compenser un 2 en cosmographie où la différence entre une année sidérale et une année tropique ne m'était pas apparue de façon lumineuse.

Enfin j'étais reçu! J'en avais donc fini avec mes études secondaires, après quelques passages un peu acrobatiques. Tradition obligeait : une bouteille de chambertin saluerait l'événement dès mon retour à la maison.

Ce succès obtenu, j'aurais logiquement dû me porter volontaire pour cinq semaines de service civique rural. En tout cas, c'eût été la sagesse même. Seulement, je ne savais guère où aller. A une lettre où je lui faisais des offres de service, le fermier de Nesles-la-Vallée, chez qui j'arrachais les pommes de terre en septembre 1939, m'avait répondu qu'il était désolé mais n'avait aucun besoin de moi. Je résolus donc de faire le mort, tout en sachant très bien que je risquais d'être pincé jusqu'en novembre, mais n'y croyant pas trop.

J'eus grand tort. Le 6 août au matin, parvenait à la maison une convocation en bonne et due forme, émanant du Commissariat de la lutte contre le chômage. Elle m'annonçait que j'étais requis pour quatre mois et devais me présenter le lendemain à la gare d'Austerlitz, afin d'y prendre, à 8 h 30, le train pour Gien. Sans autre commentaire.

Qu'est-ce que le Commissariat à la lutte contre le chômage venait donc faire ici ? On pouvait se le demander. A ma connaissance, je n'étais pas chômeur. D'autres l'étaient, en revanche, et auraient certainement eu davantage besoin que moi qu'on se penchât sur leur sort.

Ma mère était aux cent coups. Les plus sombres perspectives se bousculaient déjà dans sa tête. Au mieux, elle m'imaginait incorporé pour deux ans à un chantier de jeunesse en zone non occupée. Au pire, expédié illico en Poméranie du Nord afin d'y participer à des travaux agricoles pour une durée indéterminée.

Quant à mon père, il passa la journée entière à lancer des appels téléphoniques dans toutes les directions pour essayer d'en savoir davantage. Mais le plus clair de ce qu'il apprit fut que si, le lendemain, je ne me présentais pas au lieu dit et à l'heure dite, sans motif grave et certifié, je risquais tout bonnement d'être cueilli à la maison par deux gendarmes et de devoir payer leurs frais de transport, en plus des miens, jusqu'à l'endroit où ils me convoieraient.

La veille, je me demandais encore où j'allais prendre un semblant de vacances. Désormais, la question était réglée.

Par rapport à ce que je pouvais redouter, je dois pourtant admettre qu'elle le fut de façon plutôt satisfaisante.

Sur le quai de la gare, nous étions une vingtaine appelés à prendre le train ensemble. Tous lycéens ou élèves de collèges techniques. Un très vague moniteur, qui nous avait rejoints, voulut bien nous révéler que nous descendrions à Nogent-sur-Vernisson, juste après Montargis. Là, que ferions-nous ? On nous en parlerait sur place.

Trois heures plus tard, nous nous retrouvions, sac à terre, face au bâtiment principal d'un vieux moulin qui ne manquait pas de charme. Il était situé au bord d'une mare surtout fréquentée par les canards du voisinage et à quelque cinq cents mètres du château de la Mivoie dont ce moulin dépendait.

— Soyez les bienvenus ici, nous dit un homme d'une cinquantaine d'années, au visage coloré, à l'allure d'ancien sous-off, plutôt sympathique, et qui semblait être le responsable de ce dont nous ne savions pas encore si nous devrions l'appeler camp de travail, chantier agricole ou foyer de lutte contre les parasites et l'oisiveté.

Alignés en rangs très approximatifs, nous attendions la suite :

— Voilà, vous ne serez pas malheureux. Évidemment, vous travaillerez beaucoup. On vous apprendra le métier de bûcheron et vous aurez à l'exercer dans les bois alentour dont la santé exige un certain nombre de coupes qui ont été fixées

118

par les Eaux et Forêts. Mais vous respirerez bien, vous mangerez bien. On ne vous demandera pas de tickets, même pour le pain. Et quand vous repartirez, j'espère que vous n'emporterez avec vous que de bons souvenirs.

Difficile d'avoir une opinion. Néanmoins deux choses me plaisaient. D'abord, nous allions vivre dans les bois. Ensuite, face au moulin, se dressait un mât au sommet duquel flottait un drapeau tricolore. Spectacle inhabituel depuis plus de deux ans.

On nous logea au premier étage du moulin, dans un vaste grenier transformé en dortoir. Nos lits n'étaient pas trop mauvais. Un peu plus loin, il y avait une salle de douche où l'on pouvait faire sa toilette. Le dîner fut copieux. Bref, cela aurait pu être pire.

Le lendemain matin, réveil à six heures et lever des couleurs à sept.

— Pour la France, pour le Maréchal !

Tandis que montait le drapeau, un grand diable d'une trentaine d'années, adjoint à l'homme qui nous avait accueillis, venait de lancer d'une voix ferme ces deux adresses dont, personnellement, la première m'eût amplement suffi.

Nous partîmes pour les bois. Dans un chariot que tiraient deux des nôtres, on avait entassé les cognées qui allaient devenir nos instruments de travail et des marmites en étain où se trouvait notre déjeuner. Je commençais à respirer avec délices l'odeur du chèvrefeuille et à voir agréablement frémir les premiers feuillages de bouleaux par-dessus leurs troncs en robe de mariée. Quel bonheur parfait eût été le mien si mon père s'était trouvé là !

Des bûcherons, il m'en avait fait connaître. Il m'en avait aussi beaucoup parlé. Il aimait leur compagnie. Celle des étrangers, Polonais ou Yougoslaves au cœur simple que n'effrayaient ni le travail harassant ni l'éloignement du bistrot, et dont la solitude rendait peut-être l'exil plus léger. Celle des bûcherons de vieille ascendance dont les anciens avaient embrassé le métier par vocation, les jeunes par hérédité. Et puis celle, plus rare, de ces hommes dont il me racontait que l'un recevait régulièrement *la Revue des deux mondes* et se curait les ongles trois fois par jour, que l'autre confiait ses réflexions à d'innombrables petits cahiers, qu'un troisième, enfin, avait seulement conservé de sa vie passée un violon de grand prix sur lequel il jouait encore quelques concertos de Mozart avec une maîtrise à peine altérée par le temps et le travail manuel.

Je ne deviendrais évidemment pas l'un de ces bûcherons-là. C'était plus que sûr. Mais je ferais de mon mieux.

Nos moniteurs sortaient d'une école d'Eaux et Forêts toute proche. Ils surent vite nous apprendre le maniement de la cognée, c'est-à-dire la façon d'en bien serrer le manche à la base, d'une main, tout en faisant glisser l'autre, d'abord de bas en haut de ce manche pour prendre de l'élan, puis de haut en bas afin d'entailler le tronc, au bon endroit, avec le plus de force possible.

Après deux jours de ce travail, mes paumes n'étaient plus qu'une plaie. Au bout d'une semaine, j'avais l'impression qu'elles s'étaient transformées en corne.

Nous abattions la plupart de nos arbres avec la seule cognée. Pour les plus gros, nous avions finalement recours à une scie passe-partout. Et c'est également avec elle que nous débitions les troncs ainsi que les très fortes branches avant de les grouper en stères. Il était émouvant de voir, peu à peu, notre coupe s'éclaircir malgré l'inexpérience de nos bras, les fûts devenir souches, le peuple des arbustes grandir et prendre sa revanche. Parfois un chevreuil poussait une pointe vers notre chantier, s'arrêtait brusquement et faisait demi-tour pour disparaître en quelques bonds. J'étais en pays de connaissance.

Une lettre de mes parents vint alors m'apprendre que nous nous trouvions sur les terres du duc de Tascher de La Pagerie, qui habitait le château de la Mivoie, et dont le nom était celui porté, à sa naissance, par Joséphine de Beauharnais. Très lié à un ami de mon père, le comte de la Tour du Pin, notre hôte avait donc su ma présence au moulin et me fit demander, un jour, de lui rendre visite.

C'était un homme qu'on aurait presque spontanément appelé « monsieur le duc », sans connaître son titre, tant se dégageait de lui cette aristocratie naturelle et très simple que l'on rencontre presque toujours chez les gens de haute noblesse vivant au contact de la terre. Il avait fait la guerre de 14-18 dans les cuirassiers et demanderait plus tard à mon père d'exécuter son portrait, d'après une photographie de lui à cheval, portant la cuirasse et le casque à crinière.

Il me reçut dans son salon. Ma tenue vestimentaire s'accordait assez mal avec la qualité du décor et je m'en sentais affreusement gêné.

Pourtant, le duc me mit aussitôt à l'aise ou, du moins, fit tout pour cela avec une infinie bonne grâce.

— Je ne vous offre pas d'habiter une chambre au château, me dit-il, car vous seriez gêné vis-à-vis de vos camarades. Mais sachez qu'il en est une, avec douche et cabinet de toilette, qui sera toujours à votre disposition. Vous pourrez y venir vous laver et vous reposer dès que vous en trouverez la liberté. Enfin, vous y serez chez vous.

Nous parlâmes des arbres et des animaux du domaine.

— Je vois que vous aimez la nature, fit mon hôte. Un jour, j'espère pouvoir vous emmener découvrir des endroits que vous ne verriez pas sans moi, et des choses qui vous y étonneront.

Au moment où j'allais prendre congé, le duc me retint et se mit à parler plus bas.

— Si un jour les Allemands venaient au moulin avec de mauvaises intentions et qu'il vous fût possible de leur échapper, soyez sûr que vous trouverez toujours refuge ici, et que nous avons de quoi vous cacher. Je vais vous montrer un passage dont nous sommes peu nombreux à savoir l'existence et que vous pourriez emprunter pour rejoindre le château.

Comment remercier cet homme si bon, qui ne me connaissait pas et n'en était pas moins prêt à courir pour moi des risques dont on imaginait facilement jusqu'où ils pouvaient le conduire? Nous sortîmes du salon. Le duc me montra d'abord la chambre qu'il m'offrait, puis le passage assez peu visible en effet qui, sous des branches très basses, conduisait au moulin, et dont l'entrée comme la sortie étaient obstruées de ronces.

— Où étais-tu? me demanda l'un de mes camarades quand je rejoignis le dortoir où plusieurs des nôtres se reposaient avant le dîner.

— J'étais allé me promener dans les champs, répondis-je.

— Ah oui, je vois, fit l'autre d'un air entendu.

Ne disait-on pas qu'à la tombée du jour, de jeunes personnes du village, aux mœurs fort légères, venaient parfois rôder vers les abords du camp? Mais ceux qui en parlaient se gardaient bien de dire où on les rencontrait. Je m'en souciais d'ailleurs peu car, de mon côté, je pouvais me flatter d'avoir noué de tendres relations avec la jeune personne la plus chic des environs. Nous nous étions connus un dimanche, à la sortie de la grand-messe. Elle m'avait aussitôt appris que son père était un important fermier, et qu'allant chaque jour au collège de Montargis elle vivait toute l'année à la campagne. Mais elle s'était empressée d'ajouter que ses parents l'habillaient à Paris, chez Heim-jeunes filles, avenue Matignon, ce qui semblait compter beaucoup pour elle. En fin de journée, elle venait souvent, à bicyclette, me retrouver non loin du camp. Nous nous donnions rendez-vous sur un vieux pont de pierre qui franchissait un ruisseau. Néanmoins, même pour les promenades que nous faisions alors à travers champs, la main dans la main, on l'aurait toujours crue habillée comme si elle allait rejoindre des amis sur les planches de Deauville. Souvent elle m'apportait deux litres de lait, une livre de beurre. C'étaient des attentions qui, à l'époque, pouvaient très bien aller de pair avec les relations les plus romantiques.

Deux semaines venaient de passer. Plutôt vite, en fin de compte. Les 18 et 19 août, avait eu lieu, dans la région de Dieppe, une tentative de débarquement effectuée par une division canadienne de 6 000 hommes, et qui s'était fort mal terminée. Au chantier, le sens de cette opération nous avait complètement échappé. Mais j'apprendrais plus tard qu'elle s'était révélée pleine d'enseignements pour le grand débarquement du 6 juin 1944. Environ 3 000 hommes avaient tout de même payé de leur vie ou de leur liberté cette « expérience » capitale.

Oui, les semaines passaient. Mais avec elles grandissaient aussi nos inquiétudes. Continuaient en effet de courir des bruits alarmants sur notre éventuel transfert en zone non occupée. Et encore, aux dires de certains, cela n'eût-il été qu'un moindre mal. N'importe comment, à supposer que ces rumeurs fussent non fondées, serions-nous libérés à temps pour reprendre normalement le cours de nos études ? La Sorbonne rouvrait en novembre, mais les Sciences politiques le 5 octobre.

J'eus alors une idée : me porter candidat au deuxième baccalauréat de mathématiques élémentaires. Absolument rien ne me l'interdisait. Il y avait évidemment là de quoi faire éclater de rire ceux qui me connaissaient un peu. Mais ce n'était pas eux qui enregistreraient ma candidature.

Mes parents approuvèrent mon projet et ma mère alla aussitôt m'inscrire, en insistant lourdement sur ma situation de « requis », c'est-à-dire sur la nécessité d'obtenir ma libération au plus vite.

Ce qui fut fait.

Je quittai la Mivoie le 20 septembre, avec tout de même une certaine mélancolie. Je venais de passer, dans les bois, à mener une vie d'apprenti bûcheron, des jours qui m'avaient, finalement, rendu assez heureux. Baigné de soleil et de chlorophylle, je me sentais plein de forces nouvelles. Il m'en aurait cependant fallu bien davantage pour avoir la moindre chance à ce qu'on appelait alors le « bac' math' élém' ».

Quand j'avais rejoint Vincennes, mon père achevait la dernière des illustrations de *Manon Lescaut,* celle où l'on verrait le chevalier des Grieux couché près du corps de Manon qui venait de mourir au seuil du désert.

— Maintenant, qu'aimerais-tu illustrer? lui demandai-je.

— *Le Rouge et le Noir,* bien sûr, me répondit-il sans hésiter.

Il n'eut jamais ce bonheur et en conçut une grande tristesse. Moi aussi.

Depuis quelques jours, un homme de haute taille, au regard bleu et à l'accent danois encore très prononcé, venait régulièrement à la maison et suivait attentivement les travaux de mon père. Il s'appelait Sven Nielsen. C'est lui qui éditerait *Manon* dans la petite maison qu'il avait fondée, les *Presses de la Cité,* alors limitée au commerce du livre de luxe. Comment aurais-je pu deviner que Sven Nielsen, ayant constitué après la guerre un puissant groupe d'édition, auquel il donnerait le nom des *Presses de la Cité,* deviendrait un jour mon éditeur et mon ami?

Deux fois j'étais allé, rue Saint-Guillaume, prendre contact avec l'Ecole des Sciences politiques. J'y découvrais un monde absolument nouveau. A la fois grave et prompt à se moquer de lui-même, guindé par nature et libre par principe. Le directeur en personne voulut bien me recevoir. C'était Roger Seydoux qui serait plus tard, comme ses deux frères, François et René, ambassadeur dans plusieurs grandes capitales. De quelle façon le décrire sinon en disant qu'il ressemblait à l'école, tant l'élégance de sa haute et mince silhouette en était comme l'incarnation? Son bureau fleurait le tabac anglais ce qui lui donnait un parfum de résistance agréable à humer. Roger Seydoux connaissait les œuvres de mon père, me dit que sa porte me serait toujours ouverte comme à chacun de ses élèves, et qu'au-delà de l'école il espérait bien que nous ne nous perdrions jamais de vue. Ce qui fut vrai jusqu'à sa mort.

Au secrétariat se trouvait une femme exquise, Mme Boué. Elle accomplit pour moi toutes les formalités probablement très simples, mais à travers lesquelles je me serais embrouillé douze fois. Quand je la quittai, elle me lança :

— Et n'oubliez surtout pas que ma mission, ici, consiste avant tout à être une mère pour chacun de vous.

La Sorbonne était évidemment beaucoup moins accueillante. On y attendait interminablement au long de corridors obscurs et pleins de courants d'air, avant d'avoir affaire à des fonctionnaires revêches qui vous parlaient de votre inscription à un certificat de licence comme un employé des PTT l'eût fait d'un formulaire de mandat-poste à remplir.

Il semblait bien que la guerre approchât d'un tournant capital, mais nous n'osions pas encore y croire.

En Russie, les Allemands avaient atteint Stalingrad où la bataille durait depuis le 12 septembre. Mais la contre-offensive soviétique n'allait plus tarder qui, à la fin novembre, amènerait l'encerclement de l'armée Paulus par −30°C.

Montgomery commençait à faire parler de lui en Cyrénaïque, et Rommel à battre en retraite vers la Tripolitaine.

Dans le Pacifique, enfin, les Japonais subissaient leurs premiers revers.

C'est alors qu'au matin du dimanche 8 novembre, la radio sous tutelle nous apprenait, contrainte et forcée, qu'une fantastique armada américaine venait de traverser l'Atlantique pour débarquer, sur les côtes marocaines et algériennes, des forces terrestres dont nous saurions, le soir venu, qu'elles s'élevaient déjà à plus de 100 000 hommes.

Ainsi, moins d'un an après le désastre de Pearl Harbor, les États-Unis étaient-ils capables de transporter, dans le plus grand secret, une armée entière et tout son matériel jusqu'à plus de 6 000 kilomètres de chez eux.

Pour rien au monde nous n'aurions voulu manquer la messe dominicale à la chapelle de l'hôpital Bégin. L'aumônier ne nous déçut pas. Dès le début de son homélie, ses mots furent exactement ceux que nous attendions.

— Mes frères, avez-vous regardé l'aube se lever aujourd'hui ? Je m'étais éveillé plus tôt que d'ordinaire pour la contempler, et j'ai été bien inspiré. Il y a longtemps qu'elle n'avait été aussi belle et si riche en promesses.

VI

A la maison, nous jubilions évidemment de ce qui arrivait en Algérie et au Maroc, mais en même temps nous ne décolérions pas de ce qui advenait en France.

Car le général de Lattre occupait soudain la une de tous les journaux parisiens, et vraisemblablement provinciaux. Mais c'était afin d'y être présenté comme un pitre, comme un bouffon, ainsi que l'écrivait le sinistre Déat, par tous les journalistes aux ordres et qui s'en donnaient à cœur joie.

Que se passait-il ?

Les Allemands occupaient maintenant toute la France, mis à part ce qu'ils en avaient abandonné aux Italiens dans les Alpes et sur la Riviera. C'était évidemment le débarquement des Américains en Afrique du Nord qui leur avait fourni ce prétexte pour rompre unilatéralement la convention d'armistice. Si bien qu'afin de donner à leur geste une valeur symbolique, ils s'étaient empressés d'envahir la zone encore non occupée — on disait familièrement la zone « nono » — dès les premières heures du 11 novembre. Et les maigres troupes françaises qui s'y trouvaient encore avaient aussitôt reçu instructions formelles de rester cloîtrées dans leurs cantonnements[1].

Deux généraux seulement tenteraient de résister. Lafargue à Grenoble qui lancerait ses unités en direction du massif de l'Oisans, mais se trouverait vite contraint de les ramener sur leurs bases de départ. Et de Lattre à Montpellier, dont les ordres de mouvement seraient annulés dans son dos par ses subordonnés, si bien que pas un seul de ses régiments ou le

---

1. On appelait communément ces troupes l'« armée de l'Armistice » puisqu'elles avaient été autorisées par la convention d'armistice.

moindre de ses bataillons ne le suivrait. Uniquement accompagné des officiers de son état-major, de Lattre se retrouverait ainsi très vite livré à lui-même dans la Montagne Noire et contraint de se remettre à des éléments de gendarmerie, avant d'être incarcéré à la prison militaire de Toulouse[1].

C'est alors que la presse allait s'emparer de l'événement pour en faire des gorges chaudes. Il avait d'ailleurs suffi que cent cinquante hommes de l'école des cadres fondée par de Lattre et ceux d'une section d'artillerie qui avaient pu s'échapper de Montpellier fussent également tombés aux mains des gendarmes, pour qu'immédiatement on les tournât lâchement en dérision. Ne transportaient-ils pas avec eux un canon, un seul canon d'exercice qu'ils avaient eu la naïveté de ne pas vouloir abandonner? Pensaient-ils donc changer le sort de la guerre en empêchant les Allemands de s'en emparer?

Mon père connaissait trop celui qui avait été son chef à la 14ᵉ DI pour imaginer un instant qu'un tel homme pût s'être lancé, à la légère, dans une équipée dont il ne risquait de sortir que diminué, en même temps que les officiers et les hommes qu'il y aurait entraînés. De Lattre pensait donc être obéi, suivi. Il avait seulement compté sans la trahison de certains cadres ambitieux et opportunistes.

Face à une affaire de cette sorte, ma mère était personne à prendre feu et flammes. J'ignorais les propos qu'elle pouvait répandre autour d'elle, auprès des amis et connaissances qu'elle rencontrait comme chez les commerçants. Mais j'étais certain de l'ardeur de sa campagne et de la vigueur de ses arguments.

Ceux de mon père étaient évidemment plus « motivés », comme disent les juristes. Car il pouvait dire : « J'étais là, telle chose m'advint. Je connais l'homme. Il n'a rien de commun avec celui qu'on nous décrit. »

Moi-même enfin, à Sciences po, j'avais l'oreille sans cesse attentive à tout ce qui circulait. Un jour, j'entendis ainsi quatre

---

1. Dans sa défense, au cours de son procès, de Lattre justifiera son attitude en rappelant que toutes les unités de l'armée d'armistice avaient, depuis longtemps, reçu des ordres prévoyant, dans l'hypothèse d'une entrée des troupes allemandes en zone non occupée, un mouvement hors des garnisons où elles attendraient de nouvelles instructions. Or ces instructions écrites avaient été, au matin du 11 novembre, annulées téléphoniquement. Mais pouvait-on être sûr que ce ne fût pas sous la pression de l'ennemi? De Lattre affirmait donc s'en être tenu aux instructions écrites émanant de ses supérieurs et avoir tenté de les appliquer.

ou cinq mots particulièrement détestables visant de Lattre, et sortant d'une bouche qui semblait faite pour proférer pareilles bassesses. Mon poing droit prit donc aussitôt la direction du menton sur lequel dégoulinait cette bouche. Et le destinataire du coup s'assit doucement par terre, les yeux dans le vague. Heureusement, cela se passait dans la salle d'éducation physique où régnait une grande animation. Le maître, avec lequel j'étais en bons termes, voulut donc bien se précipiter sans toutefois le faire avec trop d'ostentation. Il aida mon adversaire à se relever, lui massa vigoureusement la nuque, et ne m'adressa qu'à huis clos d'amicales réprimandes, tout en ne me cachant pas qu'il avait apprécié la netteté du geste.

J'avais connu, par le sport, un homme qui était mon aîné de six ans mais avec lequel je m'étais rapidement lié d'amitié. Il s'appelait Raymond Marcillac et n'était alors connu que par ses qualités de coureur à pied. Il avait été champion de France de 400 mètres plat, et possédait certainement tous les dons requis pour devenir un athlète de classe internationale si la guerre n'était pas venue perturber irrémédiablement sa carrière sportive. J'ajoute qu'il était officier de réserve dans l'armée de l'Air, avait fait une brillante campagne 39-40, et que le sexe qu'on disait faible, à cette époque, l'était encore davantage devant lui.

Raymond fut mon premier ami d'âge sensiblement supérieur au mien. Or, à celui que j'avais alors, c'est-à-dire à moins de vingt ans, six années de différence comptaient énormément. Surtout si venaient s'y incorporer quelque dix mois de guerre.

Ainsi étais-je toujours ce qu'on appelait un jeune homme. Raymond était tout simplement un homme. Je vivais chez mes parents. Lui vivait avec une femme, et il lui arrivait d'en changer en même temps que de domicile, ce qui faisait mon admiration et suscitait mon envie. Si j'avais plaisir à le fréquenter, si je mesurais fort bien tout ce que je pouvais apprendre à son contact, je ne me sentais donc pas toujours très à l'aise avec lui. Davantage encore que six années, c'était quelque chose ressemblant presque à une génération qui nous séparait. Un peu comme ce qui, dans les tribus primitives, distingue l'adolescent initié, désormais admis parmi les adultes, de celui dont la place ne s'y trouve pas encore.

Un des premiers jours de 1943, Raymond Marcillac, dont les activités m'avaient, depuis, quelque temps, paru enveloppées d'un certain secret, me demanda de passer le voir pour m'entretenir d'une affaire que, par téléphone, il qualifia seulement de très sérieuse.

Je le rejoignis à l'heure fixée, et découvris tout de suite, sur son visage, un air de gravité que je ne lui connaissais pas. C'est alors que, sans préambule, il me demanda :

— Est-ce que le nom de Jean Guignebert te dit quelque chose ?

Je réfléchis un instant, pour mieux rassembler mes souvenirs et répondis :

— Oui, c'est un journaliste de radio. Il me semble qu'on l'entendait à Radio-Cité avant guerre, et qu'en 39-40 c'est lui qui dirigeait les services d'informations de la radio nationale.

— Exact, fit Raymond. Je vois que tu es bien au courant. Alors je vais te parler comme à quelqu'un en qui j'ai une absolue confiance. Car tout ce que je m'apprête à te dire relève du plus haut secret. Un secret dont la divulgation ou même, à son propos, un simple bavardage qu'on pourrait croire anodin risquerait de mettre en danger des vies humaines.

Je ne dis rien, respirai profondément et serrai les poings comme si, de leur fermeté, allait dépendre toute mon attention. Marcillac reprit :

— Voilà, Jean Guignebert, que je connais depuis plusieurs mois, occupe un poste très important dans la Résistance. Il a été chargé par le général de Gaulle de constituer les équipes qui mettront en place toutes les structures de la radiodiffusion pour la libération. Comme tu t'en doutes, c'est une tâche capitale car, de ces équipes, dépendra, le moment venu, que la France ait immédiatement une voix qui parle de son sol ou qu'elle n'en ait pas. Naturellement, les compétences exigées sont très diverses. Nous avons besoin d'ingénieurs, de techniciens, de gens qui sachent s'exprimer devant un micro, mais aussi d'hommes capables d'aller chercher les moyens nécessaires là où ils sont et, éventuellement, d'en détruire d'autres si cela se révèle indispensable. Guignebert m'a chargé de constituer l'équipe des reporters. Je sais que tu veux être journaliste. En dehors des services que tu rendrais, il y a donc là une occasion, pour toi, de démarrer dans le métier auquel tu songes. Il y a aussi, je ne te le cache pas, des risques à prendre qui pourraient te mener très loin. Car, en entrant chez nous, c'est dans la Résistance que tu entrerais.

Enfin !

Ce que, jusqu'à présent, je n'avais pas cherché avec beaucoup d'ardeur, venait enfin à moi. La Résistance m'ouvrait ses premiers sentiers. Ceux-ci étaient encore étroits. Pourtant cela n'avait rien, me semblait-il, que de très naturel. Quant aux risques dont venait de parler Raymond, je ne doutais pas de leur existence. Heureusement aurais-je été tenté de dire. Car eût-il été normal et juste qu'il se trouvât une Résistance à risques et une autre sans. Même s'il était facile d'imaginer quelle redoutable hiérarchie devait exister dans la gradation des périls encourus par chacun.

— Réfléchis, me dit Raymond.

Je lui répondis :

— C'est ce que je viens de faire en t'écoutant.

Il me tendit la main et serra la mienne.

— Alors je vais pouvoir te présenter à Marc.

— Marc ? fis-je.

— Oui, c'est le nom de Guignebert dans notre réseau, le réseau Duvernois.

— Quand le verrai-je ?

Raymond eut une expression et un geste évasifs.

— Tu sais, me dit-il, on ne le voit pas comme ça. Dis-toi bien que Marc ne couche jamais deux nuits de suite sous le même toit. Sans qu'on en soit sûr, il est probable que la Gestapo connaît son existence et son rôle. Des gens de chez nous ont déjà été pris. Il n'est pas certain qu'ils aient parlé. Mais ce n'est pas non plus impossible. Qui d'entre nous pourrait jurer qu'il ne parlera pas, tant qu'il n'est pas lui-même passé entre les mains de ceux dont c'est le métier de faire parler les autres ? Marc doit donc se montrer extrêmement prudent. On ne peut pas l'appeler. C'est lui qui appelle. Dès qu'il le fera, je lui demanderai un rendez-vous, et nous le rencontrerons.

J'avais l'impression d'être sur le point d'entrer dans une vie nouvelle. Comment avais-je pu l'attendre si longtemps ? Soudain l'occupation prenait pour moi un autre sens. Bien sûr, on ne me demanderait pas d'aller dynamiter le mur de l'Atlantique ni de cambrioler, place de l'Opéra, les bureaux de la Kommandantur. Mais j'allais enfin cesser d'être celui dont je n'osais pas, même silencieusement, prononcer le nom à l'oreille de ma seule conscience : un embusqué.

Dès ce jour et cette conversation, je ne vécus plus que dans l'attente de mon rendez-vous avec Marc. Pour l'instant, il semblait absent de Paris, et je me demandais s'il n'était pas en mission à Londres. Je n'osais pas interroger Raymond. Il m'avait parlé du secret qui était la clé de voûte d'une pareille entreprise. Et ne pas poser de questions me semblait être, à l'égard de ce secret, le commencement de son observation.

Aux Sciences politiques, je découvrais un climat et un rythme d'études absolument nouveaux pour moi. Parmi les cours obligatoires que j'avais choisis, en cette première année, se trouvaient la Géographie économique d'André Siegfried et l'Histoire diplomatique de la France entre 1870 et 1914, enseignée par Pierre Renouvin.

Avec André Siegfried, j'allais faire la connaissance du plus grand pédagogue qu'il me serait jamais donné de rencontrer. Tout, chez lui, n'était qu'intelligence, clarté, sens prodigieux de ce qu'on appellerait plus tard la communication. Bien entendu, quand il parlait, je prenais fébrilement des notes. Chacun de nous le faisait d'ailleurs. Mais souvent je le déplorais, tant j'aurais voulu pouvoir me laisser uniquement pénétrer par la parole du maître, ne rien faire d'autre que l'écouter. Et il m'arrivait de me demander si je n'en aurais pas tout autant retenu, tellement concret, lumineux, précis était le moindre de ses développements. Et puis, il y avait ses formules. Plusieurs sont demeurées gravées en moi comme des images que je conserverai toujours dans ma mémoire. Celle-ci, par exemple, qu'il fallait évidemment prendre au second degré d'un humour siegfridien : « Messieurs (car, sans doute pour aller plus vite, il ne mentionnait jamais les jeunes filles), n'oubliez surtout pas qu'aux États-Unis tout est grand, au Japon tout est petit, en Chine tout est jaune. »

Siegfried avait déjà près de soixante-dix ans lorsque je l'eus pour professeur. Mais sa silhouette avait su conserver une étonnante jeunesse. Quand il traversait, à longues enjambées, le grand hall du rez-de-chaussée pour se rendre à l'amphithéâtre où il donnerait son cours, se créait aussitôt un sillage derrière lui. Et tous nous nous y engouffrions comme vers la promesse d'un intense bonheur de l'esprit. Dès qu'il était assis, un silence religieux se faisait. Alors il prenait, dans une poche intérieure de son veston, une paire de binocles à très légère monture d'or, l'approchait de ses yeux sans cesser de la tenir entre le pouce et l'index de sa main droite, consultait quelques notes et commençait : « Messieurs... ».

Dans son vieux manteau raglan jamais boutonné et dont les pans volaient au rythme de sa marche, André Siegfried avait l'air d'un voyageur à l'incessante recherche de terres à découvrir et d'hommes à comprendre.

Pierre Renouvin, lui, ne cherchait plus. Il avait trouvé. S'ils étaient revenus parmi nous, Thiers, Guizot, Hanotaux, Delcassé, Caillaux en auraient pu témoigner mieux que personne. Pour nous parler, jamais il ne s'asseyait, jamais il ne regardait la moindre fiche. Sa haute et massive silhouette, toujours vêtue de noir, et à laquelle manquait un bras perdu aux Éparges, se dressait devant nous comme la statue du commandeur d'un ordre de l'histoire. Et sa voix rude, profonde, ne cessait de nous raconter les grands actes d'un drame auxquels, même situés à moins d'un siècle de nous, il savait naturellement conférer les accents d'une tragédie antique.

Je me faisais très bien aux travaux silencieux en bibliothèque auxquels je n'étais pas habitué, de même qu'à prendre la parole au sein d'un groupe de travail que l'on appelait « conférence ». Je m'accoutumais aussi au vouvoiement, lorsqu'on n'était pas issu du même établissement d'enseignement secondaire ou qu'on ne se connaissait pas depuis l'enfance, et même, dans certains cas, au « monsieur » dès qu'il fallait s'adresser la parole au cours d'un exercice oral. Je commençais à savoir « parler Sciences po » et, par exemple, étais devenu tout à fait capable de glisser dans la conversation un « toutes choses égales par ailleurs », même s'il ne s'imposait pas, aussi bien qu'un élève de deuxième année. Quant au chapeau à bords roulés et au fameux parapluie, ayant constaté qu'ils se portaient beaucoup moins qu'on ne me l'avait dit, je m'en passais le plus souvent. Mais il m'arrivait aussi de les arborer de temps en temps, à seule fin qu'on ne m'en crût pas absolument démuni.

L'éducation physique était déjà fort bien organisée rue Saint-Guillaume, et devait même obligatoirement s'accompagner d'un sport d'équipe ou individuel. J'avais choisi la boxe qui pouvait se pratiquer à l'école. Un professeur, ancien boxeur assez obscur mais qui enseignait fort bien, nous donnait d'abord la leçon. Ensuite nous nous livrions à de brefs assauts entre élèves de poids identique.

Je le faisais, de préférence, avec un partenaire qui en était à peu près au même degré que moi dans ce que les Anglais appellent généreusement le « noble art ». Il boxait avec élégance, en évitant de distribuer les coups destinés à faire mal. Plus tard, je n'ai pourtant jamais entendu dire qu'on l'ait beaucoup vu pratiquer, au Palais-Bourbon, le sport dans lequel nous nous affrontions alors. Il n'a pas dû, cependant, manquer d'y recevoir d'autres genres de coups, moins retenus que les miens. Ce partenaire, qui devint un ami, s'appelait Michel d'Ornano.

Raymond Marcillac venait de m'appeler. Marc était de retour. Nous allions bientôt le voir.

Le rendez-vous avait été fixé au jardin des Tuileries sous un arbre du côté de la Seine, à hauteur de la gare d'Orsay. Raymond connaissait bien l'endroit où il avait déjà retrouvé Guignebert qui s'y estimait en sécurité, à condition de n'y pas venir trop souvent.

Raymond et moi arrivâmes les premiers et nous assîmes sur deux chaises en fer. Malgré la saison, la température était assez douce. Mais je me sentais dans mes tout petits souliers à la pensée de la rencontre que j'allais faire et de l'engagement qu'il me faudrait, cette fois, prendre définitivement. Sans rien dire à ma mère, j'en avais parlé à mon père la veille au soir, et il m'avait répondu :

— Je m'y attendais. Je me doutais bien, te connaissant, que quelque chose comme cela devait arriver un jour ou l'autre. Sois très prudent. Ce genre de combat n'a rien à voir avec ceux que j'ai connus. L'ennemi peut vous tomber sur le dos à tout moment sans avoir, auparavant, sifflé comme un obus. Je serai donc inquiet, mais satisfait, car ce que tu entreprends s'inscrit dans une ligne familiale sans brisure.

Guignebert était en retard.

— D'ordinaire il est toujours à l'heure, fit Raymond un peu nerveux. Levons-nous et marchons.

Nous longeâmes un instant la balustrade qui dominait le quai. Puis, soudain, Marcillac me dit à l'oreille, après avoir jeté un coup d'œil en arrière :

— Le voilà.

Je découvris alors, se dirigeant vers nous, un homme de bonne taille, aux fortes épaules, au visage épais et un peu sanguin, aux yeux bleus qui, je l'apprendrais vite, lorsque Marc avait quelque chose d'important à obtenir de vous, étaient capables de vous fixer tout le temps nécessaire sans jamais vous laisser de répit. Il était coiffé d'un feutre rond, portait un pardessus brun de laine chinée, et fumait la pipe en marchant.

Raymond fit les présentations.

— Content de te voir, dit Guignebert en me tendant une main épaisse. J'espère que nous allons faire du bon travail ensemble.

Il avait une voix chaude et basse, à l'accent légèrement faubourien, et dont on imaginait sans mal ce qu'en pouvait tirer un microphone de qualité.

Nous nous assîmes sous l'arbre que Raymond et moi venions de quitter.

— Eh bien, cela ne se passe plutôt pas mal, fit Guignebert sans ôter sa pipe de sa bouche, et en s'appuyant pesamment des deux mains sur ses cuisses. Les Russes dégagent Leningrad et vont récupérer Rostov. A Stalingrad, les Boches n'en ont plus pour longtemps. Et Montgomery fonce sur Tripoli en liaison avec Leclerc.

Il continua sur ce ton. Je commençais à reconnaître la voix plusieurs fois entendue pendant l'hiver de la « drôle de guerre ». Mais l'homme était alors plus ou moins bridé par la censure et, souvent, ne devait pouvoir dire tout ce qu'il avait sur le cœur. Tandis que là... Ah ! s'il était à Londres, pensais-je, quel tabac il ferait !

Tout à coup il s'arrêta, se tourna vers moi et me dit :

— Donc, si j'ai bien compris, tu viens avec nous.

Je dus alors bredouiller quelque chose dont je n'ai pas bien gardé le souvenir.

— Tu sais à quoi tu t'engages, reprit Guignebert. L'obéissance, la prudence, le silence. Et si tu te fais pincer, un silence en acier chromé. Y compris dans les pires circonstances. Même si on te caresse la plante des pieds avec une lampe à souder. Tu vois ce que je veux dire ?

— Fort bien.

— Pour l'instant, tu trouveras peut-être que tu n'as pas grand-chose à faire, mais ne t'inquiète pas, ça viendra. Ton contact sera Raymond. Et puis je vous ferai connaître, à tous les deux, un type épatant qui était à Radio-Cité avec moi, et que vous pourrez considérer comme mon bras droit. Mais évidemment, à part Raymond qui est un camarade de sport et ne t'a jamais parlé de rien, tu ne connais strictement personne. Moi, tu te souviens évidemment de mon nom, si on te le demande, parce que tu l'as entendu à la radio. Quant à ma trogne : inconnue au bataillon. Et naturellement, j'allais oublier, mais cela tombe sous le sens, toujours disponible quand on a besoin de toi.

Le tout avait été dit lentement, à voix basse, bien que nul ne pût nous entendre. Mais sur un ton de domination tranquille du sujet et des hommes.

Nous nous levâmes et marchâmes quelque temps sous les arbres dépouillés.

— Alors maintenant, parlons boulot, reprit l'homme qu'il me faudrait bientôt m'habituer à appeler Marc. Tu veux donc faire du journalisme. Quel genre de journalisme ?

— Eh bien, j'aimerais évidemment entrer dans un journal, quand cela sera redevenu possible. D'abord y apprendre mon métier. Et puis me lancer dans le reportage.

Guignebert s'arrêta et me fixa en tirant sur sa pipe.

— Tu sais ce que je t'offre. Faire de la radio. Est-ce que cela t'intéresse ?

— Bien sûr. Je ne sais pas comment je me débrouillerai, mais cela me passionne.

— Alors, quand tu dis que tu veux entrer dans un journal, à quoi penses-tu ? A un journal imprimé comme ceux que lisaient tes parents avant la guerre ?

Je sentis le piège. Du moins je crus deviner que Marc m'en tendait un. Mais trop tard. Si bien que j'y tombai de tout mon poids.

— Oui, je pense d'abord à un journal imprimé, fis-je.

Cette fois, Guignebert tenait son sujet. Nous nous remîmes à marcher.

— Tu n'as vraiment rien compris, dit-il. Et tu ne manques d'ailleurs pas d'excuses. Seulement moi, je vais te faire gagner du temps. Écoute-moi donc bien. La presse imprimée quotidienne appartient au passé. Oh, elle aura des survivants, des rescapés. Mais la grande presse de demain, c'est-à-dire de très bientôt, ce seront la radio et la télévision qui la feront. Et moi, si les petits Allemands ne te mangent pas, c'est vers cette presse-là que je suis en train de t'aiguiller. Sur ce...

L'entretien était terminé. Guignebert nous tendit la main.

— Je vous laisse tous les deux. Ce n'est vraiment pas la peine de prendre le métro ensemble.

A ce moment-là, Raymond toucha le pardessus de celui qui, désormais, serait notre chef.

— C'est au moins de l'avant-guerre de chez Old England, fit-il.

Guignebert éclata de rire.

— Non, tu n'y es pas. Parce que figure-toi que moi je suis snob et ne m'habille qu'à Londres. Alors, en ce moment, je me fais évidemment livrer par parachute. Ce pardessus, je l'ai donc depuis huit jours. Il m'est tombé du ciel mais vient directement de chez Austin Reed, Regent Street. D'ailleurs...

Il écarta son col et nous en montra l'intérieur.

— Tu sais lire, alors regarde l'étiquette.

Elle indiquait en effet que ce pardessus, visiblement tout neuf, sortait bien de chez Austin Reed.

— Vous croyez que c'est très prudent? demanda Raymond.

— Non, c'est même très imprudent. Aussi vais-je faire découdre l'étiquette. Mais jusqu'ici, ça m'amusait tellement. De toute façon, même sans l'étiquette...

Il nous quitta et s'éloigna vers la rue de Rivoli de sa démarche paysanne.

Le 2 février, l'armée allemande commandée par Paulus avait capitulé à Stalingrad. Le 4, Montgomery était entré en Tunisie. Et, sur ces deux théâtres d'opérations, la défaite allemande semblait irréversible.

Nous nous en félicitions, cela va de soi. Mais les jeunes Français de ma génération avaient tant de nouveaux soucis en tête qu'ils pouvaient difficilement consacrer toute leur pensée à ces sujets de satisfaction. Car voici déjà quelque temps qu'on parlait, à mots couverts, d'une grave menace pesant directement sur nous, celle d'une réquisition générale destinée à nous envoyer travailler en Allemagne dans des conditions encore mal définies. Et, le 16 février, promulguée par Vichy mais sur ordre de Berlin, une loi nouvelle instituait un Service obligatoire du travail, touchant d'abord tous les hommes nés en 1920, 1921 et 1922.

Or, malgré certains propos destinés à rassurer l'opinion, il devint tout de suite fort clair que le service en question s'effectuerait exclusivement en Allemagne et aurait pour objet de remédier au cuisant échec de ce qu'on appelait la Relève. Celle-ci avait été instaurée, le 22 juin 1942, sous la pression des Allemands de plus en plus tenaillés par le besoin d'ouvriers dans leurs usines de guerre. Ainsi, pour trois départs de travailleurs français devait être, en principe, libéré un de nos prisonniers. Pourtant, malgré l'énorme campagne destinée à susciter les volontaires, il avait rapidement fallu trouver autre chose. Et c'est alors que naquit le Service obligatoire du travail dont, pour éviter le sigle peu heureux de SOT, on changea immédiatement le nom en Service du Travail obligatoire (STO).

Les hommes de mon âge n'oublieront jamais la douche froide que nous reçûmes sur la nuque en apprenant cette décision. Ayant eu personnellement la chance d'être né en 1923, j'échappais, jusqu'à nouvel ordre, au train pour l'Allemagne. Mais ce privilège pouvait fort bien n'être que de courte durée. N'importe comment, beaucoup de mes camarades n'avaient pas cette aubaine. En particulier ceux nés en 1922, seule classe à se trouver intégralement visée.

On a été très injuste avec les victimes du STO. Quand la guerre prit fin, c'est à peine si l'on parla d'eux, et ce fut presque du bout des doigts que, longtemps après, on leur accorda le titre de « personne contrainte au travail ». Sans doute n'ont-ils pas été parqués dans des camps et ne les a-t-on pas habillés de pyjamas rayés ni envoyés méthodiquement à la mort pour l'excellente raison qu'on avait besoin d'eux au travail. Mais quand les premiers appelés reçurent leurs feuilles de route, pouvaient-ils faire autre chose qu'obéir ? On parlait vaguement des maquis. Pourtant, où les trouver ? Surtout dans la précipitation ? Et, autrement, où se dissimuler sans carte d'alimentation ? Au moment où partirent tous ces jeunes hommes, qu'étaient-ils donc, sinon des déportés au strict sens du terme, et dont pas un ne pouvait savoir comment s'achèverait son exil ?

Vingt-quatre ou vingt-six mois en Allemagne furent le lot de la plupart. Dont presque un an, du débarquement en Normandie jusqu'au terme de la guerre, sans pouvoir correspondre avec leur famille, sans recevoir un seul colis, sort dont se trouvaient exempts les prisonniers de guerre sur lesquels continuait à veiller la Croix-Rouge internationale. Et leur retour dans l'ignorance, quand ce n'était pas dans le mépris, faisant d'eux presque des parias. Alors, ce titre concédé en 1956 n'était-il vraiment pas le minimum qu'on leur pût offrir ? Une pension, au moins symbolique, n'aurait pas fait mal dans le tableau.

Bien que je ne fusse donc pas immédiatement visé, il nous apparut très vite, à mes parents et à moi-même, que la plus élémentaire prudence ordonnait d'envisager les mesures à prendre en cas d'urgence. Un de mes meilleurs amis, Maurice Bornemann, fils de l'éditeur de musique, venait d'être emmené sans pouvoir esquisser un geste de défense.

J'en parlai à Guignebert, pensant que si quelqu'un pouvait connaître des filières pour rejoindre les maquis, c'était bien lui.

— Mais il n'est pas question de maquis, explosa-t-il. Moi, j'ai besoin de toi. Je t'ai, je te garde. Si ta classe est appelée, j'ai les moyens de te mettre à l'abri sans me priver de tes services. Les faux papiers ça se fabrique. Tu ne te vois pas étant né à Fort-de-France ou à Nouméa, par exemple ? Les fausses cartes d'alimentation, les faux tickets aussi, ça se fabrique. Et les planques, ça se trouve.

Je savais pouvoir compter sur lui. Mais deux précautions valant mieux qu'une, mon père sollicita rapidement un rendez-vous de notre ami le professeur Cadenat, éminent chirurgien, pour lui demander conseil. Pouvait-on envisager des cas de réforme susceptibles de vous rendre inapte au STO ?

— Cela doit exister, répondit le professeur, et je pourrais me renseigner discrètement. Cependant, je vois déjà la hernie difficilement compatible avec une vie où intervient l'effort physique. Votre fils a certainement une bonne musculature abdominale, et je doute qu'il soit sujet aux hernies. Mais, vers la région inguinale, ce genre d'accident risque toujours d'arriver. Et moi je peux très bien simuler cela en pratiquant, dans le secret de mon cabinet, une très légère fausse cicatrice, ou même une de chaque côté qui n'affaibliront en rien la paroi mais feront réfléchir un médecin avant de déclarer un garçon de vingt ans « bon pour le STO ».

Pourtant, avec toutes ces nouvelles menaces qui pesaient sur nous, commençait une période capitale pour l'évolution de la France en guerre. Car, désormais, ce n'étaient plus seulement les ouvriers qui se sentaient visés, mais les paysans, les commerçants, les fonctionnaires, les étudiants. Bref, le pays entier.

Les Allemands avaient cru pouvoir approvisionner, à bon compte, leurs usines en matériel humain. Et voilà qu'ils se faisaient, sans le savoir, les meilleurs sergents recruteurs des bataillons de la Résistance.

Non, il n'existait pas d'« aide-mémoire Gibert » pour préparer les oraux de Sciences po. D'ailleurs, comment ceux qui les faisaient passer auraient-ils pu s'y laisser prendre ? En effet, il ne s'agissait plus de quelconques examinateurs vérifiant avec nonchalance, bienveillance ou désobligeance, l'essentiel de ce que nous avions retenu d'une matière inscrite au programme de l'année. A présent, siégeait en face de nous l'auteur même du cours, sachant donc mieux que personne quel en était le contenu, et capable d'apprécier en connaisseur le compte rendu ou l'analyse que nous lui en ferions. Ce qui changeait tout.

D'autre part, nous n'étions pas interrogés dans une salle poussiéreuse ou une demi-douzaine de fonctionnaires officiaient à la fois, pendant qu'une trentaine de candidats attendaient leur tour. Derrière les murs de la rue Saint-Guillaume, nous entrions dans une pièce de faibles dimensions mais d'aspect agréable à l'œil, meublée d'une bibliothèque et d'un bureau de style anglais. Derrière ce bureau, il y avait un fauteuil où était assis le maître qui allait nous interroger. Face à lui, un autre fauteuil, exactement le même, où prenait place l'examiné.

En trois ans d'études, et avant l'écrit final, nous devions subir ainsi douze oraux, dont quatre portaient sur des matières obligatoires selon la section, les huit autres étant laissées au choix de l'étudiant parmi une vingtaine offertes à celui-ci. Chacun, enfin, était libre de composer, comme il l'entendait, le programme de son année, à charge pour lui d'avoir, au terme de la dernière, obtenu ses quatre notes pour les matières obligatoires ainsi que les huit autres.

Ce climat de liberté, en particulier à une telle époque, n'était pas le moindre charme de l'école.

J'avais souhaité ouvrir le feu avec André Siegfried, son cours étant probablement celui où je me sentais le plus à l'aise. Mon vœu fut exaucé.

Quand j'entrai dans la pièce où m'attendait le maître que nous admirions par-dessus tout, je n'en menais pourtant pas large. De son regard bleu, Siegfried m'observait discrètement tandis que j'avançais vers lui.

— Asseyez-vous, monsieur, dit-il de sa voix frêle et un peu nasale. Fumez-vous ?

Non, je ne fumais pas. Mais qu'on était donc loin des oraux du baccalauréat !

— Voudriez-vous me parler, monsieur, de l'ouverture du Japon à l'économie moderne ?

Je dois dire que ce sujet m'allait comme un gant. Non seulement je le connaissais bien, mais je l'avais révisé deux jours plus tôt, et possédais sur lui, comme sur la plupart des autres, d'ailleurs, tout un petit stock d'images et d'idées « siegfriediennes » que je me ferais un plaisir de caser au fur et à mesure de mon exposé, exactement comme si elles venaient de moi. Ce qui, nous le savions tous, mettait notre grand homme dans un état de jubilation intense.

Quand j'eus terminé, il me posa deux brèves questions sur des points de détail et me dit :

— C'est bien, monsieur. C'est même très bien.

Le surlendemain, je fus entendu par Pierre Renouvin sur la conférence internationale tenue à Berlin, en 1884, et où les grandes puissances européennes avaient fixé, bien souvent de façon assez inconséquente, le sort colonial de l'Afrique noire. Je m'en tins pourtant, sans juger leurs résultats, aux travaux de la conférence eux-mêmes et eus finalement l'impression d'avoir fait assez bonne figure.

Parmi mes deux autres matières figurait le cours d'Eugène Guernier sur le Maghreb. Son auteur était un homme d'une infinie distinction, à la belle chevelure et à la fine moustache blanches. Il connaissait admirablement son sujet, mais devait surtout le fort volume de sa clientèle à la générosité des notes qu'il distribuait, toujours les bienvenues pour améliorer une moyenne.

Ainsi me gratifia-t-il d'un agréable 18. Mais j'étais plus fier, naturellement, du 15 obtenu chez Siegfried. Nul ne faisait mieux à l'école, toutes années confondues.

Me restait la Sorbonne. J'avais choisi de n'y être candidat qu'au certificat de littérature anglaise, bien qu'y figurât un auteur particulièrement assommant, sir Thomas Browne, médecin, philosophe et vaguement antiquaire, né à Londres au tout début du XVIIᵉ siècle. Aussi étions-nous supposés en avoir étudié à fond le maître ouvrage, *Religio Medici*, que j'avais, pour ma part, abandonné rapidement au terme de la dixième page. Arriva donc ce qui devait arriver. J'espérais Dickens. On nous assena Browne, avec le sujet suivant : « Sir Thomas Browne était-il plus philosophe que médecin ? ».

Je fus tenté de me lever, de remettre une copie blanche, et de quitter la salle. Mais, finalement, une autre idée me vint : celle de me payer deux heures de franche gaieté aux dépens de l'Honorable Sir Thomas, ce qui ne devait pas arriver souvent à ceux qui l'étudiaient de près. Dans la langue anglaise la plus soignée dont j'étais capable, je traitai donc ainsi mon sujet : « Sir Thomas Browne, en vérité, n'était vraiment ni philosophe ni médecin. La question posée n'a donc aucune raison d'être. » Une jeune religieuse était ma voisine, et connaissait probablement Thomas Browne comme si elle le croisait tous les jours dans les couloirs de son couvent, si l'on en jugeait par la rapidité avec laquelle, sans désemparer, elle noircissait page sur page de sa fine écriture. Aussi devait-elle parfois se

demander, pour peu qu'il lui arrivât de se tourner machinalement vers moi, ce qui pouvait bien me faire pouffer silencieusement de rire, la plume en arrêt au-dessus de ma feuille de
papier, quand je semblais parfois chercher une suite à mon
inspiration.

Je ne fus pourtant pas long à oublier cette matinée inattendue en compagnie du rébarbatif Sir Thomas, et ne voulus
même pas me donner la peine d'aller, à la Sorbonne, sûr que
j'étais du résultat, voir combien de candidats avaient satisfait à
l'écrit du certificat de littérature anglaise. Je ne le fis qu'en
septembre, et d'ailleurs par pure inadvertance. Empruntant,
sans préméditation, le couloir où étaient encore affichés les
résultats, j'eus alors l'abracadabrante stupéfaction de découvrir
mon nom parmi ceux des admissibles à l'oral. Qu'était-il
advenu ? Sans doute et tout simplement ceci. Depuis plusieurs
jours, un malheureux correcteur se morfondait à passer en
revue des copies aussi ennuyeuses que le philosophe-antiquaire
lui-même. Or, tout à coup, lui en arrivait une qui l'invitait à
rire, et n'était pas troussée dans un trop mauvais anglais.
Quelle aubaine ! Il allait donc en récompenser l'auteur.

Heureusement, il était encore temps de me rattraper à la
session d'octobre. Et cette fois Dickens vint à mon secours.
Mais j'ai toujours été persuadé que, tandis que je lui parlais de
David Copperfield et du *Livre de la Jungle*, mon examinateur, qui
avait certainement jeté un œil sur ma copie après m'avoir
attendu vainement en juillet, devait surtout se demander à quel
drôle de pistolet il pouvait bien avoir affaire.

Au seuil de cet été 1943, il me faut avouer que si la préparation de mes examens occupait la plus grande part de mes
journées, je ne me privais pas non plus, quand le ciel s'y prêtait,
d'aller prendre des bains de soleil, allongé sur les plages en
mosaïque bleue de la piscine du Racing, au bois de Boulogne.

On y rencontrait alors les plus jolies créatures de Paris qui,
en maillot de bain deux pièces, ne vous laissaient guère dans
l'ignorance de ce qui vous attendait si l'on en venait à lier avec
l'une d'elles plus ample connaissance. Or, cela tombait bien
pour moi, car je venais justement d'être plaqué — il n'y avait
pas d'autre mot — par une charmante femme de prisonnier qui
me recevait assez régulièrement chez elle depuis quelque six
mois et m'avait brusquement annoncé, l'air tout contrit, qu'elle
ne pouvait décidément plus se conduire de la sorte envers son
pauvre mari. Ce que j'avais eu l'extrême naïveté de croire.

J'éprouvais néanmoins au Racing une sensation un peu

comparable à celle que j'avais déjà connue à Saint-Quay en août 1940. La guerre approchait de sa phase décisive. Mon pays était désormais entièrement occupé par l'ennemi. Sur les champs de bataille, des dizaines de milliers d'hommes luttaient, souffraient et mouraient chaque jour. Parmi eux, il y avait des nôtres. Des villes étaient anéanties par les bombes, ensevelissant toutes les nuits d'autres dizaines de milliers d'hommes, de femmes et d'enfants. Quant à moi, je me sentais parfaitement bien portant, je bronzais, j'étais libre et je courais les filles. Parfois, c'est vrai, des avions alliés passaient très haut dans les nuées. Des obus de DCA éclataient autour d'eux, semant le ciel de petits flocons blancs. Nous dégringolions en hâte nous mettre à l'abri dans les vestiaires souterrains. A moins que ce ne fût dans une cabine où l'on pouvait tenir à deux et monter au septième ciel en oubliant ce qui se passait au-dessus de nos têtes. Mais nous revenions vite au bord de l'eau une fois l'alerte passée. Je savais que des officiers allemands, peu nombreux il est vrai, avaient leurs habitudes au bord de la piscine. Mais, en slip de bain, on les remarquait moins. Et je me donnais bonne conscience en participant à des réunions clandestines auxquelles Guignebert nous conviait pour nous attribuer quelques missions encore sans grands risques, et nous ouvrir les yeux sur ce qui nous était réservé quand le moment serait venu.

J'étais bien décidé, en cet été 1943, à ne pas retomber dans le piège du service civique rural, m'exposant ainsi à une réquisition de plusieurs mois dont nul ne pouvait dire, à l'avance, de combien de semaines chacun d'eux serait fait. Je résolus donc de prendre les devants.

Il existait, en haut du boulevard Saint-Michel, une Maison des Sciences qui se chargeait d'organiser, pour les étudiants de toutes disciplines, des stages de service civique rural dans différents coins de France. Je m'inscrivis pour un séjour de cinq semaines dans un camp situé au bord du lac de Laffrey, à 25 kilomètres de Grenoble.

Nous fûmes donc, un soir, dix ou douze à partir en direction de la vieille cité dauphinoise. J'étais fort excité à la seule pensée de franchir la Loire, puis la ligne de démarcation entre les deux zones, et de voir des montagnes pour la première fois de ma vie. Dans notre compartiment, l'atmosphère s'échauffa rapidement. S'en chargeaient tout particulièrement un certain

Francis Mazière qui deviendrait célèbre en allant, un jour, étudier de près les statues de l'île de Pâques, et Roland Bianchini que je retrouverais, plus tard, tenant la contrebasse dans l'orchestre de Claude Luter, au club du Vieux-Colombier. Pour la circonstance, il n'avait pris avec lui que sa guitare, plus commode à transporter, mais comme je ne me débrouillais pas trop mal à l'harmonica chromatique, nous fîmes le meilleur usage de ces deux instruments jusqu'à une heure avancée.

La seule personne étrangère à notre petit groupe ne le resta pas longtemps. Elle était ravissante, avait le type méridional et se prénommait Françoise. Je n'avais rien fait pour être assis à côté d'elle, car nous ne l'avions vue entrer qu'au moment où le train allait partir et elle avait occupé la seule place encore disponible. Mais je bénissais le hasard d'avoir aussi bien organisé les choses. Et je le bénis davantage encore quand les lumières se furent éteintes.

Françoise allait passer un mois de vacances, dans sa famille à Grenoble. Elle me donna son adresse et son numéro de téléphone. J'avais déjà beaucoup moins envie de me rendre à Laffrey.

La découverte du camp me confirma dans ce sentiment. Le site était admirable mais l'ambiance détestable. A peine installé, je ne songeais qu'à partir. C'est d'ailleurs ce que je fis au bout de quatre jours, prétextant un vol qui avait eu lieu dans ma tente et dont, parmi les responsables du camp, nul ne semblait se préoccuper. Mais ce qui m'étonnerait, plus tard, en y songeant, c'est de ne pas m'être demandé si ce camp, à l'atmosphère tellement étrange, et vaguement militaire, ne servait pas de « couverture » à un maquis situé non loin de là. Ce qui prouve bien à quel point nous étions encore peu informés dans ce domaine. Je dirais même peu curieux.

Pourtant, il ne me suffisait pas d'être à Grenoble et de pouvoir y rencontrer Françoise. Encore me fallait-il avoir de quoi vivre. Je m'étais installé dans un hôtel qui, certes, ne me coûtait pas cher. Cela n'empêchait pourtant pas mes fonds de diminuer à vue d'œil et sans aucun espoir de relance. Un SOS lancé par télégramme à mes parents m'avait valu, en effet, la réponse suivante : « Séjour camp payé. Stop. Si tu n'y restes pas rentre Paris. »

J'étais perplexe. Que faire ? J'avais encore de quoi assurer mon gîte et mes repas durant deux ou trois jours. Mais pas davantage. Comme j'étais seul, un après-midi, je résolus d'aller passer une heure à la piscine. Et tout de suite j'y eus l'œil attiré par une Antillaise au corps superbe dont un maître nageur me dit : « C'est Savanna. Elle chante le soir au Tropic. » Cinq minutes plus tard, j'étais en grande conversation avec Savanna qui en vint rapidement à me confier :

— Je dois répéter à la boîte vers cinq heures avec de nouveaux musiciens. Voulez-vous venir avec moi ?

A tout hasard, je fis un saut à l'hôtel afin d'y prendre mon harmonica. Et quand la répétition fut terminée, je demandai à l'un des guitaristes :

— Cela vous ennuierait-il que j'essaie un ou deux airs avec vous ? Je n'ai jamais joué d'harmonica à un micro.

L'autre guitariste, puis le pianiste et le batteur se mirent de la partie. Et je fus le premier surpris du résultat. Rangeant ensuite mon harmonica dans ma poche, je me mis à fredonner *Ol'man river*. Toujours au micro.

Tenant de ma mère, qui avait enseigné le chant, je bénéficiais d'une voix plutôt juste. Souvent, avec des amis, il m'arrivait d'imiter Paul Robeson ou Bing Crosby. Là, je m'efforçai de me tenir à bonne distance entre l'un et l'autre. Ce qui ne se passa pas mal du tout.

Savanna paraissait encore plus étonnée que moi. Elle disparut un instant, et revint avec un personnage petit, gras et chauve dont j'appris qu'il s'agissait du patron de l'établissement.

— Nous manquons d'un numéro, me dit-il. Je vous ai entendu des coulisses. Vous vous débrouillez bien. Accepteriez-vous de commencer ce soir ? Vous chanteriez deux chansons et joueriez un air d'harmonica.

J'étais complètement abasourdi.

— Mais je n'ai jamais fait cela, dis-je. Et puis, voyez comme je suis habillé. Je n'ai pratiquement rien d'autre à me mettre sur le dos. Enfin, je ne connais que des chansons en anglais. Si vous avez des Allemands ou des Italiens dans la salle, cela ne conviendra peut-être pas tellement.

L'homme éclata de rire.

— Pour votre inexpérience, pas de soucis à vous faire. Votre chemise à carreaux et votre pantalon de toile ? Épatants. Cela fera campeur, vagabond. Et les chansons en anglais, même notre clientèle allemande aime beaucoup cela. Maintenant, combien voulez-vous être payé ?

Je me retournai vers Savanna. De la main, elle me fit le signe « deux ».

— Deux cents francs, dis-je.

Rapidement, j'avais calculé qu'il me fallait à peu près cent francs par jour pour vivre, en comptant au plus juste.

— D'accord, fit l'homme. Vous commencez donc ce soir. En attendant, les musiciens sont à votre disposition.

Jusqu'à huit heures je répétai. Le micro m'aidait énormément. Grâce à lui, et pour la première fois de ma vie, j'entendais ma propre voix. Savanna était visiblement enchantée. J'avais soudain l'impression d'être devenu son protégé. Mais je ne pensais évidemment pas qu'à cela.

Nous dînâmes rapidement et partageâmes l'addition . Avant de regagner le Tropic, je repassai tout de même à mon hôtel, afin d'y changer de chemise et d'enfiler un pantalon un peu moins fripé.

La salle était loin d'être pleine. Je préférais cela. Et il n'y avait aucun Allemand. A peine deux ou trois Italiens très discrets. On me présenta sous le pseudonyme du « Chanteur des vallées » que j'avais accepté, n'en ayant pas d'autre à proposer. Savanna me fit un curieux signe au moment où j'allais entrer dans la salle.

— C'est du vaudou, me glissa-t-elle à l'oreille.

Est-ce lui qui m'immunisa contre le trac ?

Je jouai *Saint Louis Blues* à l'harmonica. Je chantai *Ol'man river* et *Home on the ranch*, l'un des succès de Bing Crosby.

Applaudissements polis.

— Tu as été très bien, me dit Savanna en m'embrassant sur les deux joues. Demain, ce sera encore mieux. Après mon tour de chant, c'est moi qui t'emmène souper.

Je restai huit jours au Tropic où je m'améliorais de soir en soir. Mes difficultés financières avaient complètement disparu. J'aurais pu changer d'hôtel mais préférais faire des économies. L'après-midi, quand Françoise n'était pas libre, je retrouvais Savanna à la piscine ou la rejoignais chez elle.

Cette existence nouvelle et inattendue entre deux femmes, loin de me faire vivre dans un climat de tension et de perpétuel mensonge, développait en moi une sensation d'intense liberté que je découvrais avec délice. En outre, j'aimais de plus en plus Grenoble, son vieux quartier où j'étais allé jeter un coup d'œil ému sur la maison natale de Stendhal, ce cirque de montagnes qui, en toile de fond, embrassait l'ancien bourg des Allobroges, et puis, visible de partout, la Bastille et son fort.

Mais n'y avait-il pas autre chose ?

Grenoble était la première grande ville où je me trouvais seul. Donc plus libre encore que je ne l'avais jamais été. Dans des genres très différents, j'y vivais plusieurs aventures à la fois auxquelles j'étais peu préparé, mais qui me semblaient n'en valoir que davantage la peine d'être vécues. Dès lors, n'aurais-je pas été pareillement épris de toute autre cité qui m'eût offert, avec la même générosité, une égale accélération de la démarche initiatique dont, sans pourtant me hâter, je ne cessais de poursuivre le cours?

Mon engagement, si l'on pouvait dire, au Tropic n'en touchait pas moins à sa fin. Or, bien avant de quitter Paris, j'avais promis à mon cousin Paul-Albert Droit, médecin dans les Basses-Alpes, d'aller lui rendre visite. Si je ne m'éternisais pas chez lui, je pourrais fort bien revenir à Grenoble afin d'y retrouver quelque temps Savanna, et reprendre ensuite le train de Paris en compagnie de Françoise.

Paul-Albert et Yvonne, sa femme, habitaient en pleine garrigue un mas respirant le soleil. Tous deux me reçurent comme un frère. Autour de nous ce n'étaient qu'effluves de thym et de romarin.

Nous allâmes, Paul-Albert et moi, faire une marche de trois jours à travers la montagne, et passâmes une fois la nuit dans un hameau presque en ruine, situé au creux d'un étroit vallon. N'y vivaient que ce qu'il fallait bien appeler des monstres. On devait s'accoupler ici, depuis des siècles, entre parents, enfants, sœurs, frères, cousins et cousines. Ainsi les doigts qui, de naissance, manquaient à la main de l'un avaient-ils toujours une chance de se retrouver, en surplus, sur celle de l'autre. Certains nez se contentaient d'une seule narine ouverte, la seconde se perdant parmi d'étranges replis de chair, tandis que, sur des crânes de femmes, un bouillonnements de bubons congestionnés venait parfois remplacer une chevelure défaillante. Et encore étions-nous arrivés lorsque la nuit tombait, si bien que l'on ne pouvait distinguer tous les détails comme en plein jour. La guerre? Quelques-uns conservaient le vague souvenir d'en avoir entendu parler quatre ans plus tôt, quand elle avait commencé. De toute façon, pas un homme n'était ici bon pour le service. Le hameau n'ayant évidemment pas l'électricité, la radio y était inconnue. Et le facteur n'y venait jamais, puisque nul n'eût été capable d'y déchiffrer une lettre.

Nous passâmes la nuit dans une grange qui sentait davantage le purin que la paille et, le lendemain matin, quittâmes cette cour des miracles en pleine montagne pour aller retrouver l'air des sommets dont la ligne de crêtes nous ramènerait le soir à bon port, après une radieuse randonnée.

Bientôt, j'étais de nouveau à Grenoble où Savanna m'attendait. Elle habitait l'un des meilleurs hôtels de la ville et me suggéra de venir m'y installer avec elle jusqu'à mon départ. Je ne me fis pas prier. Pour la première fois de ma vie, j'habitais avec une femme. Quel pas en avant! Quant à Françoise, elle ne connaîtrait mon retour que quelques jours plus tard, peu avant de monter avec moi dans le train pour Paris.

A Vincennes, je réintégrai un domicile familial inhabité, mes parents ayant été, par des amis, invités en Normandie. Comme Françoise était également seule, je lui offris de venir passer avec moi la fin de ses vacances. Elle accepta aussitôt et nous vécûmes un bref entracte d'une gaieté d'autant plus dépourvue d'arrière-pensées que chacun de nous savait très bien jusqu'où ces brefs instants ne risquaient pas de le mener trop loin. N'en était pourtant pas moins grand mon étonnement, parfois ma stupéfaction, d'occuper ainsi, avec une jeune personne que je connaissais à peine, l'appartement qui était le mien depuis le jour de ma naissance, et où il me semblait sans cesse que j'allais voir surgir mon père ou bien ma mère, en entrant dans une pièce ou sortant d'une autre.

Il va pourtant de soi que la présence de Françoise, assez peu douée pour passer inaperçue quand elle était quelque part, ne pouvait échapper à l'œil vigilant de la concierge. Aussi ma mère en fut-elle informée dès son retour. Évidemment, elle ne s'empressa pas de m'en féliciter. Mais elle ne m'administra pas davantage le savon que j'aurais pu redouter. Il faut dire que je réussis assez vite à ramener le séjour de Françoise dans notre foyer à un bref hébergement rendu inévitable — qui n'avait pas connu cela? — par un dernier métro malencontreusement raté. Ce qui ne m'empêcha pas d'attribuer la dénonciation de la concierge à une sorte de refoulement malsain qu'elle nourrissait à mon égard.

Ma mère finit par accepter ma version des faits et voulut même bien signifier à la concierge d'avoir à ne plus se mêler, désormais, de ce qui ne la regardait pas. Quant à moi, j'étais immédiatement tombé d'accord avec Françoise pour reconnaître que nous venions de passer ensemble de charmants instants, que nous aurions fort peu de chances d'en retrouver de pareils, raison pour laquelle il était éminemment préférable de nous quitter bons amis. Et c'est ce que nous fîmes. Ce que, somme toute, à l'âge qui était le nôtre, je trouve rétrospectivement d'une sagesse assez rare.

LE RENDEZ-VOUS D'ELCHINGEN

Depuis plusieurs mois, les bombardements anglo-américains épargnaient de moins en moins la région parisienne. L'un d'eux avait déjà fait plusieurs centaines de morts le 14 juillet 1943 au matin. Et il faut bien dire que sa date n'était pas des mieux choisies. Les plus meurtriers eurent ensuite lieu durant la deuxième quinzaine de septembre.

J'ai particulièrement conservé le souvenir de celui dont je vais parler, non pour en avoir été le témoin, mais précisément pour avoir eu la chance de n'y point assister.

C'était un très beau jour d'automne. En fin d'après-midi, une grande réunion d'athlétisme devait se tenir au stade Jean-Bouin, près de la porte d'Auteuil. Marcel Hansenne, qui était alors notre meilleur coureur de demi-fond, espérait bien y battre le record de France du 800 mètres.

Que se passa-t-il dans ma tête au moment de prendre mon billet à l'un des guichets du stade? Même, à l'époque, je n'aurais pu l'expliquer. Une chose est certaine, en tout cas, c'est que je fis brusquement demi-tour et rejoignis, sans d'ailleurs me presser, la station de métro Michel-Ange-Molitor.

Je revois encore le visage de mon père et de ma mère lorsque j'arrivai à la maison. On aurait dit que Lazare ressuscité faisait irruption chez eux. La radio ne venait-elle pas d'annoncer, en insistant lourdement sur chaque détail, que le quartier de la porte d'Auteuil avait été victime d'un bombardement aveugle, et que des bombes étaient tombées sur le stade Jean-Bouin lui-même? D'où l'angoisse de mes parents qui ne m'imaginaient pas ailleurs, tandis que le métro me ramenait tranquillement chez eux.

Le lendemain, je n'en fus pas moins réveillé aux aurores par ma mère.

— Ce qui se passe à Courbevoie est épouvantable, me dit-elle. D'après ce qu'on raconte, le bombardement y a été beaucoup plus terrible encore que sur Auteuil et Boulogne. Il y aurait des centaines de victimes, peut-être encore vivantes, ensevelies sous les ruines. On demande des secours de toute urgence.

Je compris, me levai, m'habillai rapidement et pris le métro jusqu'au pont de Neuilly.

L'Apocalypse commençait dès qu'on avait franchi la Seine.

Bientôt, je verrais d'autres villes anéanties par les bombes. Je traverserais Manheim, Ludwigshaffen, Stuttgart, Munich, etc. Et, c'est terrible à dire, je m'y habituerais. Mais là, j'allais être soudain baptisé au souffle de l'horreur.

Des postes de la Croix-Rouge avaient été installés dans les quartiers les plus touchés. C'est auprès d'eux qu'il fallait se présenter pour être incorporé à une équipe de déblayeurs. On m'indiqua le chemin à suivre au milieu des gravats et des immeubles anéantis. Mais à peine pouvait-on reconnaître le tracé de ce qui, la veille, était encore une rue.

Tandis que je marchais vers le point qu'on m'avait indiqué, je m'entendis appeler. Me retournant, je reconnus un ancien condisciple de Louis-le-Grand que je n'avais pas vu depuis plus d'un an. Il me parut tout blême, avec une expression hagarde sur le visage. Mais à la façon dont il me regarda, je compris aussitôt que je ne devais pas avoir meilleure mine. Spontanément, nous décidâmes d'unir nos sorts.

Le soleil commençait à s'élever dans le ciel. Sa lumière effleurant à peine les ruines ajoutait encore au tragique de celles-ci. Nous ne cessions de croiser des brancardiers. Les uns transportaient des blessés, silencieux ou gémissants. Les autres ne descendaient vers le bas de la ville que des corps sur lesquels on avait rapidement jeté une couverture, une simple toile ou même un vieux rideau à moitié déchiré.

Nous arrivâmes au poste de la Croix-Rouge qu'on m'avait indiqué. Il était situé au pied d'un immeuble dont la moitié supérieure avait été entièrement soufflée. Une équipe allait partir. On nous y incorpora d'office et son responsable, au terme d'une marche à travers des quartiers complètement éventrés, nous arrêta devant les débris d'un pauvre pavillon réduit à un amas de tuiles volatilisées, de meulières éclatées, de charpentes brisées.

— Des gens prétendent avoir entendu des appels qui venaient de la cave, nous dit-on. Il faut toujours se méfier un peu de tels témoignage. Mais on ne peut rien négliger.

Nous travaillâmes deux heures, déplaçant précautionneusement pierre par pierre, essayant de nous frayer en rampant un chemin, presque un tunnel, vers cette cave d'où ne provenait plus aucun signe de vie humaine. Aujourd'hui, on nous aurait coiffés avec des casques de chantier. Là, ce fut miracle si nous ne reçûmes pas sur le crâne de quoi nous assommer dix fois. Quand nous arrivâmes enfin au seuil de ce qui avait été une cave, après avoir découvert, en fouillant, les restes d'un pauvre escalier ne pouvant qu'y mener, ce fut pour constater que la voûte n'avait pas résisté au poids de tout ce qui s'était abattu sur elle. A la lueur de nos lampes électriques, nous finîmes par trouver deux malheureux corps écrasés, peut-être ceux dont on avait perçu les appels, mais qui avaient déjà cessé de vivre depuis plusieurs heures.

Une douzaine de fois, nous eûmes pourtant la chance d'arracher des blessés de tous âges à leurs geôles de pierre. Hélas ! nous remontâmes davantage de corps disloqués ou broyés qu'on allongeait devant les ruines jusqu'à l'arrivée des brancardiers chargés de les évacuer vers des morgues improvisées.

L'air, qui devenait de plus en plus chaud, se chargeait peu à peu des odeurs habituelles à pareil drame.

Tout en me gardant bien de céder à la propagande entretenue par les complices de l'ennemi, comment aurais-je pu, cependant, ne pas m'interroger sur l'utilité de tels bombardements et la façon dont ils étaient exécutés ? Quels objectifs visait-on ici dont la destruction pût, même d'un seul jour, hâter la fin de la guerre ? Que des raids sur Berlin fussent une réponse à ceux qu'avait subis Londres, il était difficile de ne pas le concevoir. Mais sur Courbevoie ?

En redescendant vers la Seine, après avoir passé près de huit heures à lutter, souvent maladroitement, pour permettre à des vies d'échapper à des ruines, je croisai un groupe de jeunes hommes vêtus d'uniformes et coiffés de bérets bleu marine qui abordaient les malheureux survivants, une sorte de carnet à la main.

Je ne fus pas long à reconnaître en eux des membres de cette Milice[1] formée quelque huit mois auparavant, et dont la réputation n'était déjà plus à faire.

L'un d'eux se mit à courir derrière moi et parvint à me rejoindre.

— Pour mieux lutter contre les assassins du ciel, me dit-il, voulez-vous adhérer au soutien de la Milice ?

Je regardai fixement dans les yeux celui qui venait d'ainsi m'interpeller.

— Depuis ce matin, lui dis-je, il me semble avoir aidé à sauver dix ou douze personnes. Quand vous en aurez fait autant, vous reviendrez me voir.

Sur ce, je tournai les talons et continuai mon chemin.

— Espèce de sale gaulliste ! me lança le milicien. On aura votre peau à tous.

---

1. Créée par le gouvernement de Vichy, à l'instigation de Joseph Darnand, la *Milice française* devait participer activement à la lutte contre la Résistance et commettre des crimes qui vaudraient à son chef d'être condamné à mort et fusillé.

VII

Au seuil de 1944, nul ne croyait que la guerre s'achèverait avant la fin de l'année. Mais nous étions nombreux à vivre dans la conviction que le déclin de la puissance allemande avait atteint, cette fois, un point de non-retour. Si bien que, très vite, comme aimait à le dire le général de Gaulle, ne resteraient plus à régler que de simples formalités.

En attendant, non seulement la Corse avait été libérée par nos seules troupes mais, au cœur des Abruzzes, un commencement d'armée française occupait, depuis les premiers jours de janvier, le secteur le plus montagneux du front italien où le climat était sans aucun doute le plus rude à supporter. C'était le général Juin qui avait sous ses ordres les premières unités de ce corps expéditionnaire dont les Allemands ne tarderaient pas à mesurer la valeur. Tant et si bien que, très vite, chaque fois que les nôtres auraient été relevés par des Anglais ou des Américains, l'obsession du général allemand Kesselring serait, jour et nuit, de savoir où le commandement allié prendrait la décision de les faire remonter en ligne, car on pouvait alors être certain que le sort de la bataille ne se jouerait pas ailleurs.

Bientôt, renforcée de nouvelles divisions, une armée française de 100 000 hommes se battrait en Italie. Qui, sauf de Gaulle, aurait envisagé cela au plus fort du drame de juin 1940 ?

Plus modestement, nous étions quelques-uns à poursuivre, autour de Jean Guignebert, l'imagination et l'organisation de cette radio de combat à laquelle nous avions déjà donné un nom : la Radio diffusion de la Nation française.

Marc nous avait maintenant présenté celui qu'il considérait comme son bras droit. Sa véritable identité était Pierre Crénesse. Mais dans la clandestinité nous l'appelions Sancerre. C'était un jeune Juif, mince comme une lame, vif et fait pour le combat comme elle. Dès 1937, Marcel Bleustein lui avait offert sa première chance à Radio-Cité en l'envoyant, micro à la main, rôder sur les champs de bataille de la guerre d'Espagne. Crénesse, à cette époque, devait avoir dix-huit ans. Plus tard, mais vainement, il avait essayé de traverser la péninsule ibérique pour gagner la France libre. Après deux mois de prison à Barcelone, il s'était retrouvé entre les mains des gendarmes français du Perthus.

Trois autres journalistes nous avaient rejoints : Loys Van Lee, Jean-François Brisson et Paul Peyre. Chacun ajoutant à ses talents de plume des qualités de coureur à pied qui valaient en particulier à Jean-François Brisson de détenir le record de France du 110 mètres haies.

Afin de mieux savoir ce qui se passait dans les eaux de la radio nationale, Guignebert avait enfin réussi à y glisser Raymond Marcillac au service parisien des reportages. Celui-ci y accomplissait un excellent travail de renseignement et servait d'agent de liaison naturel entre Marc et les hommes qui travaillaient pour nous à Paris autant qu'à Vichy. Ainsi avions-nous tous notre tâche. A cette époque, l'une des miennes consistait à me rendre, muni de faux papiers, au siège des journaux sous contrôle allemand paraissant dans la capitale et, m'étant présenté comme un étudiant préparant un travail en forme de thèse sur la radio diffusion, d'y éplucher les collections et surtout les dossiers de documentation, en vue d'y chercher certains renseignements qui pourraient bientôt nous être utiles.

— Qu'on ne te voie surtout jamais plus d'une fois par semaine dans le même journal, m'avait bien recommandé Guignebert.

Nos réunions continuaient d'avoir lieu aux Tuileries. Ce qui n'était pas d'une prudence folle. Une main féminine avait décousu du manteau de Marc l'étiquette qui s'y trouvait. Mais la qualité, plus encore la fraîcheur du tweed restaient ce qu'elles étaient.

Cette odeur de tabac anglais que j'avais cru sentir en pénétrant pour la première fois dans le bureau de Roger Seydoux, il me semblait maintenant la humer dès que j'arrivais à l'école et traversais le hall du rez-de-chaussée pour accéder au vestiaire. Curieusement, on y voyait pourtant assez peu d'élèves en train de fumer tout en discutant par petits groupes. Néanmoins, il ne faisait aucun doute qu'un parfum de Players ou de Craven A paraissait monter du sol, sortir des murs, faire partie de l'air que nous respirions et constituer, pour notre collectivité, une manière bien à elle d'affirmer sa personnalité, voire son esprit frondeur.

Que de futurs ministres j'ai dû croiser à cette époque entre la bibliothèque et l'amphithéâtre Albert-Sorel! Hélas! en dehors de Michel d'Ornano que j'ai déjà mentionné, les deux seuls dont je sois certain eurent, l'un et l'autre, un destin tragique. Il s'agit de Félix Gaillard et de Jacques Duhamel. Le premier, sorti de l'école au tout début de la guerre, en était devenu, lorsque je m'y trouvais, le benjamin des maîtres de conférences comme il serait, un jour, le plus jeune président du Conseil de la IVe République. Le second partageait ses dons exceptionnels entre les études, l'amour de la littérature et la Résistance. Tous deux périrent au moment où l'heure d'un très grand destin était véritablement venue pour l'un et l'autre. Félix Gaillard d'un stupide accident de bateau au large de Guernesey, et Jacques Duhamel d'une impitoyable maladie. J'ai toujours pensé qu'ils avaient manqué tragiquement à la France difficile de l'après-gaullisme.

Mais le champion de l'école, son crack, sa star pour employer un mot qui deviendrait à la mode, n'était alors ni Félix Gaillard ni Jacques Duhamel, mais un étincelant garçon nommé Henri Viard dont nul ne doutait qu'il fût destiné à s'asseoir un jour dans le fauteuil de Vergennes et à marquer, pour l'histoire, la place qu'il y aurait occupée.

Henri Viard avait le teint rose, le cheveu blond et l'éclat de rire facile, ce qui le rendait beaucoup plus simple d'accès qu'on aurait pu l'imaginer, vu le prestige qu'il exerçait sur nous tous, autant que sur le corps professoral et la direction de l'école. Je ne me souviens pas s'il fumait des cigarettes anglaises, ou plutôt s'il fumait, car on l'eût mal imaginé accordant sa préférence au tabac de la Régie. Mais je me rappelle parfaitement qu'il portait toujours des costumes bleu marine croisés à fines rayures, donc très britanniques, ainsi que de hauts cols de chemise dits « anglais » qui semblaient presque de la même provenance que le pardessus de Guignebert. Et lorsque Viard franchissait le seuil de l'école, on aurait dit qu'il arrivait déjà du Quai d'Orsay.

Eh bien, curieusement, Henri Viard ne fit pas du tout carrière dans la « carrière ». Probablement parce qu'on l'y attendait trop et qu'au fond il n'aimait vraiment qu'étonner, à la façon dont Cocteau étonnait Diaghilev. C'est ainsi qu'ayant choisi d'être écrivain, il comprit aussitôt que, s'il n'était que cela, il ne serait pas lui-même et que ce serait dommage. Léonard de Vinci avait-il été seulement peintre ? Tous les gens un peu cultivés devraient donc savoir aujourd'hui que, faute d'être devenu ministre des Affaires étrangères, ce qui était bien trop « programmé » pour lui plaire, Henri Viard demeurera l'inventeur d'une motocyclette pliante que des millions de Japonais adoptèrent avec enthousiasme ; d'une chenillette anti-chars à peine plus haute qu'un homme à plat ventre dans un champ d'avoine ; enfin du premier véhicule urbain aussi confortable qu'une DS, mais n'ayant besoin que d'un mètre quatre-vingts d'espace libre pour se garer perpendiculairement au trottoir. Œuvres rares, on en conviendra, pour un champion, un crack, une star des Sciences po, mais auxquelles s'ajoutent une douzaine de romans crépitant d'invention et d'ironie, une quinzaine de pièces pour le théâtre et la télévision, et le titre de vice-commodore de l'Union internationale des skippers et équipages de haute mer.

Il me semble pourtant que si nous avions été plus observateurs et perspicaces, nous aurions deviné l'essentiel de tout cela dans les éclairs d'humour et d'amour de la vie qui illuminaient si souvent le regard bleu d'Henri Viard.

Quant à moi, je continuais de me sentir parfaitement heureux à Sciences po. Même si je ne savais toujours pas exactement où me conduiraient les études que j'y faisais. Au journalisme ? Cela dépendait de bien des choses qui, elles, ne dépendaient pas de moi. A la diplomatie ? J'entendais dire, de plus en plus, que pour s'y faire un nom il était hautement souhaitable d'en avoir un qui fût déjà connu dans la « carrière », ce qui n'était pas mon cas, et une fortune personnelle, ce qui ne l'était pas davantage. Mais enfin, à Sciences po, je ne cessais d'écouter des maîtres admirables traiter des sujets passionnants. Je vivais dans un cadre élégant et un milieu social où tolérance et courtoisie étaient deux règles fondamentales de la vie quotidienne. J'aurais donc été bien étonné que tout cela ne me servît pas un jour ou l'autre.

De la Sorbonne, au contraire, je ne cessais de m'éloigner. Il est vrai que, depuis décembre, j'exerçais presque une activité professionnelle. Grâce au père d'un ancien camarade du lycée Voltaire, j'étais devenu l'un des affichistes attitrés de la Loterie nationale.

Toutes les semaines, en effet, celle-ci procédait au tirage de ce qu'on appelait une tranche. Et le bénéfice en allait à l'une des multiples activités du Secours national, vaste organisation de bienfaisance dont, vu la situation du pays, les exigences étaient fort nombreuses. Pour la publicité de ces tranches, la Loterie nationale avait donc besoin, chaque semaine, d'une affichette choisie parmi les projets que lui soumettaient un certain nombre de candidats affichistes, ou même d'affichistes confirmés.

Affichiste, certes, je ne prétendais pas l'être. Mais j'avais déjà réalisé plusieurs maquettes sur des thèmes différents, et le genre m'intéressait.

Mon premier projet fut accepté. Puis le deuxième. Puis le troisième. Je n'en revenais pas. Chaque fois, j'étais payé trois mille francs de l'époque, somme que je n'avais jamais eu l'occasion de croiser sur mon chemin. Certes, il me fallait traiter le thème de la semaine. Quand il s'agissait du secours aux prisonniers ou de l'aide aux jeunes mères de famille, l'inspiration me venait plus vite que pour les centres d'autoclavage ou de dessication. Mais enfin, jusqu'à l'été, j'atteignis une moyenne de trois affichettes par mois. Ce qui m'assurait des mensualités plus que rondelettes et facilitait beaucoup mes relations avec le sexe féminin.

Car sortir coûtait cher. Je ne parle pas, bien sûr, de la fréquentation des restaurants qui n'appliquaient pas la loi, toute la loi, rien que la loi et m'étaient évidemment inaccessibles. Mais deux cocktails au bar Saint-James, qu'animait Georges Carpentier, ou bien à la Potinière, que tenait Jules Ladoumègue, ne coûtaient pas rien non plus. Et pas davantage deux places au théâtre.

Or j'y allais de plus en plus souvent.

Il est d'ailleurs juste de dire que les quatre années d'occupation correspondirent, pour la scène parisienne, à une période exceptionnellement féconde. Cela pouvait s'expliquer de plusieurs façons. Venait d'abord l'appétit du public, né d'un besoin de se distraire à tout prix. Arrivait ensuite la révélation ou la consécration d'auteurs qui allaient marquer leur époque. Enfin, surgissait l'ambiguïté de certaines situations dramatiques, talentueusement exploitée, et sur laquelle on discuterait ensuite à l'infini. Ainsi, l'*Antigone* d'Anouilh était-elle une pièce à la gloire du pouvoir inflexible de Créon-Pétain ou de la « résistance » d'Antigone-de Gaulle ? Dans la *Jeanne d'Arc* de Vermorel, Jeanne voulait-elle seulement bouter hors de France les Anglais, ou plus généralement n'importe quel ennemi ?

En tout cas, ce fut bien au cours de ces tristes années que Barrault parvint à décider Claudel de faire jouer le *Soulier de satin*, achevé par lui en 1924, que Montherlant nous révéla qu'il était aussi un immense auteur dramatique avec *la Reine morte* et *Fils de personne*, qu'apparut Sartre avec *les Mouches* et *Huis clos*, qu'Anouilh, encore lui, écrivit *Eurydice*, que Roussin nous fit rire pour la première fois avec *Am-stram-gram*, qu'Achard nous offrit *Colinette*. Et une pièce de Giraudoux, *Sodome et Gomorrhe*, moins réussie que les autres, demeurera néanmoins inoubliable pour avoir donné le jour à un archange de la scène, Gérard Philipe. Sans parler de Synge, Ibsen, Strindberg, Machiavel, Pirandello montés avec tellement d'intelligence et de talent sur de petites scènes. Sans oublier non plus Maria Casarès, Gaby Sylvia, Jacqueline Bouvier, Simone Valère, Daniel Gélin, Jean Desailly, Jean Marais, Georges Marchal, Michel Vitold, combien d'autres dont nous allions apprendre et ne jamais oublier l'existence.

Ce goût pour le théâtre, qui s'accentuait chez moi, irait d'ailleurs bientôt jusqu'à me donner l'envie d'en faire moi-même. Du moins en amateur. Il existait déjà un groupe musical à Sciences po. J'allais obtenir d'y créer un groupe théâtral et de monter une pièce que je mettrais moi-même en scène.

Je choisis *Histoire de rire*, d'Armand Salacrou. D'abord parce que j'en savais la qualité. Mais aussi à cause de l'âge moyen des personnages. A une exception près, en effet, il s'agissait d'hommes et de femmes encore jeunes et dans la peau desquels garçons et filles de vingt ans pouvaient assez facilement se glisser.

Nos interprètes furent vite recrutés parmi les élèves de l'école. Et dès que les rôles commencèrent d'être sus, nous passâmes aux premières répétitions. Tantôt chez l'un, tantôt chez l'autre. André Luguet, qui avait participé à la création de la pièce, et dont le fils était un de mes amis, voulut bien me donner quelques conseils.

Cinq représentations, au profit des prisonniers de l'école, devaient avoir lieu sur la scène de la salle d'Iéna. J'avais composé, de bric et de broc, deux décors qui ne tenaient pas trop mal debout. Je ne me prenais certes pas pour Georges Pitoëff, mais ne devais pas être loin de me sentir aussi heureux et angoissé que lui à la veille de son premier spectacle. Pour le seul rôle un peu âgé de la distribution, nous avions finalement trouvé un officier démobilisé de l'armée d'armistice, qui s'était inscrit à Sciences po. Il devait avoir trente ans, mais sa calvitie précoce lui donnait facilement une dizaine d'années en plus.

Deux jours avant la représentaiton, nous étions parfaitement prêts. Les acteurs savaient leur texte. Ma mise en scène était au point. Salacrou avait eu la gentillesse de venir nous prodiguer quelques paroles encourageantes. Bref, nous aurions pu jouer le soir même. C'est alors qu'une énorme tuile s'abattit sur nos têtes. Le titulaire du principal rôle masculin venait d'être soudain frappé d'une congestion pulmonaire, avec une fièvre de 40°C et l'inévitable perspective d'une bonne semaine au fond de son lit. Bien entendu, aucune doublure n'était prévue pour aucun rôle. Peut-être aurions-nous pu trouver, en explorant tous les cours d'art dramatique de Paris, un jeune comédien ayant quelque notion du personnage. Mais, à supposer qu'il en sût le rôle, comment l'initier, en moins de quarante-huit heures, à notre mise en scène?

Alors, l'ensemble des regards se tourna vers moi. Le rôle, je le connaissais. D'ailleurs, je les connaissais tous. Y compris ceux des trois personnages féminins. Il était donc très clair que j'étais seul à pouvoir doubler notre ami.

C'est ainsi que, cinq soirs de suite, je devins comédien.

Pour tout dire, je me sentais sur scène comme un poisson dans l'eau. Et, sans croire à une vocation soudaine, je me disais déjà que si, un an plus tard, les circonstances nous permettaient de monter une autre pièce, je ne m'y réserverais sans doute pas que le rôle du metteur en scène.

A la même époque, j'avais également fait des débuts sans vrai lendemain dans la caricature. De mon père je tenais un certain coup de crayon. La façon qu'avaient eu Sem et Cappiello d'exprimer l'essentiel d'un visage et d'une silhouette, en quelques traits à la limite du satirique, me remplissait d'admiration. Dans ce domaine, le talent de Jean Cocteau me frappait également.

Deux fois de suite, j'exposerais ainsi au Salon des Humoristes plusieurs croquis d'artistes et de sportifs.

Un jour, Jean Cocteau lui-même se déplaça pour voir de quelle façon je l'avais traité. J'en fus prévenu à temps et me trouvai donc là. Au milieu d'un éblouissant feu d'artifice tiré pour moi seul, j'eus droit à des compliments que je n'aurais pas osé espérer. Longtemps plus tard, je le rappellerais à Cocteau, et celui-ci me ferait la faveur de ne pas l'avoir oublié. Ou du moins de le feindre, ce qui, pour moi, revenait presque au même.

Des événements graves, décisifs approchaient pourtant, et nous le sentions clairement. Est-ce moi qui le pense aujourd'hui, ou le sentiment que j'essaie d'exprimer correspond-il bien à celui qui nous habitait alors ?

Ma mère n'ignorait plus que j'avais, dans la Résistance, des activités modestes, certes, mais qui prenaient évidemment pour elle des dimensions démesurées.

— Et si les Allemands venaient ici pour t'arrêter, demanda-t-elle un jour, que ferions-nous ?

Je lui répondis, en riant, que les Allemands avaient probablement d'autres soucis en tête que mon existence et l'emploi de mes journées. Mais je vis sans mal qu'elle n'était pas convaincue. Elle n'abandonna donc pas le sujet pour autant. Un jour elle nous annonça triomphalement, au cours du déjeuner, qu'elle sortait de chez une ancienne infirmière, beaucoup plus âgée qu'elle, qui avait été sa supérieure durant la guerre 14-18 et habitait maintenant un petit pavillon aux confins de Vincennes et de Fontenay.

— C'est une patriote, nous dit ma mère. Sans y aller par quatre chemins, je lui ai ainsi demandé si elle accepterait, en cas d'urgence, de te dissimuler chez elle.

Quand ma mère avait une idée en tête, surtout si cette idée concernait la santé ou la sécurité de l'un d'entre nous, on ne la faisait pas facilement penser à autre chose. Nous ayant regardés mon père et moi, pour juger de l'effet produit par son entrée en matière, elle poursuivit donc :

— Eh bien, la réponse n'a pas traîné. « Dans ce domaine, ma petite, demandez-moi ce que vous voulez. J'aimerais tant servir encore à quelque chose ! » Franchement, je crois que ma démarche lui a fait davantage plaisir qu'elle ne lui a causé d'embarras.

Le dispositif capable d'assurer ma protection n'était cependant pas mis en place pour autant. Car, à supposer qu'une délégation de la Gestapo vînt me chercher au nid, de quelle façon lui échapperais-je pour gagner le refuge que ma mère m'avait trouvé ?

Mais, là encore, c'est elle qui eut la bonne idée.

La salle de bains de l'appartement possédait une fenêtre garnie de verre cathédrale ne servant pas à grand-chose, tant elle était haut placée. Pourtant, à bien l'observer de la rue, on s'apercevait tout de suite qu'elle dominait d'environ trois ou quatre mètres le toit d'ardoise de l'immeuble voisin, qui en surplombait lui-même un autre, et celui-ci un troisième duquel on pouvait, sans trop de mal, accéder au jardinet d'un menuisier-ébéniste que mes parents connaissaient assez bien.

Un tel parcours nécessitait évidemment des talents d'ouvrier-couvreur que je n'étais pas tout à fait sûr de posséder. Mais je pensais que, nécessité ayant force de loi, j'arriverais quand même sain et sauf au bout de mon trajet, si ma liberté en dépendait.

Le plus difficile serait pourtant de sortir par la fenêtre de la salle de bains, et d'atteindre le premier toit situé, comme je l'ai dit, à trois ou quatre mètres plus bas. Par bonheur, mon père disposait de plusieurs lassos faits d'une corde capable de résister à la traction des plus vigoureux *mustangs* de l'Ouest américain. D'abord solidement attaché à l'espagnolette de la fenêtre par son nœud coulant, un de ces lassos me permettrait donc d'atteindre le premier toit à la pente assez douce pour qu'on y pût évoluer sans courir trop de risques. On me jetterait ensuite la corde à maîtriser les étalons du Montana, dont je pourrais avoir ultérieurement besoin. Puis, passant d'un toit à l'autre, j'atterrirais finalement chez le menuisier-ébéniste, peut-être un peu surpris de me voir ainsi descendre d'un appentis contigu à son atelier. Mais c'était un homme dans lequel je pouvais avoir toute confiance. Ne me resterait plus, dare-dare, qu'à gagner mon refuge et mon gîte chez la vieille infirmière.

L'opération n'était évidemment pas sans risque, mais qu'elle pût s'effectuer ainsi, palier par palier, semblait rassurer ma mère. Je vis cependant que cette sérénité n'était que très superficielle quand je lui proposai d'effectuer une répétition générale.

— Ah non ! s'écria-t-elle, je ne veux pas que tu risques de te rompre le cou tant qu'il n'y a pas péril en la demeure.

Nous accrochâmes néanmoins le lasso à l'espagnolette. Ainsi étions-nous parés pour un départ précipité. Envisageant néanmoins le cas où celui-ci devrait s'effectuer dans l'obscurité, j'avais également prévu une lampe de poche toujours à portée de la main.

Je n'ai jamais eu, grâce au ciel, à utiliser un tel itinéraire d'évasion. Mais que je n'eusse pas seulement accepté de le mettre au point pour faire plaisir à ma mère disait assez, je crois, quel poids d'angoisse et de menace commençait d'écraser notre vie quotidienne.

Durant quelques mois, j'avais correspondu avec Savanna, ma belle Antillaise de Grenoble. Elle se produisait maintenant dans un cabaret de Nice et répondait assez régulièrement à mes lettres. Une fois, pourtant, cette ponctualité me parut défaillante. J'en prévins aussitôt un ami qui habitait Cimiez, lui demandant d'aller à l'hôtel où logeait Savanna et de me dire ce qu'elle devenait. Il me répondit à mots couverts qu'elle avait été arrêtée, un matin, par les Allemands. Jamais plus elle ne réapparaîtrait au milieu des vivants.

Un soir, j'avais invité une jeune Eurasienne, dont je venais de faire la connaissance, à venir voir, avec moi, *Monsieur de Pourceaugnac* mis en scène et interprété par Dullin au théâtre de la Cité. Nous avions rendez-vous au guichet de contrôle. Je l'attendis longtemps et résolus, un quart d'heure après le commencement du spectacle, d'aller voir celui-ci sans elle. Tous les jours suivants, j'essayai vainement de la joindre par téléphone. Et puis, je l'oubliai. Je n'eus de ses nouvelles qu'en mai 1945. Elle rentrait de Ravensbrück où elle avait été internée pour faits de résistance. Je lui demandai à quand remontait son arrestation.

— Oh! c'est très simple, me dit-elle, on est venu me prendre juste le jour où nous devions aller au théâtre ensemble. Les Allemands sont arrivés chez moi quand je m'apprêtais à vous rejoindre.

Autour de nous aussi, dans les groupes de renseignement et d'action qui s'étaient formés pour préparer la radio que nous espérions donner à la France, commençaient à tomber les coups, c'est-à-dire les arrestations. Maurice Bourdet, le talentueux éditorialiste du Poste Parisien d'avant-guerre, en avait été l'une des premières victimes. Déporté en Allemagne, il y trouverait la mort dans la nuit et le brouillard. Le même jour que lui serait pris l'un de ses plus proches compagnons, Michel Robida[1], d'abord interné à Compiègne, puis incarcéré à Fresnes et qui échapperait de peu à la déportation. Combien d'autres encore, ingénieurs, techniciens, connaîtraient des sorts comparables! Ils avaient accepté tous les risques et le paieraient souvent au prix le plus élevé.

Un jour, bien imprudemment, je m'étais faufilé à la rédaction d'*Aujourd'hui* pour essayer de voir Robert Desnos à qui j'avais promis, une semaine plus tôt, de prêter un livre. Mais je devais apprendre à mi-voix, par un de ses camarades, que le poète aux yeux toujours souriants derrière ses épaisses lunettes venait

---

1. Romancier de talent, il obtiendrait le prix Fémina en 1946 avec *le Temps de la longue patience.*

d'être capturé par la Gestapo et qu'on était sans nouvelles de lui. Il travaillait avec nous au réseau Duvernois, mais je ne le savais pas. Il mourrait au camp de Terezin, en Tchécoslovaquie, peu de jours avant l'arrivée des Américains.

Quant à Pierre-Henri Teitgen, *alias* Tristan, commissaire général à l'Information — c'est-à-dire ministre de celle-ci pour les territoires occupés —, il serait lui-même arrêté le jour du débarquement. Il était le supérieur hiérarchique de Guignebert qui hériterait de son poste jusqu'à l'évasion et au retour de Tristan.

Peut-être parce que j'étais très jeune et mon rôle fort modeste, ne me sentais-je pas réellement exposé à de tels dangers. C'était un tort. Nous l'étions tous à des degrés divers. Et sans même que l'un des nôtres, arrêté, questionné, vînt à céder sous la torture — qui aurait pu jurer qu'il ne faiblirait pas? —, il suffisait d'un nom et d'une adresse trouvés dans un carnet dont le propriétaire n'aurait pu se débarrasser à temps.

Jean Guignebert ne cessait de nous donner des consignes de prudence. Dans l'exécution des missions qu'il nous confiait, cela allait de soi. Mais aussi dans la fréquence et le lieu de nos rendez-vous, comme à l'égard de ce que nous pouvions être amenés à transporter avec nous.

Un jour, pourtant, j'eus très peur. Je sortais, avec Pierre Crenesse, d'un appartement de la rue Saint-Honoré où nous avions rencontré un agent qui arrivait de Londres et devait transmettre des documents à Guignebert, mais sans le rencontrer lui-même. Nous étions allés prendre livraison du pli dont nous ne connaissions pas le contenu, mais qui n'eût certainement trompé aucun œil un tant soit peu averti. Et nous nous dirigions maintenant vers la station de métro Palais-Royal où nos chemins devaient se séparer pour emprunter deux directions différentes.

Après avoir traversé la rue de l'Échelle, nous étions sur le point d'arriver à l'hôtel du Louvre. Avions-nous oublié qu'il était réquisitionné par les Allemands? En tout cas, c'est presque au moment de l'atteindre, alors que nous venions de soudain regarder droit devant nous, que nous vîmes des hommes de la Feld-gendarmerie, portant sur la poitrine une sorte de bavoir métallique suspendu à une chaîne d'acier, qui arrêtaient la circulation des piétons et faisaient brutalement signe à ceux-ci de se rassembler, puis de ne plus bouger.

Je sentis Crenesse marquer brusquement un très léger temps d'arrêt. C'était lui qui avait les documents dans une serviette de cuir. Aucun des gendarmes allemands, déjà occupés à vérifier des papiers d'identité, ne regardait heureusement dans notre direction. Je compris aussitôt que nous avions peut-être deux secondes, pas davantage, pour changer d'itinéraire sans être vus et posséder ainsi une chance d'échapper au piège.

— Vous, Comédie-Française, me souffla Crenesse.

Déjà, lui-même avait obliqué vers la droite, en direction de la rue de Rivoli. Je fis alors un quart de tour à gauche et, veillant surtout bien à ne pas accélérer le pas, je traversai la place en direction du théâtre national. Nous étions saufs, mais avions eu chaud. Plutôt froid en ce qui me concernait.

Le lendemain, je retrouvai Crenesse.

— Vous avez pris des places au Français pour ce soir? me demanda-t-il en riant. Que verra-t-on, Corneille ou Courteline?

J'avais mon âge, mes responsabilités, mes devoirs. Mais je devais pourtant bien vivre.

Quand, l'après-midi, j'emmenais une amie chez Ledoyen à l'heure du thé, pour entendre Django Reinhardt et Hubert Rostaing jouer *Nuages*, il m'arrivait de presque oublier cette vie qui, justement, était la mienne, mes études, l'étrange combat que nous menions, et de soudain me croire au casino d'une ville d'eaux lointaine, incapable de dire auprès de quelle autre femme j'écouterais *Nuages* le lendemain. J'occupais toujours la même table, juste au pied de la petite estrade recouverte d'un velours mordoré où jouait l'orchestre. Entre Django et moi était née, assez vite, une sorte de complicité. J'avais composé une esquisse d'affiche pour lui, où son visage, qui s'y résumait à ses cheveux noirs comme du jais, à ses sourcils, ses yeux et sa fine moustache, s'inscrivait dans le cœur de sa guitare. Il avait bien aimé cette sorte d'évocation qui n'était pas un portrait mais où il eût été difficile de ne pas le reconnaître, et m'avait promis d'en dire un mot à son impresario. Enfin, c'était une promesse de Django. Nous n'en parlâmes plus jamais. Il était tout à fait sincère en me la faisant. Mais comment aurais-je pu lui en vouloir de ne pas la tenir? Autant lui demander de ne plus être Django. Il devait me suffire qu'il eût fait cette promesse, et aussi d'avoir l'insigne privilège de composer, chaque fois que j'allais l'écouter, une bonne moitié de son programme.

Mes muscles avaient aussi besoin de plus d'exercice que je ne leur en offrais.

Je m'étais donc ouvert au judo et me passionnais pour lui. Seul mon manque d'assiduité m'empêcha probablement d'arriver au moins jusqu'à la ceinture noire que me promettait le maître Kawasaki.

Aux Sciences po je continuais pourtant à boxer. Avec Michel d'Ornano et d'autres partenaires du même gabarit.

— Vous devriez vous inscrire au championnat de France universitaire, me dit un jour notre professeur. Cela vous amuserait certainement.

M'amuser à recevoir des coups distribués par des gens peut-être moins bien élevés que ceux qui me les donnaient à Sciences po?

Je m'inscrivis néanmoins, pour ne pas avoir l'air de me dérober.

Les combats avaient lieu au Sporting-Club de la rue du Faubourg-Poissonnière, La Mecque des jeunes boxeurs du dimanche, la plus grande entreprise de Paris dans la production des oreilles en choux-fleurs et des yeux au beurre noir.

Mon poids était alors de soixante-dix-neuf kilos. Je boxais chez les mi-lourds, catégorie assez peu fréquentée. Mes deux premiers combats en trois rounds se déroulèrent dans un climat d'extrême urbanité face à des étudiants de la faculté des Lettres. Sur le plan de la boxe pure, l'un et l'autre n'en savaient pas plus que moi, ce qui représentait un bagage assez mince. Mais comme je m'en aperçus tout de suite cela me donna confiance. Ayant tout de même un assez bon direct du gauche qui me permettait de marquer des points sans faire trop de mal à mon adversaire, je fus donc déclaré deux fois vainqueur, ce qui me qualifiait pour les demi-finales.

Quand j'arrivai pour disputer la mienne, je savais le nom de mon rival mais ne l'avais jamais vu. En tout cas, cela ne risquait pas d'être cette espèce de boule de muscles aux oreilles bouillonnantes et aux arcades sourcilières déjà couturées de cicatrices qui était en train de s'échauffer dans le vestiaire où l'on m'avait envoyé me mettre en tenue. D'abord, ce personnage avait environ une tête de moins que moi. Ce devait donc être un poids moyen. Ensuite, la tête en question n'était visiblement pas celle d'un universitaire, mais plutôt d'un de ces abonnés dominicaux du Sporting, amateurs de pêches et de châtaignes en gros et au détail.

Quelle erreur de jugement! D'abord la boule de muscles pesait 77 kilos, et appartenait donc bien à la même catégorie que moi. Ensuite, elle « étudiait » dans une école supérieure d'éducation physique ou quelque chose de ce genre. Et quand je la découvris, dans l'autre coin du ring, je venais tout juste d'apprendre que, le dimanche, on l'y voyait aussi. Avec, parfois même, un indéniable succès.

Je fus déclaré battu, au terme des trois rounds, pour manque de combativité. C'était peu dire. Mon seul souci avait été, en effet, d'un bout à l'autre du combat, non seulement de ne pas recevoir de coups mais, presque plus encore, de n'en point trop donner que je n'aurais pas été long à regretter sous le poids des représailles. Les deux supériorités que je possédais sur mon adversaire tenaient tout entières dans mon allonge du gauche et mon jeu de jambes. J'entends par là que, même à reculons, je courais encore beaucoup plus vite que la boule de muscles. Et quand elle menaçait de me rattraper afin de me coincer dans un angle du ring où, même si j'arrivais à protéger mon visage dans mes gants, mes côtes eussent été mises à rude épreuve, d'un pas de côté, je parvenais toujours à me dégager pour éviter le pire.

— Vous m'excuserez, dis-je à mon vainqueur en regagnant les vestiaires, mais la boxe et moi...

— J'ai vu, grogna-t-il. Que voulez-vous, chacun fait ce qu'il peut. Mais vous avez un bon direct du gauche. Dommage que vous ne suiviez pas.

Personnellement, j'aurais eu plutôt tendance à penser que c'était dans ce « non-suivi » qu'avait résidé le meilleur de mon combat.

Je n'ai gardé aucun souvenir personnel de l'unique visite faite à Paris par le maréchal Pétain alors que les Allemands occupaient la capitale. Je n'en ai gardé aucun souvenir pour l'excellente raison que je n'y ai pas assisté. D'abord en raison du fait que cette visite n'avait pas été annoncée publiquement et que seuls, j'imagine, quelques officiels français et allemands s'en trouvaient informés. Ensuite, parce que je pense que, de toute façon, je ne serais pas allé me mêler à la foule place de l'Hôtel-de-Ville.

Envers le maréchal Pétain, je crois pourtant n'avoir jamais nourri, à travers cette douloureuse époque, des sentiments violents. Attristés, certes. Exaspérés parfois. Mais jamais excessifs.

Quand il avait déclaré, en juin 1940 : « Je fais à la France le don de ma personne pour atténuer son malheur », je n'avais, tout d'abord, pas voulu dissocier complètement cette phrase de toutes celles qui accompagnaient alors mon désespoir et mon chagrin. Ensuite, la relisant, j'avais bien voulu croire à sa sincérité et même trouvé assez émouvant l'assemblage de ces mots chez un très vieil homme chargé de gloire. En revanche, d'autres élucubrations du chef de l'État français m'avaient, par la suite, semblé carrément séniles. Et l'adresse aux hommes de la LVF, porteurs de la livrée allemande, leur disant qu'ils détenaient « une part de notre honneur militaire » m'était non seulement apparue outrageante pour cet honneur, mais franchement insupportable à l'égard de ceux qui continuaient de se battre sous l'uniforme français et sur lesquels on ne faisait peser que le plus lourd des silences. Néanmoins, quand on me disait que le vainqueur de Verdun était devenu un traître, je ne pouvais évidemment le croire. Même lors de l'entrevue de Montoire où le vieux Maréchal n'avait pas été le premier chef d'un pays vaincu à rencontrer son vainqueur, songeant peut-être à ce qu'il en pourrait tirer pour tenter d'améliorer le sort de la patrie mutilée.

C'est le 26 avril que le Maréchal fit à Paris cette visite imprévue. Quatre mois, jour pour jour, avant que de Gaulle ne descendît à pied les Champs-Élysées ovationné par tout un peuple enfin libéré.

On a souvent rapproché les deux événements pour tenter de faire croire que les Parisiens, qui avaient clamé leur gratitude à de Gaulle, étaient à peu près les mêmes que ceux qu'on avait vus applaudir Pétain et chanter *Maréchal nous voilà* sur le parvis de l'Hôtel de Ville.

Pareille assertion ne résiste pas très longtemps à l'examen. En effet, comment soutenir sérieusement que les deux millions de Français du 26 août s'étaient déjà retrouvés sur le pavé de Paris pour célébrer Pétain ? Car les chiffres sont là. Aucun des rapports officiels émanant de la préfecture de police comme des administrations départementales ou municipales elles-mêmes ne mentionne plus de 10 000 personnes réunies le 16 avril sur l'ancienne place de Grève. C'est déjà beaucoup 10 000 personnes, en particulier lorsqu'elles sont rassemblées sur un petit hectare de macadam. Cela n'en fait pourtant pas deux millions. D'ailleurs, il n'est rien là d'étonnant. Car, je le répète, la visite du Maréchal à Paris était restée, jusqu'au bout, complètement ignorée des Parisiens. Son brusque motif avait été la célébration, à Notre-Dame, d'un service matinal pour honorer la mémoire des centaines de morts que venait de provoquer un nouveau bombardement. Quand la foule, rassemblée dans la cathédrale et presque uniquement composée de familles des victimes, avait vu entrer le Maréchal, il y a donc tout lieu de penser qu'elle en avait difficilement cru ses yeux. Dès la fin de l'office, une partie de cette foule, estimée à 3 500 personnes, s'était ainsi portée vers l'Hôtel de Ville où l'avaient rejointe plusieurs autres milliers de Parisiens du quartier n'ayant pas été longs à apprendre que le Maréchal était dans leurs murs. Mais ce fut seulement au début de l'après-midi que celui-ci parut au balcon de l'édifice communal, et que même les services les mieux disposés parlèrent seulement de dix mille personnes réunies pour l'acclamer.

Aux quelques paroles prononcées par le Maréchal, on comprit d'ailleurs très vite qu'il n'était pas au mieux de sa forme. Certes, il eut une phrase un peu provocante à l'égard des Allemands quand il dit : « J'espère que je pourrai revenir à Paris sans être obligé de prévenir mes gardiens. » Mais lorsqu'il ajouta : « J'ai trouvé Paris un peu changé, parce qu'il y a quatre mois *(sic)* que je n'y étais pas venu », on sentit bien qu'il y avait, dans l'esprit du vieux soldat, quelque chose d'évanoui à jamais.

La progression des troupes alliées en Italie avait longtemps marqué le pas, au début de ce printemps 1944. Si bien que la propagande allemande s'était même crue autorisée à tirer parti d'une telle situation pour couvrir nos murs d'affiches où l'on voyait un escargot poussif, dont une corne était porteuse de l'Union Jack et l'autre de la bannière étoilée, remonter péniblement la botte italienne afin de bien montrer le mal qu'éprouvaient les troupes alliées dès qu'il s'agissait, pour elles, de gagner quelques battitures de terrain. Et il est vrai que de terribles mais infructueux combats se livraient depuis février dans le secteur du mont Cassin, que l'abbaye était écrasée par des bombardements sacrilèges autant qu'inutiles, et que l'optimisme n'était pas de rigueur.

L'ennui, pour la propagande allemande, est qu'à peine ces affiches eurent-elles été collées dans nos rues et aux murs des stations de métro, se déclencha d'un seul coup, sur le front italien, l'offensive du 11 mai dont l'objectif était Rome et serait vite atteint.

Une fois de plus, le Corps expéditionnaire français qui avait maintenant fait le plein de ses divisions et de ses groupements de Tabors marocains, allait être à la pointe du combat.

Et le 4 juin, nous prendrions Rome avant d'y faire, le lendemain, défiler nos troupes à quelques pas de la voie des triomphes antiques. Dès lors, qu'ils apparaissaient donc vains et lointains ces hurlements du Duce au balcon du Palais de Venise, tels que je les avais entendus un jour d'avant-guerre à la radio! « *Per che Niza la bella?* », s'égosillait Mussolini. « *Per noi* », lui répondait la foule. « *Per che la Corsica?* » « *Per noi!* » « *Per che la Tunisia?* » « *Per noi!* » Et enfin, l'apothéose : « *Per che la mitraglia?* » « *Per le Francesi!* »

Quelle revanche!

— Dépêchons-nous, dit tout à coup mon père.

Notre gentil voisin du dessous venait de frapper trois coups à son plafond. C'était le signal convenu pour nous inciter à descendre sans traîner en route.

— Écoutez, fit-il, cela nous rembourse quand même un peu du coup de poignard dans le dos!

Ainsi avait-on appelé, le 10 juin 1940, la déclaration de guerre que l'Italie nous avait plantée entre les deux omoplates, alors que nous avions déjà plus d'un genou et demi en terre.

Mais là, dans la via del Corso, à la *Marche des Tirailleurs* succédait *Sambre-et-Meuse*.

Que nous étions heureux en ce soir du 5 juin 1944!

Puis vinrent les messages codés destinés aux résistants.

L'un d'eux attira mon attention plus particulièrement :

« Blessent mon cœur d'une langueur monotone... »

Quatre ou cinq jours plus tôt, ma jeune sensibilité verlainienne avait déjà noté :

« Les sanglots longs des violons de l'automne... »

Mais je ne pouvais évidemment deviner ce que cela signifiait.

Le 6 juin au matin, j'étais en train de piocher, comme un enragé, le cours de Renouvin sur la Chine qui figurait à mon programme de l'année, donc à celui de mes prochains examens, quand retentit la sonnerie du téléphone.

C'était justement un camarade de Sciences po qui m'appelait.

Il alla droit au cœur du sujet.

— Tu connais la nouvelle?

— Non.

— Ils ont débarqué.

Je poussai un cri de cow-boy au plus fort du rodéo.

Aussitôt mon père entra par une porte de la salle à manger où je travaillais, et ma mère par l'autre.

— Ils ont débarqué ! hurlai-je.

— Où cela ? firent ensemble mon père et ma mère.

J'interrogeai mon camarade.

— En Normandie, répondit-il. D'après la radio, entre Caen et Bayeux.

— Et qu'est-ce qu'elle dit d'autre, la radio ?

Il s'agissait de la radio allemande, bien entendu. Au mieux de Radio-Vichy.

— Elle dit que les premières vagues d'assaut ont eu des pertes terribles, que les survivants sont cloués sur place et ne peuvent bouger, que le commandement allemand a la situation bien en main. Enfin, tout ce qu'on dit en pareil cas jusqu'au moment où l'on ne peut plus rien dire.

Je raccrochai l'appareil et me jetai dans les bras de mes parents.

— Cette fois on les tient, dis-je.

Mon père fit alors, de la main, ce geste modérateur que je connaissais bien quand lui paraissait peut-être excessif ou prématuré l'un de mes enthousiasmes.

— Tout doux, tout doux. Ceux qui ont débarqué ont la mer derrière eux. Les Allemands ont presque toute l'Europe.

Radio-Paris disait à peu près ce que mon camarade venait de résumer. Oui, les Alliés avaient bien débarqué entre l'Orne et la Vire. Mais les pertes consenties par eux en hommes et matériel se révélaient déjà écrasantes. Risquait-on un nouveau « Dieppe » ? Selon Radio-Paris, c'était écrit d'avance.

A Londres, on ne niait pas les difficultés de l'opération et l'importance des premières pertes. Mais ce qui impressionnait, et en même temps inspirait fortement confiance, était la rigueur des informations, leur netteté, leur précision. Autant les Allemands pataugeaient dans les lieux communs, autant la BBC multipliait les données et les chiffres.

« Sur dix-sept kilomètres de côte, détaillait un speaker, tous les soixante-dix mètres se trouve un de nos bateaux, péniche de débarquement ou bâtiment léger tel qu'aviso ou vedette. Nous avons déjà abattu et coulé (ici venait un nombre impressionnant d'avions, de sous-marins, d'engins lance-torpilles). Pas un seul appareil allemand n'a encore pu franchir le rideau de nos chasseurs, etc. »

Une chose pourtant surprenait : le silence observé, jusqu'ici, par de Gaulle. Que se passait-il ? Dès le milieu de la matinée, le roi de Norvège, la reine des Pays-Bas, la grande-duchesse du Luxembourg, le Premier ministre de Belgique, tous présents à Londres, s'étaient successivement adressés à leurs peuples sur les ondes. Puis cela avait été au tour d'Eisenhower. Mais de Gaulle restait muet.

Nous ne l'entendrions qu'en fin d'après-midi et connaîtrions seulement beaucoup plus tard son désaccord formel avec le commandant en chef sur les consignes à donner au peuple français en vue des combats qui ne faisaient que s'engager. De Gaulle avait donc tenu à prendre ses distances, au lieu de parler juste après Eisenhower comme on le lui offrait. Car il eût alors été obligé, soit de cautionner les instructions aux Français du chef de guerre américain, ce qu'il ne voulait évidemment pas, soit d'en prendre le contre-pied, donnant ainsi l'impression d'ouvrir une première brèche dans le front uni des Alliés, ce qu'il ne souhaitait pas davantage.

Nous sûmes *in extremis* que de Gaulle parlerait à 17 h 30.

Mais quelles paroles ce furent !

Je crois que, jusqu'à ma mort, je pourrai de mémoire citer les premières d'entre elles.

« La Bataille suprême est engagée.

« Après tant de combats, de fureurs, de douleurs, voici venu le choc décisif, le choc tant espéré. Bien entendu, c'est la bataille de France et c'est la bataille de la France ! »

Bien entendu !

Comment aurait-il pu ne pas en être ainsi pour l'homme qui, depuis quatre ans moins douze jours, n'avait cessé de vivre avec le rêve de cette bataille au cœur, de cette bataille de France, un rêve qui avait été sa seule force et sa suprême raison de ne jamais rien céder à la force et aux raisons des autres, qu'ils fussent ennemis ou amis ?

Pourtant, après cet exorde sublime, que de mises au point et de mises en garde !

Le matin, Eisenhower avait dit aux Français :

« Pas de soulèvement. Ne vous énervez pas et restez en alerte. »

Le soir, de Gaulle leur lançait :

« Pour les fils de France, où qu'ils soient, le devoir simple et sacré est de combattre par tous les moyens dont ils disposent. »

Et quand Eisenhower confiait à nos compatriotes : « Je sais que je peux compter sur vous pour obéir aux ordres que je serai amené à promulguer », de Gaulle répondait : « La première condition du bon ordre dans la bataille est que les consignes données par le gouvernement français et par les chefs français qu'il a qualifiés pour le faire à l'échelon national et à l'échelon local soient exactement suivies ».

Ceux qui, sur les ondes de la BBC, commentèrent les nouvelles de ce jour le plus long se gardèrent bien de signaler ces divergences. Et ils n'eurent pas tort. Mais comme nous les sentîmes vite ! Et que nous avions raison !

Je crois avoir entendu les dernières informations qui nous parvinrent vers 22 heures :

« A la tombée du jour, cinq divisions américaines, trois divisions britanniques, deux divisions canadiennes ont pris pied sur le sol de France avec toutes leurs armes, leurs chars et leur artillerie. »

Quarante-huit heures après Rome !

Le lendemain, dans la rue, les gens avaient un autre visage. En rentrant de ses courses, ma mère nous raconta que plusieurs commerçants lui avaient dit, au moment d'être payés :

— Ah ! non, aujourd'hui c'est jour de fête. Laissez-moi donc faire la fête comme je l'entends ! Demain, il sera bien temps de revenir à nos vieilles habitudes.

Les titres des journaux allemands étaient embarrassés. Leurs commentaires plus encore.

Il y eut cependant quelques jours difficiles où même la radio anglaise ne dissimulait pas la précarité de la situation.

Et puis vint le 14 juin.

Le soir de ce jour-là, on nous annonça que de Gaulle avait pris pied sur la terre de France, qu'il avait parcouru à grandes enjambées les rues de Bayeux libérée presque intacte, qu'il y avait été reçu à la mairie et, d'une de ses fenêtres, s'était adressé à la population. Pour la première fois, je crois bien, nous l'entendîmes chanter *la Marseillaise*. Il ne la chantait peut-être pas très juste, mais qu'elle était donc poignante sa *Marseillaise* à lui ! Cela faisait un peu plus d'une semaine que le débarquement avait eu lieu. Oui, les premiers jours en avaient été difficiles, meurtriers. D'autres viendraient, à coup sûr, qui le seraient encore. Mais à présent, la partie semblait bien engagée. Le rôle des FFI du Centre et de l'Ouest de la France paralysant les chars allemands, le temps qu'il fallait, avec des bazookas rafistolés, n'y avait pas été pour rien.

J'éprouvais de plus en plus de mal à fixer mon attention sur la révision de mes cours. J'essayais d'imaginer les combats d'embuscade livrés, chaque jour, entre les levées de terre plantées d'arbres au feuillage tendre de ce bocage normand tout en douceurs champêtres et qui, néanmoins, se prêtait si parfaitement à ce genre d'exercice. Et je me demandais surtout ce qui pouvait bien se passer dans le crâne d'un GI[1] originaire de l'Ohio, s'accrochant au terrain conquis pour le défendre, jusqu'à la mort, contre un *feldgrau*[2] natif de Rhénanie, alors que ce brave GI de l'Ohio ne devait pas forcément se sentir, au fond de lui-même, à deux ou trois mètres carrés de Normandie près.

Qu'on se rassure, je ne vais pas raconter ici la ruée vers Cherbourg, la percée d'Avranches, les quinze divisions allemandes piégées dans la poche de Falaise, l'arrivée soudaine de la 2e DB du général Leclerc venant, au meilleur moment, renforcer la fulgurante armée Patton. D'excellents ouvrages analysent et décrivent ces chocs sans merci bien mieux que je ne saurais le faire. Et, d'ailleurs, tel n'est pas mon propos.

Quand je pense à ces mois de juin et de juillet 1944, alors qu'une des batailles décisives de la Deuxième Guerre mondiale était en train de se livrer à environ 250, puis 200, puis 150 kilomètres de nous, je n'arrive pourtant pas à me souvenir d'un grand changement dans notre existence ni d'un aspect très nouveau de la présence ennemie parmi nous. Les convois militaires entre l'est et l'ouest du pays évitaient généralement Paris. Bien sûr, il y avait tout ce que nous devinions, mais dont nous échappaient encore les atroces précisions. Il y avait ce qui se passait à Fresnes, à Compiègne, à Drancy, dans les gares de triage où se remplissaient, à un rythme jamais atteint, les trains de déportés promis à l'extermination. Bref, il y avait l'horreur et l'obsédante présence de tous ces proches fantômes. Néanmoins, il faut bien dire que demeuraient également, sur le visage de l'occupant tel que nous le croisions chaque jour dans

---

1. Initiales de « Government issue ». Difficile à traduire. Littéralement : celui qui relève du gouvernement en tant que simple soldat. Expression très employée durant la Seconde Guerre mondiale.
2. Surnom souvent donné au soldat allemand dont l'uniforme était taillé dans un drap *feldgrau*.

la rue, les signes d'une impavidité saisissante. Comme si rien d'alarmant ne se passait ailleurs, de nature à gêner les certitudes qu'on lui avait inoculées.

Nous-mêmes, il est vrai, tout en suivant avec plus d'attention que jamais, par la radio, le déroulement des opérations, n'étions-nous pas tenus de conserver à notre vie quotidienne ses gestes et ses rythmes habituels, ses naturelles angoisses, mais peut-être également ses chimères ?

Mes examens approchaient. Me sentant prêt à y faire honorablement face, je les voyais donc arriver sans véritable inquiétude. Je possédais bien mes sujets et j'avais acquis, à Sciences-po, des méthodes de travail incomparables à celles qui étaient les miennes jusque-là. Ainsi, comme j'en avais pris le goût l'année précédente, pouvais-je me permettre, sans courir trop de risques, d'aller à nouveau passer quelques journées de soleil à la piscine du Racing. J'y côtoyais maintenant un monde encore inconnu de moi, celui des artistes de cinéma. En effet, il y avait là Jean Marais, Georges Marchal, Jean-Paqui d'Orgeix, d'autres encore. Ainsi que des filles splendides comme Gaby Andreu, Gisèle Pascal, Sophie Desmarets, Nadine Alari. Je les découvrais pourtant non sans une certaine gaucherie, tant je me sentais loin de leur univers. Connus de tous, le grand public avait déjà consacré leurs noms et leur succès. La presse parlait d'eux. En d'autres termes, c'étaient des vedettes et moi je n'étais rien. Sans doute ne me le faisait-on jamais sentir. Mais moi je le sentais. Heureusement la vie arrangerait cela. Plus tard, ce seraient même d'Orgeix et Marchal qui m'initieraient à l'Afrique fauve et contribueraient à faire naître en moi cette passion pour elle qui ne saurait s'éteindre.

Un jour, en fin d'après-midi, j'avais retrouvé, au bord de la piscine, un journaliste d'origine russe, aux cheveux blonds, au teint rose et aux yeux bleus qui se nommait Youri Kozlinov. Bien qu'il vécût en France depuis sa plus tendre enfance, il n'avait jamais pu se débarrasser de son fort accent slave et roulait irrémédiablement les *r* comme au fond de son Ukraine natale, tout en oubliant avec obstination les articles définis et indéfinis de notre langue.

C'était un remarquable nageur et un très charmant compagnon, partageant volontiers ses nombreuses conquêtes féminines avec ses camarades moins favorisés.

Venant de terminer une dizaine de longueurs de bassin, il sortit de celui-ci, bondit vers moi tout ruisselant d'eau, et me lança :

— J'ai soif, trrès soif. Pourquoi ne pas se rrhabiller et aller boirre verrre ensemble?

L'idée me parut bonne. Un quart d'heure plus tard, j'attendais Youri en faisant les cent pas devant le bar du Racing.

Tout à coup sa voix rocailleuse retentit derrière moi.

Je me retournai.

Voyais-je mal ce que je voyais? Ou bien que se passait-il? En tout cas, pour l'instant, l'homme que j'avais devant moi était un jeune officier allemand, sanglé dans sa tunique vert-de-gris, les cuisses et les jambes bien prises dans une culotte de cheval et des bottes de cuir noir qui étincelaient au soleil couchant, coiffé d'une haute casquette ornée de cordelières argent pendant sur la visière.

— Eh bien, fit Youri en éclatant de rire, nous allons?

Je dus paraître à la fois sidéré, atterré, soudain étranger à moi-même.

— Excuse-moi, si vrraiment cela te gêne, fit-il.

Et je m'entendis répondre, comme si un ventriloque le faisait à ma place :

— Mais non, pas du tout, allons boire ce verre.

J'allais passer d'épouvantables instants à écouter Youri me raconter, en ne m'épargnant aucun détail, pourquoi il s'était engagé dans ce qu'on nommait alors l'armée Vlassov, levée par des Russes blancs, sous l'autorité allemande, pour aller combattre l'Armée rouge. Sans cesse je regardais autour de moi, craignant toujours de voir passer un ami dont le regard stupéfait croiserait le mien et qui, le lendemain, ne manquerait pas de m'interroger. Ou qui, plutôt, ne me dirait rien. Ce qui serait pire.

— Dans une semaine je parrs pourr le front de l'Est, me confia Youri quand nous nous séparâmes.

Je pensai, en moi-même, que je ne le reverrais jamais. Or je le revis. De surprenante façon. En septembre, dans un bar de la rue François Ier. Il est vrai qu'il avait changé d'uniforme et portait alors la tunique vert olive et le pantalon « pink » des officiers américains, avec les deux barres métalliques de capitaine fixées à chacune de ses pattes d'épaule.

Il m'ouvrit les bras.

— Cherr, cherr, quelle joie de te retrouver! Avoue que vie est extrraordinairre!

J'avouais. Au point où j'en étais, j'aurais avoué tout ce que l'on eût voulu me faire avouer, sur ce plan-là du moins.

Tout en « buvant verrre » j'appris donc, peu à peu, que j'aurais eu grand tort de me fier aux vilaines apparences et de croire naïvement « affrreuse histoirre arrmée Vlassov », alors que mon cher Youri n'y était que sur ordre, et qu'il faisait en réalité partie, depuis deux ans, des services secrets de l'armée américaine. Le lendemain, d'ailleurs, il irait rejoindre le front de celle-ci et ne le quitterait plus jusqu'à la future jonction avec les unités soviétiques où il jouerait, cela allait sans dire, un rôle de premier plan.

Mais ce n'est pas tout.

En juin 1945, à Paris, je venais de déjeuner avec un officier de l'Armée rouge, professeur de français dans le civil, et que j'avais connu durant la campagne d'Allemagne alors qu'il représentait la *Pravda* auprès de la 1re armée française. A la fin du repas il me dit :

— J'ai invité, pour le café, un de mes camarades d'origine russe mais naturalisé français, que j'ai connu à Berlin et avec lequel j'ai beaucoup sympathisé. Bien qu'évidemment il ne soit pas plus communiste que vous.

Cher Youri, que tu étais donc beau dans ta courte tunique d'officier soviétique, avec tes larges pattes d'épaules dorées qui rendaient encore plus athlétique ta forte carrure, avec cet ordre du Drapeau rouge brillant sur ta poitrine !

Les sentiments d'aversion que m'inspirait Philippe Henriot, l'éditorialiste fanatiquement proallemand de la radio dite « nationale », étaient à la mesure de son talent. C'est dire définitifs. Car, du talent il en avait, le diable ! Dans le style et le ton. Dans la phrase et la façon de la moduler.

Bref, cet homme était dangereux. Éminemment dangereux.

Quand, le 28 juin, j'appris que Philippe Henriot venait d'être « exécuté » à son domicile parisien par une équipe de résistants vêtus en miliciens, je ne dirai donc pas que cette mort me tira les larmes des yeux. Mais elle ne me parut pas davantage être l'opération qui s'imposait avec un tel individu. Quel « coup » cela eût été, en effet, si l'on avait pu enlever Philippe Henriot, l'installer à bord d'un Lysander[1] venu spécialement prendre

---

1. Appareil britannique pouvant décoller aussi bien que se poser sur un très court terrain et utilisé pour venir chercher ou déposer des agents ou personnalités en territoire occupé.

livraison de lui et diffuser, le soir même à la radio de Londres, les principaux extraits de son premier interrogatoire! Bien sûr, l'abattre d'une ou deux rafales de pistolet-mitrailleur était infiniment plus simple. Mais cela ne valait-il pas la peine, en pareille occasion, d'aller carrément au-devant des difficultés? Car même si l'adjectif n'avait pas encore vu le jour, Philippe Henriot était bien, hélas! un personnage médiatique au plus haut degré. Dès lors, pourquoi donc n'avoir pas monté, autour de lui, un vrai «coup» médiatique? N'existait-il pas quelque Skorzeny[1] bien de chez nous pour s'acquitter d'une pareille mission au mieux des intérêts nationaux?

Philippe Henriot eut droit, sous les voûtes de Notre-Dame, à des funérailles presque dignes d'un chef d'État. La presse et la radio le muèrent en une sorte de martyr national. Oui, était-ce vraiment bien cela qu'il fallait faire de lui?

Sans doute valait-il mieux, pour chacun d'entre nous, apprendre d'une seule traite que l'attentat du 20 juillet avait eu lieu et qu'il avait échoué, que Hitler en sortait peut-être diminué mais qu'il était vivant. Oui, mieux valait cela que d'avoir cru, un seul instant, le monde enfin délivré du Satan à l'araignée gorgée de sang[2], et que ce ne fût pas vrai.

Nous discutâmes longtemps, mes parents et moi, de ce qu'aurait pu nous apporter la mort du Führer. Hitler disparu, le nazisme anéanti, un renversement des alliances était-il encore possible? Aurions-nous pu terminer avec les Allemands et contre les Russes une guerre commencée contre les Allemands qui avaient alors les Russes avec eux? Il est à douter que la morale anglo-saxonne se fût prêtée à pareille volte-face. Et quels troubles civils n'eût-elle pas déclenchés en France où l'«Armée rouge clandestine» était loin d'avoir fait usage de tous les stocks d'armes, acquis au nom de la Résistance mais restés inemployés, et dont elle disposait dans ses arsenaux secrets!

Il n'empêche qu'en apprenant, peu à peu, quelles avaient été

1. Officier SS, d'origine autrichienne, spécialisé dans les opérations de commando à hauts risques dont la plus fameuse fut, le 12 septembre 1943, l'enlèvement et la libération de Mussolini détenu dans les Abruzzes, à 3 000 mètres d'altitude, par le nouveau gouvernement antifasciste.
2. Ainsi François Mauriac avait-il décrit la croix gammée hitlérienne.

la profondeur des racines et les véritables dimensions du complot organisé contre Hitler et le nazisme au sein de la Wehrmacht, il était sérieusement permis de se demander si nous ne venions pas de manquer là une chance inespérée pour l'Europe. Une chance qui nous eût peut-être fait gagner près de vingt ans, et permis de repousser pour bien plus d'années encore le péril soviétique dans les profondeurs de ses steppes. Après tout, qui devait commander les forces atlantiques du secteur Centre-Europe de 1957 à 1963, sinon le général Hans Speidel, ancien chef d'état-major du maréchal Rommel ? N'aurait-il donc pas mieux valu que pareil renversement s'amorçât plus tôt, et dans d'incomparables conditions pour le monde occidental ?

En région parisienne, on commençait à réquisitionner les jeunes pour veiller, la nuit, sur les dépôts d'alimentation que l'on prétendait menacés par les « terroristes ». Ainsi fus-je plusieurs fois convoqué au commissariat de police afin d'aller monter la garde en quelque triste rue située vers la porte de Vincennes, devant une sorte de hangar où se trouvaient, disait-on, les stocks d'un important magasin de conserves en tout genre. J'y retrouvais généralement un gentil clochard, toujours le même et qui lui, contrairement à moi, était payé pour cela. Eussions-nous été attaqués par des « terroristes » que je ne vois d'ailleurs pas très bien ce que nous aurions pu faire, sinon essayer d'exploiter la situation pour chaparder, au passage, quelques boîtes de petits pois.

Comme l'air était doux, je prenais exemple sur mon partenaire et m'allongeais à même le trottoir, contre le mur du hangar, m'efforçant de dormir tant bien que mal jusqu'au lever du jour. Une fois réveillé, et tout en attendant l'arrivée des employés du dépôt, je bavardais avec mon clochard. Il me racontait sa vie de façon pittoresque et, quelquefois, m'offrait même une tranche de saucisson accompagnée d'une lampée de vin rouge en guise de petit déjeuner.

Quand je n'étais pas requis pour veiller sur les provisions alimentaires de mes concitoyens vincennois, je passais le plus souvent mes nuits à Paris, au 37, rue de l'Université. La radio, toujours dite « nationale », y possédait un studio d'essai, entièrement aux mains de la Résistance, et dirigé par Pierre Schaeffer, polytechnicien, poète, un peu magicien je crois, et l'un des inventeurs de la musique concrète, cet équivalent sonore de la peinture abstraite.

C'est au studio d'essai que je fis mes premières armes devant un micro. On nous donnait alors un thème. En général, il s'agissait d'un événement public dont nous devions, à la fois, imaginer le déroulement et décrire celui-ci. Exercice qui n'était pas toujours simple. Ensuite, nous nous écoutions sur disques. A Grenoble, je m'étais déjà entendu à travers un haut-parleur, mais tout en chantant. Là, c'était différent. Et la voix que le disque me révélait n'avait pas grand-chose de commun avec celle que je croyais être la mienne. Mais, à ma grande surprise, nous étions tous dans le même cas, ce qui me rassurait. Pierre Crenesse faisait ensuite la critique de nos élucubrations, et nous prodiguait d'utiles conseils.

Dans un autre studio, des comédiens qui appartenaient à la Résistance enregistraient, sous la direction de Maurice Cazeneuve, des adaptations de nouvelles extraites du *Mur* de Jean-Paul Sartre. C'est d'ailleurs là que j'ai rencontré pour la première fois le futur « pape » de l'existentialisme. Car il ne manquait jamais d'assister à ces séances de travail qui semblaient le passionner. J'en ai conservé le souvenir d'un homme simple, modeste et aimant beaucoup rire. Il est vrai que, s'il était déjà Jean-Paul Sartre, il demeurait encore loin d'être devenu « Sartre » tout court.

C'est également au Studio d'Essai que je fis la connaissance d'Albert Olivier qui promenait, d'une pièce à l'autre, sa haute silhouette de héron lunaire. Et il prononçait parfois des paroles qui nous apparaissaient aussitôt comme les choses intelligentes que nous avions précisément besoin d'entendre pour conférer un sens encore plus sûr à notre engagement.

Courions-nous des risques ?

Évidemment, si nous avions été dénoncés par la concierge de l'immeuble, et qu'une équipe de la Gestapo fût venue nous rendre une visite inopinée, je ne vois pas très bien comment nous aurions pu expliquer notre présence, devant des micros, à une heure aussi tardive, même si nous n' « émettions » pas. Dès lors, nous aurions probablement été embarqués pour la rue des Saussaies, puis pour Fresnes, et ensuite...

Mais franchement, nous ne pensions guère à une telle issue. Et nous devions avoir raison puisqu'elle n'arriva pas.

Jean-Paul Sartre semblait donc entré dans sa période « Résistance ». On pouvait dire qu'il était temps. Jusque-là, faire représenter *les Mouches* au théâtre de la Cité (ex-théâtre Sarah-Bernhardt dont les Allemands avaient imposé qu'on le débaptisât, pour d'évidentes raisons) n'avait pas du tout paru le perturber. Pas davantage que d'être alors encensé par les critiques allemands de la *Pariser Zeitung* et de *Signal*.

Mais enfin, Sartre était maintenant du bon côté. Aussi, pour tardive qu'y fût son arrivée, nous nous en félicitions.

Un jour, il me dit :

— Ma pièce, *Huis clos*, se joue au Vieux-Colombier. Si vous avez envie de la voir, prévenez-moi. Je vous ferai donner deux places. J'espère que vous ne vous ennuierez pas. Et puis, cela fera toujours deux spectateurs de plus dans la salle.

Il est vrai que les théâtres, qui n'avaient pas désempli durant toute l'occupation, commençaient à vivre des soirs difficiles.

Pour lutter contre les coupures de courant qui ne leur facilitaient pas la vie, certains avaient réussi à ouvrir leur toit comme on ôte le couvercle d'une boîte de conserve et à donner, en fin d'après-midi, ce qu'on appelait des représentations à la lumière du jour. Ainsi faisait le Moulin-Rouge où l'on consacrait Édith Piaf et découvrait Yves Montand. Ainsi procédait également le théâtre Hébertot où mon ami Georges Marchal campait un merveilleux Néron dans une pièce qui n'en méritait pas tant. Quant aux autres salles qui ne pouvaient effectuer les travaux nécessaires, elles en étaient réduites à jouer « relâche » tous les jours.

Le Vieux-Colombier, lui, était le privilégié des privilégiés. Disposant, en effet, d'un groupe électrogène qui fonctionnait au charbon de bois, il s'offrait le luxe de présenter régulièrement son spectacle à des heures et dans des conditions normales. Mais d'où venait ce charbon de bois ? Certes, on croyait savoir que le propriétaire du théâtre en produisait des tonnes qu'il vendait à l'armée allemande. Avait-il, néanmoins, obtenu d'en conserver une part pour son théâtre ? On ne connut jamais très bien le fin mot de l'affaire.

Cela dit, *Huis clos* m'enthousiasma. J'y découvrais un théâtre absolument nouveau pour moi, à la mécanique rigoureuse, presque mathématique, fondée sur l'impossibilité de deux êtres à nouer de véritables relations que ne vienne immédiatement détruire l'intervention des autres, c'est-à-dire de l'enfer selon saint Sartre.

Et puis il y avait, dans cette pièce, la présence de Gaby Silvia que j'avais déjà vue à l'écran, mais que je découvrais sur scène où elle incarnait, pour moi, Vénus et le diable en même temps. Je dus revoir *Huis clos* cinq ou six fois. Pour la pièce d'abord, mais très vite pour Gaby Sylvia, pour sa chevelure d'acajou, pour son teint de Saxe, pour ses yeux d'aigue-marine, pour sa silhouette de sirène. Qu'aurais-je donné contre un seul mot d'elle qui me fût adressé ? Chaque fois, je me jurais d'aller quêter ce mot dans sa loge, après le spectacle. Chaque fois je m'enfuyais dès le rideau baissé.

Quelques semaines plus tard, durant les combats de l'insurrection, le hasard ferait pourtant se croiser nos deux chemins. Brèves rencontres. Mais à cette époque où les Allemands avaient transformé le Palais-Bourbon en une forteresse d'où ils tiraient sur tout ce qui bougeait à la ronde, je me demande si l'on vit beaucoup de jeunes hommes traverser en rampant le boulevard Saint-Germain pour aller, dans un salon de thé dont on pouvait légitimement s'étonner qu'il fût resté ouvert, quérir des *buns* et des *muffins* destinés à la jeune femme dont ils se croyaient épris. Eh bien, moi je le fis pour Gaby Sylvia qui me l'avait demandé, sans doute comme on lance une plaisanterie, mais à qui je voulus montrer que rien de ce qui venait d'elle ne me semblait devoir être pris autrement qu'au sérieux.

Ce fut d'ailleurs tout ce qu'elle me demanda. Et tout ce qu'elle m'accorda. Sinon, après la Libération, de l'emmener, un jour, promener au bois en fiacre. Quelle grâce elle avait pour éloigner sa main quand j'approchais la mienne !

Échec total ? Mais non. Rien qu'à écrire ces lignes je viens de m'offrir de tels instants de nostalgique bonheur à revoir, telle qu'elle était alors, l'ensorcelante héroïne de *Huis clos*, que je ne saurais plus rien regretter de ce qu'elle ne me donna jamais.

Ce mois d'août 1944 ressemblait de plus en plus à une charge de cavalerie. La radio annonçait que Le Mans, Alençon, et même Chartres étaient libérés. Bien sûr, c'était avec une infinie prudence qu'il fallait toujours accueillir ces nouvelles. Pourtant, même lancées avec un peu d'avance, il était bien rare qu'elles ne fussent pas rapidement confirmées.

Un soir, mon père rentra de Paris et nous dit :

— Je viens de voir quelque chose d'étonnant et, en même temps, d'irrésistible. Vous connaissez, place Vendôme, la haute vitrine de ce tailleur de luxe qui, depuis quatre ans, a toujours exposé de grandes tenues militaires allemandes, entourées de décorations et de sabres d'apparat?

— Oui.

— Eh bien, aujourd'hui, plus rien de tout cela. Plus une tunique, plus une paire de bottes, plus un sabre, plus une croix de fer avec diamants. Rien que des valises. De somptueuses valises. Mais rien que des valises.

Le 15 août fut jour de fête à la maison.

Deux nouvelles armées alliées avaient débarqué en Provence. Et l'une d'elles était française. A sa tête se trouvait le général de Lattre de Tassigny.

Quelle revanche pour les défenseurs de Rethel, pour tous les héros de la 14e DI.

— Chambertin! s'écria mon père avec un léger frémissement au coin des lèvres et dans la voix.

VIII

A Vincennes, depuis plusieurs jours, les riverains de l'avenue de Paris profitaient quotidiennement, gracieusement, généreusement et jusqu'à la nuit tombée d'un spectacle qui les enchantait. Par l'ancienne voie des grandes invasions en provenance de l'Est, ils regardaient enfin s'éloigner vers ce point cardinal historique le long et poussiéreux cortège de l'armée allemande vaincue.

Camions bringuebalants, camionnettes épuisées, fourgons, bétaillères, chars à bancs tirés par des chevaux poussifs : il y avait là tellement de véhicules en tout genre, surchargés d'hommes et de bardas, qu'on s'attendait sans cesse à voir soudain paraître quelque charrette à bras venant subitement jouer le rôle du raton-laveur de Prévert dans ce dérisoire inventaire de la défaite du Grand Reich.

Le ciel était d'un bleu imperturbable, d'un bleu de juin 40, et l'air d'une exquise douceur. Par instants, on croyait respirer les parfums de pétales et de folioles qui s'exhalaient du bois tout proche. Les habitants des rez-de-chaussée avaient même installé des chaises le long du trottoir et parfois posé un litre de vin à côté d'eux. Les autres, à leurs fenêtres, s'interpellaient de l'une à l'autre.

Certes, ce n'était pas la fine fleur de la Wehrmacht qui défilait sous nos yeux. Plutôt ce qu'on appelait, chez nous, les « territoriaux », les auxiliaires, les récupérés des classes 14 et 15 dont le cheveu grisonnait souvent au-dessus du col en drap vert de leurs vareuses râpées.

Mais enfin, jeunes ou vieux, c'étaient toujours des Boches qui déguerpissaient.

Pour un peu, on les aurait applaudis.

Mon père disait :

— Je trouve tout de même qu'ils sont assez bons zigs de s'éclipser comme ça, sans rien dire, devant ce populo goguenard qui tremblait devant eux il y a encore deux semaines.

Le samedi 19 août, ma mère rentra de ses courses plus tôt que d'ordinaire. De ma chambre, je l'entendis se précipiter dans l'atelier où travaillait mon père, et s'écrier :

— Il y a un drapeau tricolore qui flotte sur le commissariat de police. Il paraît que les agents parisiens ont décidé de faire la grève et qu'ils occupent la Préfecture. J'ai même vu une dame qui rentrait de Paris. Elle m'a dit que, dans certains quartiers, on dresse déjà des barricades.

Je fis alors irruption, et dis simplement, sur le ton d'un mauvais acteur voulant faire dans la sobriété :

— Tiens, je croyais pourtant que cela ne commencerait que demain ou même lundi.

— Qu'est-ce qui commencerait ?

— L'insurrection, bien sûr ! répondis-je toujours sur le même registre.

Ma mère sursauta.

— Quoi, tu étais au courant ?

— Naturellement.

— Et tu ne nous en as pas dit un mot !

Cette fois, j'éclatai de rire.

— Et le secret militaire, qu'est-ce que tu en fais ?

Question qui ne parut pas du tout préoccuper ma mère. Elle reprit :

— Même à ton père, tu n'en as pas parlé ?

— Même à mon père.

Celui-ci ne disait rien mais, tout en continuant à passer une teinte, avait l'air de beaucoup s'amuser.

Je repris la parole.

— Écoutez, je voulais vous mettre au courant pendant le déjeuner, mais les choses ont l'air de se précipiter. Alors voilà. Nous sommes donc tous convoqués pour seize heures au Studio d'Essai. En principe, nous n'émettrons pas aujourd'hui, mais les techniciens feront des tests. Et demain, si tout va bien...

C'est en début d'après-midi que les choses commencèrent à se gâter. Un bruit sourd et régulier, tout à coup, se fit entendre sous nos fenêtres pareil à celui de plusieurs moteurs très puissants. Nous allâmes voir ce qui se passait, et reculâmes aussitôt en fermant les persiennes avec précipitation. Trois chars allemands, je crois que c'étaient des *Panthers*, patrouil-

181

laient au milieu d'une avenue de Paris déserte. Soudain, une rafale d'arme automatique se mit à crépiter, immédiatement suivie d'un coup de canon qui fit trembler les murs.

Nous nous étions repliés rapidement dans l'atelier qui était la pièce la plus éloignée de la rue, donc celle où nous croyions nous sentir le mieux protégés.

— En tout cas, il n'est pas question que tu partes d'ici tant que les chars continueront à marauder dans le secteur, dit mon père.

Je ne fis aucune objection. Moi non plus, pour tout dire, je ne me voyais guère prendre à bicyclette la direction de Paris, même par un itinéraire détourné, tant que la situation demeurerait ce qu'elle était.

La sonnerie du téléphone retentit. C'était un appel de Raymond Marcillac. Je le mis tout de suite au courant de ce qui se passait à Vincennes.

— Je vais en parler à Marc, me dit-il.

Cinq minutes plus tard, il me rappelait.

— Marc dit que tu ne fasses pas le zouave et ne mettes pas le nez dehors pour l'instant. Mais débrouille-toi pour nous rejoindre demain matin, aussitôt que le couvre-feu sera levé.

La première partie de cette réponse ne pouvait évidemment qu'enchanter ma mère.

Au bout d'une heure, les chars s'éloignaient d'ailleurs en direction de la porte de Vincennes. Mais les trottoirs et la chaussée demeuraient déserts.

Je passai une partie de la soirée à étudier, sur un plan de Paris, le parcours évitant au mieux les grands axes et le plus susceptible de m'amener à franchir discrètement la Seine pour gagner la rue du Bac, puis celle de l'Université.

En quittant l'appartement, je paradais un peu. Tous trois nous paradions, d'ailleurs, chacun à sa manière et en se gardant bien de laisser voir ce qu'il y avait au fond de son cœur.

Oh! n'exagérons rien, je ne partais pas pour la guerre comme j'avais vu partir mon père près de cinq ans plus tôt. Mais enfin, lequel d'entre nous aurait pu dire de quelle façon allait tourner ce qui ne faisait que commencer? Lequel d'entre nous aurait pu ne pas songer à Varsovie où l'insurrection avait été écrasée par les Allemands sous un déluge de sang et des monceaux de cendres? Et puis, n'importe comment, c'était mon premier départ vers l'inconnu, mon premier saut dans l'âge adulte. Je savais que mes parents, eux aussi, eux surtout, ne songeaient qu'à cela. Et dire que pour faire le malin, tout à l'heure, ou pour ne pas éclater en sanglots en me serrant contre eux, je ne les avais presque pas embrassés. Ce qui n'était pourtant pas dans mes habitudes. Imaginant la peine que je leur avais peut-être faite en voulant me montrer, à leur égard, l'homme que j'étais encore très loin d'être, que je m'en voulais !

J'avais cependant soigné mon itinéraire. Mais quand, par la rue des Arts-et-Métiers, je débouchai sur la place des Vosges, il me fallut bien me rendre à l'évidence : je n'y serais pas tout à fait seul. En effet, j'allais devoir croiser, en prenant l'air le plus dégagé possible, une longue colonne de blindés allemands qui arrivait en sens inverse.

Avec ma petite valise en carton fixée par des sandows sur mon porte-bagages en duralumin, je devais avoir bonne mine, ce dimanche 20 août, à une heure aussi peu chrétienne. Et rien que pour voir ce que je trimbalais avec moi, en roulant vers les quartiers où l'insurrection était déjà plus ou moins commencée, il aurait pu surgir à l'esprit du premier Fridolin venu de me faire mettre pied à terre et ouvrir ma mallette. Naturellement, il n'y avait rien à l'intérieur de celle-ci que du linge et des objets de toilette. Mais un mot peut toujours en amener un autre. Surtout lorsqu'on ne parle pas la même langue.

Heureusement, cela n'arriva pas. Si bien qu'une fois débarrassé de ma colonne blindée, je poursuivis donc ma route à une vitesse qui n'atteignait certainement pas celle de Sylvère Maës, vainqueur du dernier Tour de France, mais n'était pas non plus tout à fait ridicule. Et quand j'arrivai à la hauteur des Halles, quelle émotion ce fut de découvrir les premiers FFI, brassard tricolore au biceps, revolver d'ordonnance modèle 92 ou pistolet 6,35 au poing ! Oh ! ce n'étaient encore que des poubelles qui formaient les barricades autour desquelles se rameutaient les fiers-à-bras du quartier. Mais celles-ci vous avaient déjà un petit air 1848 au temps où Gavroche tombait par terre, le nez dans le ruisseau, et trouvait aussitôt la rime avec le précieux concours du père Hugo lui-même.

Le passage le plus délicat de mon trajet fut certainement la traversée de la cour du Louvre puis de la Seine par le pont du Carrousel. Car plusieurs unités allemandes campaient dans le jardin des Tuileries, et une ou deux mitrailleuses ennemies, probablement en batterie sur le pont de la Concorde, expédiaient régulièrement des giclées de balles au-dessus du fleuve. Peut-être étaient-elles trop hautes pour toucher un cycliste qui baissait la tête, croyant ainsi avoir l'air d'un coureur. Mais elles n'en étaient pas moins impressionnantes quand elles passaient derrière vous en sifflant, et qu'on entendait ce genre de stridulation pour la première fois de sa vie.

Je n'avais jamais été très attentif au bâtiment qui abritait le Studio d'Essai lui-même quand, après y avoir passé la nuit à exécuter divers travaux d'apprentissage, je n'éprouvais d'autre hâte que celle de prendre le métro et de rentrer chez moi pour y dormir jusqu'à midi.

Mais, à l'examiner de près, c'était un joli petit hôtel XVIIIᵉ de trois étages, situé au-delà d'une cour pavée, et donnant, côté jardin, sur un espace ombragé pouvant être exquis à l'heure de la sieste.

Dès mon arrivée, j'essayai de joindre mes parents par téléphone. Car aussi curieux que cela puisse paraître, vu de loin, jamais le réseau téléphonique parisien ne cessa de fonctionner d'un bout à l'autre de l'insurrection. Ce qui sauva d'ailleurs bien des vies humaines grâce à quelques marchés du genre : « Si vous fusillez dix des nôtres qui sont vos prisonniers, comme il paraît que vous en avez l'intention, vingt des vôtres auront immédiatement droit aux douze balles réglementaires. » Menace qui avait généralement pour effet de ramener les esprits échauffés à plus de modération.

J'appelai donc mon père et ma mère afin de leur présenter mes excuses pour ce départ expéditif, leur dire que mon trajet s'était déroulé sans incident, qu'ici tout était calme, et qu'ils n'avaient donc aucun souci à se faire. J'eus l'impression qu'ils me croyaient presque.

Dire que le calme régnait rue de l'Université n'était d'ailleurs en rien contraire à la vérité. J'ajouterai même que ce calme, ou plutôt ce vide, ne manquait pas d'être assez inquiétant. Aurions-nous pu voir une section de gendarmes ou même une douzaine de FFI allant et venant dans la cour pavée, et entendre parfois quelques cliquetis d'armes que nous nous serions probablement sentis un peu plus protégés. Ce qui n'eût d'ailleurs pas été difficile puisque nous ne l'étions pas du tout. N'importe qui pouvait donc entrer chez nous comme dans un véritable moulin. Y compris, bien entendu, une compagnie de la Wehrmacht.

Crénesse, Marcillac, Peyre, Van Lee venaient d'arriver. D'autres journalistes, que nous ne connaissions pas encore, mais qui étaient déjà des vétérans de la profession, avaient passé la nuit là : Yves Grosrichard, Marc Mussier, Martial Grosjean, etc. Les rapports entre nous s'établirent facilement. Il est vrai qu'on ne parlait pas encore du conflit des générations. J'avais été chargé par Grosrichard de découper les dépêches que la toute nouvelle Agence France Presse, qui fonctionnait depuis le matin, nous envoyait par cycliste, d'éliminer celles qui n'avaient guère d'intérêt et de constituer des dossiers avec les autres.

Pourtant, l'absence de Guignebert nous inquiétait un peu. Certes, nous en connaissions les raisons puisque Marc, je l'ai dit, exerçait maintenant de nouvelles responsabilités dues à l'arrestation de Tristan, *alias* Pierre-Henri Teitgen, commissaire général à l'Information pour les territoires occupés. Ainsi Guignebert avait-il, désormais, rang virtuel de ministre. Mais, depuis qu'on nous avait partiellement enlevé notre chef (on dirait aujourd'hui notre « chef historique ») nous éprouvions la désagréable impression d'avoir perdu un bras et un tiers du cerveau.

— Quand allons-nous commencer d'émettre? demandai-je à Crénesse qui venait d'entrer dans la pièce où je travaillais.

— Marc nous le dira, répondit Crénesse avec un sourire évasif.

Hélas! Marc était ailleurs à s'occuper, notamment, de l'imminente parution au grand jour des journaux de la Résistance.

Quant aux nouvelles en provenance de l'île de la Cité, elles n'étaient pas bonnes. Elles étaient même franchement mauvaises. A plusieurs reprises des chars allemands avaient tiré sur la Préfecture, faisant des morts et des blessés.

J'entendis, par hasard, Mussier qui demandait à Grosrichard :

— A propos, l'insurrection, tu sais qui la commande?

— Non. Et toi?

— Pas davantage.

Un tel échange de propos n'incitait évidemment pas un innocent de mon âge à poser d'autres questions plus indiscrètes encore aux grandes personnes.

L'atmosphère commençait à devenir carrément surréaliste. Dehors, il semblait qu'elle le fût bien davantage.

En fin d'après-midi, nous apprîmes qu'une trêve avait été conclue entre le commandement allemand et des représentants de la Résistance. Des automobiles, munies de haut-parleurs, devaient sillonner Paris pour le faire savoir. A bord se trouveraient un militaire allemand en uniforme et un FFI porteur de son brassard tricolore. Il faut dire que pareille trêve était de celles où chacun pouvait trouver son compte. Les Résistants pour reprendre souffle, essayer d'accorder leurs violons, se ravitailler en armes et en munitions. Les Allemands afin d'opérer des mouvements de regroupement sans être harcelés, en cours de route, par des tireurs de toutes sortes.

— Si vous sortez dans la rue, me dit Crénesse, mettez votre brassard. Au cas où vous tomberiez sur une patrouille allemande, sans brassard FFI, vous risqueriez gros.

On en était là.

Pourtant, quand nous apprîmes, vers vingt heures, que Cérat (Alexandre Parodi), représentant personnel du général de Gaulle dans les territoires occupés, venait d'être arrêté avec deux de ses collaborateurs et se trouvait chez von Choltitz, nous crûmes bien que tout allait basculer. Néanmoins, là encore, la trêve joua son rôle et Parodi fut remis en liberté.

— Alors Marc, cette fois on démarre ?

Guignebert venait enfin d'arriver. Il avait fait irruption dans la pièce où nous étions réunis, exactement comme un taureau sortant du toril et entrant dans l'arène. Il avait le visage congestionné, des manches de chemise retroussées sur ses bras de forgeron, une pipe de boucanier serrée entre des dents blanchies à la nicotine.

— Oui, on démarre. Enfin, on s'installe sur l'antenne. A vingt-deux heures. Juste la *Marseillaise*, une annonce et de la musique militaire toute la nuit. Mais l'annonce, les enfants, rien que l'annonce voudra déjà dire tout ce que nous avons là.

Et avec l'index de sa main droite il montra son cœur.

— C'est vous qui la ferez ? demanda quelqu'un.

— Non, ce sera Crénesse. Il le mérite plus que moi. Notamment pour en avoir bavé dans les taules espagnoles.

Depuis le milieu de l'après-midi, nous savions que tout était prêt, que chaque liaison avec les émetteurs encore clandestins avait été vérifiée, que les essais de modulation étaient satisfaisants.

Un peu avant vingt-deux heures, Crénesse entra donc dans le studio. Très pâle. Il prit place devant le micro qu'on lui avait désigné.

Nous étions si nombreux, agglutinés dans la cabine technique, qu'on aurait dit, soudain, celle des Marx Brothers.

A l'heure précise, la voix de Guignebert retentit, s'adressant aux techniciens :

— Vous y êtes les gars ? Allez, *Marseillaise !*

Les premières mesures de l'hymne national rompirent alors le silence qui, soudain, s'était abattu sur nous. La première *Marseillaise* qu'on ait entendue s'envoler d'un studio de radio parisien depuis le 13 juin 1940.

Dire que nous avions les larmes qui montaient à nos yeux serait une bien pauvre façon d'exprimer les choses. Nous sanglotions tous, oui, voilà ce que nous faisions !

L'hymne s'acheva. Un geste de Guignebert à Crénesse. Et la voix de celui-ci, non pas cette belle voix de bronze qu'enviaient tellement d'entre nous, mais une voix sourde, rayée, cassée et qui tremblait d'émotion s'éleva :

— Ici Radio diffusion de la Nation française !

Ce soir, il n'y aurait pas un mot de plus.

Mais pour arriver à ce que, de Paris, fussent articulés ceux-là, qu'il en avait fallu des morts !

J'avais dormi dans un petit hôtel de la rue du Bac, devant lequel je ne passe jamais sans émotion. Une gentille opératrice du Studio d'Essai avait bien voulu m'y tenir compagnie.

— T'as pas de réveil, m'avait-elle dit, et moi je suis un véritable réveille-matin automatique. Dis-moi à quelle heure tu veux être debout et je m'en occupe.

Ce qu'elle avait fait de charmante façon.

Dès que j'arrivai au Studio d'Essai, Yves Grosrichard me dit :

— C'est vous qui rédigerez le bulletin d'informations de huit heures. Et, tout de suite après, vous irez faire un tour vers le boulevard Saint-Germain et la rue Saint-Jacques. Il paraît qu'il y a des barricades assez sérieuses dans ce coin-là. S'il se passe quelque chose d'important et que vous trouvez un téléphone, vous pourrez toujours nous appeler.

J'aurais bien aimé lire moi-même, au micro, le premier bulletin d'informations que j'avais composé, et qui m'avait valu, d'Yves Grosrichard, des compliments ne paraissant pas feints. Mais tel n'était pas l'usage à la radio de l'époque. Et s'il appartenait bien aux journalistes d'écrire les bulletins, il revenait exclusivement d'en donner lecture à ceux qu'on nommait alors les « speakers ». Les nôtres étaient deux comédiens à la carrière un peu bousculée par la guerre : Pierre Asso et Robert Dalban. L'un et l'autre, dans des genres tout à fait différents, nourriraient vite à mon égard des idées absolument fixes. Pierre Asso voudrait, à tout prix, me convaincre d'entrer au parti communiste. Quant à Dalban, il s'était mis en tête de me faire découvrir les bordels qu'il désignait lui-même comme étant les « plus sordides » de Paris, et où il jurait qu'on n'avait rien à lui refuser.

Longtemps après, quand Pierre Asso ne me parlait plus de ses vains efforts pour m'attirer au parti communiste, il arrivait encore à Dalban de me dire :

— T'étais un môme trop pudique. T'as manqué des choses qu'on ne verra jamais plus. Même moi, je ne les verrai plus.

Jusqu'à la mort de l'un et de l'autre, j'ai toujours conservé à chacun d'eux une infinie tendresse.

En attendant, c'était Yves Grosrichard qui revenait à l'assaut pour m'envoyer aux barricades, comme s'il s'était agi de faire basculer le trône de Louis-Philippe.

La veille, je n'avais pratiquement rien vu de ce Paris insurgé que nous avions attendu quatre ans. Là, tout à coup, j'allais le découvrir sans rien avoir d'autre à faire que de regarder son peuple surgir de ses pavés. Car de la trêve nul ne parlait déjà plus. Comme si les souffles d'une seule nuit avaient suffi à en dissiper les ambiguïtés. Et, là encore, Hugo chantait en moi à pleins poumons.

Je parvins, sans trop de difficultés, à la barricade qui avait été dressée rue Saint-Jacques, juste à l'angle du boulevard Saint-Germain, face à celui-ci et à la rue des Écoles.

On m'emmena vers un civil que tout le monde appelait le « commandant ». Il avait une bonne tête de petit commerçant du quartier, quatre bouts de ficelle dorés cousus sur son brassard tricolore et un vieux revolver d'ordonnance passé à la ceinture.

Il mit ses lunettes pour déchiffrer mon ordre de mission à en-tête de la Radio diffusion de la Nation française. Et tout de suite il me tendit la main.

— Vous êtes ici chez vous, me dit-il.

Ce qui fut strictement vrai. Car dès cet instant et jusqu'à la fin de l'insurrection, chaque fois qu'il m'arriva de rendre visite à ceux de la « barricade Saint-Jacques », je peux dire que je m'y sentis exactement chez moi.

Alors, qui étaient-ils ces insurgés ? Des gens de l'arrondissement, et d'abord de la rue Saint-Jacques sous les fenêtres desquels se « faisait » maintenant l'Histoire. Des gens de tous les âges et de tous les milieux auxquels on avait simplement demandé, comme un service, d'élever cet obstacle aux chars allemands sur un itinéraire menant directement à la Préfecture. Et des gens qui avaient fait cela en quelques heures, avec des pavés, des meubles, des poubelles, des bennes, des caisses, de vieux rails de tramway et même des voitures abandonnées ou ne roulant plus faute d'essence, tout heureux d'avoir enfin l'occasion de s'expliquer avec les Boches autrement qu'à coups de regards à la traîne, quand ils les croisaient dans la rue.

Évidemment, si l'ennemi avait voulu... Mais comme il surestimait certainement le nombre et la qualité des armes antichars dont disposaient tous ces braves Parisiens, il préférait le recours à la prudence. Et sans doute avait-il raison.

A peu près toutes les demi-heures, deux blindés allemands descendaient et remontaient pourtant le boulevard Saint-Germain entre le Palais-Bourbon et la Halle-aux-Vins. Il leur arrivait même de tirer quelques coups de canons droit devant eux, davantage pour faire peur, je crois, que pour atteindre un objectif précis. N'importe comment, dès que nous les entendions approcher, nous disparaissions comme des souris, soit dans les immeubles avoisinants, soit dans un vaste bâtiment scolaire situé à l'angle de la rue Saint-Jacques et du boulevard Saint-Germain où nous disposions de toutes les retraites et issues de secours possibles et imaginables. Et nous attendions que les chars se fussent éloignés en laissant sur l'asphalte brûlant et ramolli du mois d'août l'empreinte grasse de leurs chenilles.

Pour ma première matinée à la barricade Saint-Jacques, j'eus la chance d'être témoin d'un spectacle que je n'aurais pas osé imaginer.

Soudain, nous vîmes déboucher de la rue des Écoles et se diriger lentement vers nous un véhicule allemand complètement découvert. Sans doute avait-il appartenu à *l'Afrika Korps*, puisque sa carrosserie était toujours peinte d'un jaune rappelant approximativement la couleur du sable. Et, à son bord, se trouvaient huit militaires portant la tenue qui, elle aussi, avait été celle des guerriers du désert. Mais tous avaient à présent les mains en l'air. Sauf le chauffeur, évidemment.

A la barricade, ce fut aussitôt le branle-bas général.

J'entendis le « commandant » crier :

— Attention, c'est peut-être un piège. Mais ne tirez pas avant mon ordre.

Les quelques possesseurs d'armes à feu telles que vieux Lebel, Mauser récupérés sur l'ennemi, revolvers et fusils de chasse fatigués, s'étaient mis à l'abri derrière les pavés qui constituaient comme le glacis de cette barricade. Ils n'en semblaient pas moins prêts à toute éventualité. J'étais là, moi aussi.

A la vitesse du pas, le véhicule allemand continuait à progresser dans notre direction. Il s'arrêta pourtant avant d'avoir atteint le boulevard Saint-Germain. Alors lentement, prudemment, visiblement aussi méfiants que nous, ses occupants descendirent un à un sur la chaussée, les mains toujours en l'air. Et le chauffeur se saisit même d'un chiffon blanc qu'il commença d'agiter lentement au-dessus de sa tête.

— *Komm, komm*, cria quelqu'un de la barricade.

Marchant à pas comptés, les huit anciens de la Cyrénaïque et de la Tripolitaine, déployés en éventail, se rapprochèrent alors de nous. Quand ils furent arrivés à une dizaine de mètres des premiers pavés entassés, un *Halt* vigoureux succéda aux *Komm, komm* entendus plus tôt, et trois FFI armés se dirigèrent vers nos visiteurs imprévus afin de procéder à leur fouille minutieuse.

Tout se passa d'ailleurs pour le mieux. Aucun des Allemands n'avait d'arme. Simplement une furieuse impatience d'en finir avec la guerre. Un *feldwebel*[1] qui, des huit, était le plus élevé en grade et parlait un peu français voulut alors bien s'expliquer :

— Avons été en Afrique... Demain, partons pour Allemagne et front russe... Aimons mieux rester à Paris. Bientôt Hitler *kaputt! Krieg kaputt!* Meilleur pour nous en France.

Le « commandant » intervint :

— Des boniments, tout cela. N'importe comment, on ne va pas se les garder ici. Faut tout de suite les livrer à la Préfecture où ils seront pris en charge. Pierrot, va chercher leur char à bancs et amène-le. Mais fais gaffe en traversant le boulevard.

Quelques minutes plus tard, l'affaire était réglée. Un drapeau tricolore avait remplacé le drapeau blanc de nos brefs pensionnaires. Ainsi le « tout-terrain » Mercedes, qui avait connu le désert libyen, allait-il bientôt découvrir les garages de la Préfecture de Police, et son équipage les charmes d'une captivité spontanément préférée aux écarts de température du front russe.

Je n'avais pas perdu ma matinée.

— D'où puis-je téléphoner ? demandai-je au « commandant ».

— Mais du café, tout simplement.

Il m'y conduisit. Nous bûmes d'abord deux petits « blancs ». Et comme je ne me fiais pas trop à mes qualités d'improvisateur, je griffonnai rapidement un récit de l'action dont j'avais été le témoin et qui commençait ainsi :

---

1. Adjudant.

« Des FFI parisiens faisant prisonniers huit membres de l'*Afrika Korps* du maréchal Rommel, tel est l'événement peu banal auquel je viens d'assister à l'angle du boulevard Saint-Germain et de la rue Saint-Jacques... »

Je n'avais jamais eu un pareil trac au téléphone. Même en proposant un rendez-vous galant à une jeune personne que je trouvais sublime, et dont la voix suffisait à faire vaciller la mienne.

Mon récit enregistré serait diffusé à midi, et je n'avais évidemment pas manqué d'en avertir mes parents.

Somme toute, c'était grâce à un vieil appareil téléphonique, posé sur le zinc d'un café, que j'allais faire, dans quelques instants, mes débuts sur les ondes.

Décidément, cette barricade Saint-Jacques me réussissait.

Vingt-quatre heures plus tard, je venais d'y arriver quand, soudain, l'alerte retentit :

— Appel téléphonique de Saint-Germain-des-Prés, cria une voix. Des camions de troupes allemandes descendent le boulevard Saint-Germain !

Les chars, visiblement, n'aimaient pas les barricades et ne s'y frottaient guère. Un obus de bazooka partant d'un soupirail, cela pouvait toujours arriver. Et, généralement, c'était mortel pour le char.

En revanche, l'irruption imprévue de plusieurs camions de troupes risquait évidemment d'annoncer une opération d'infanterie locale contre un quartier dont les défenseurs étaient rarement de taille à rendre coup sur coup. Or, ce mardi 22 août, c'était bien de camions transportant des troupes qu'on nous annonçait l'arrivée.

De la porte d'une vieille maison, je vis alors sortir un très jeune garçon. Il avait des cheveux blonds et bouclés, était vêtu d'une cotte bleue tachée d'huile, et serrait contre sa poitrine une bouteille au goulot noué d'un morceau de chiffon.

— C'est Jean-Claude, me dit l'un de mes voisins. Il a douze ans. On l'a surnommé le roi du cocktail Molotov. Tu vois le genre. S'il s'attaque aux camions, il ne va pas falloir louper cela.

Jean-Claude avait tourné l'angle du boulevard Saint-Germain et, en courant un peu, nous eûmes juste le temps de le voir s'engouffrer sous la porte cochère d'un immeuble.

Déjà, l'on commençait à entendre les moteurs des camions.

— Vite, on entre ici, me dit mon compagnon. Je connais quelqu'un au deuxième étage. Il y a une fenêtre qui donne sur le boulevard. On sera aux premières loges.

Quand nous atteignîmes la fenêtre, nous distinguâmes nettement deux camions bâchés qui allaient parvenir à hauteur du boulevard Saint-Michel. Ils roulaient très lentement. Dans moins d'une minute, pourtant, ils passeraient devant nous.

— Regarde bien. Premier immeuble du boulevard, de l'autre côté de la rue Saint-Jacques. Troisième étage.

J'observais de tous mes yeux. Les camions, l'immeuble, les camions, l'immeuble. Et soudain, partie de ce troisième étage que l'on venait de m'indiquer, une bouteille voltigea et vint s'abattre, en faisant explosion, sur le premier camion de troupes. Une fraction de seconde et celui-ci n'était plus qu'un buisson de flammes, tandis que l'autre faisait précipitamment demi-tour et s'enfuyait à grande vitesse.

Du véhicule atteint, et qui continuait de brûler, deux torches humaines fusèrent presque ensemble. Elles parcoururent à peine trois mètres sur la chaussée où elles s'abattirent pour achever de s'y consumer.

Lorsque tout fut terminé, ce qui ne demanda pas très longtemps, nous dévalâmes l'escalier, sortîmes, et nous approchâmes du camion qui avait presque cessé de flamber. A l'intérieur, gisaient des corps carbonisés. Chacun semblait réduit de moitié. C'était affreux à voir.

Jean-Claude était là. Il avait les joues rougies par le feu, regardait son œuvre et ne disait rien. Dans l'excitation du moment et vu son âge, on lui aurait permis d'éclater d'un rire nerveux ou de se mettre à sangloter. Mais il demeurait muet, immobile, comme si quelqu'un d'autre avait fait cela à sa place et que lui-même n'eût été qu'un simple spectateur.

Je regagnai la rue de l'Université.

Guignebert venait d'arriver. Plus grave que je ne l'avais jamais vu.

A présent, la bataille que livrait Paris devenait sans merci.

Nous ne savions toujours pas quand arriveraient les Alliés. A plus forte raison s'ils arriveraient à temps. Nous connaissions moins encore quelles étaient les véritables intentions de l'ennemi envers la capitale.

Beaucoup de bruits contradictoires circulaient.

Quoi qu'il en fût, il était maintenant bien clair que Paris se battrait jusqu'au bout. Nous en étions tous convaincus et n'aurions pas admis autre chose.

Tel était, d'ailleurs, le sens du message mis au point par le

Conseil national de la Résistance et l'état-major des FFI qui, demain, serait placardé sur tous les murs, mais passerait à la radio le soir même. Un véritable appel aux armes.

Crénesse se chargerait de la première diffusion, à 20 heures. Mais, deux heures plus tard, ce serait mon tour. Là, il s'agirait bien d'un vrai baptême des ondes. Et quel baptême!

Ce texte, il m'arrive de le relire. Et, chaque fois, je me demande encore comment j'ai pu, ce soir-là, trouver en moi tout le culot nécessaire pour lancer, du haut de mes vingt et un ans :

Les troupes alliées sont à proximité de Paris.

L'ennemi traqué bat en retraite avec les débris d'unités démoralisées.

Les FFI de la région parisienne se sont magnifiquement battus suivant l'exemple de la France entière.

L'heure est venue de chasser définitivement l'ennemi de la capitale.

La population tout entière doit se soulever, dresser des barricades, en passant hardiment à l'action, en finir avec l'envahisseur.

L'heure de la libération définitive sonne.

Français, debout!

Tous au combat!

On ne se remet pas aisément, surtout à l'âge qui était alors le mien, d'avoir prononcé d'aussi embrasantes paroles assurées d'une pareille audience. J'éprouvai donc du mal à trouver le sommeil et, plus encore, à le conserver.

Je ne rêvais pas. Il me semblait seulement entendre, dans ma tête, résonner une voix qui n'était pas exactement la mienne mais répétait, à intervalles réguliers : « Français debout, tous au combat! » Puis, l'écho de cette voix se prolongeait longtemps : « Au combat, au combat, au combat... »

Nuit difficile.

A 6 heures, j'étais pourtant debout, mais avec le crâne prisonnier d'une lancinante migraine.

— Est-ce que l'appel a servi à quelque chose? demandai-je à Yves Grosrichard en arrivant au studio.

— On ne sait pas encore. Mais c'est vous qui allez nous le dire, fit-il.

Je ne compris pas tout de suite ce que ces mots signifiaient. Mais ils devinrent limpides quand j'eus déchiffré l'ordre de mission que l'on venait de me remettre.

Une demi-heure plus tard, j'arrivais à bicyclette devant le 9 de la rue Victor-Schoelcher, non loin de la place Denfert-Rochereau, où se trouvait la Direction des eaux et des égouts. J'étais attendu. On me fit descendre un escalier de 138 marches — je les ai comptées — au terme duquel j'allais me retrouver, à 26 mètres sous terre, parmi les squelettes et les crânes de quarante générations de Parisiens. Là se situait le PC d'où le colonel Rol commandait aux quelque 20 000 FFI de la capitale. Ce qui ne devait pas toujours être une mince affaire.

Rol me reçut cordialement. Je le savais communiste pur et dur, ancien des Brigades internationales en Espagne. Mais la franchise de son regard et sa façon calme d'expliquer les choses difficiles me plurent aussitôt. Huit mois plus tard, nous devions nous rejoindre en Forêt-Noire. Et il nous arrive encore de nous rencontrer, le 9 novembre à Colombey, l'un et l'autre fidèles au souvenir du général de Gaulle. Même si chacun, bien sûr, a sa propre façon de l'être.

Dans une salle voûtée, ne cessaient de grésiller des sonneries de téléphone. Mais ce n'étaient pas celles d'un circuit comme les autres. Celui-ci, en effet se trouvait parfaitement indépendant du réseau des PTT et totalement à l'abri des tables d'écoute allemandes. Il permettait de communiquer, en toute liberté, avec l'ensemble des personnels chargés de surveiller les voies digestives de la capitale, donc de savoir à chaque instant ce qui se passait aux Batignolles comme au quartier Latin, à Neuilly aussi bien qu'à Ménilmontant. Un seul capitaine allemand, de la chambre qu'il occupait à l'hôtel Crillon, avait sans cesse la possibilité d'entrer en contact avec ce service. Mais comme il ne devait pas être fort curieux de nature et ignorait, en outre, que plus un seul des siens ne se trouvait sur place, il se contentait de demander, une ou deux fois par jour : « *Alles gut ?* » Ce à quoi un FFI d'origine lorraine répondait imperturbablement : « *Jawohl, herr Hauptman, alles gut, heil Hitler !* », ce qui semblait suffire à rassurer l'hôte du Crillon pour quelque temps.

C'est donc de cette salle voûtée qu'on me mit successivement en contact avec la plupart des secteurs importants de l'insurrection parisienne. Tout s'y passait d'ailleurs assez bien. Mais je fus un peu déçu d'apprendre qu'aucune barricade nouvelle ne s'était élevée durant la nuit, et que notre appel diffusé sur les ondes, puis répété toutes les deux heures, n'avait pas déclenché cette ruée de volontaires que j'espérais tant vers les postes de combat.

En fait, l'information la plus intéressante sur ce qui se déroulait dans les différents quartiers me vint de l'Odéon. Elle me fut même précieuse. Un tireur d'élite allemand avait, en effet, réussi à pénétrer dans le théâtre et cinq passants, qui traversaient la rue de l'Odéon sans se douter de rien, étaient déjà tombés sous ses balles. Ce qui me fit modifier sensiblement l'itinéraire par lequel je comptais regagner la rue de l'Université.

Chacun sentait bien, à l'aube du jeudi 24 août, que ce jour serait, pour Paris, celui de la vérité.

Sachant à peu près tout, aujourd'hui, des négociations, tractations, décisions qui préludèrent à l'entrée des Alliés dans la capitale, on mesure mal à quel point nous, les insurgés, étions tragiquement dépourvus de renseignements sérieux sur ce qui se passait ailleurs, donc sur ce qui nous attendait à brève échéance. Mais nous sentions bien que si, ce soir, nous n'étions pas réellement fixés sur notre sort, le pire deviendrait à craindre. Car cela signifierait, soit que le plan des Alliés n'était pas encore arrêté, soit que la délivrance de la capitale n'en constituait pas la toute première urgence. Dans les deux cas ce pourrait être le drame.

Au colonel Rol on prêtait ce mot : « Paris vaut bien 200 000 morts. »

Certes, il était parfaitement vrai que Paris pût les valoir, à supposer qu'il y allât vraiment de son honneur et de sa liberté. Mais si 200 000 vies humaines devaient être sacrifiées à Paris, de combien de destructions massives ne s'accompagnerait pas ce carnage ? Dès lors ce ne serait pas seulement de ces vies que la France et le monde entier auraient à porter pour toujours le deuil. Et comprenait-on bien cela dans l'entourage du fougueux général Patton dont la IIIᵉ armée US était la plus proche de la capitale ?

Oh ! que de Gaulle menât, de toutes ses forces, la bonne et vraie bataille afin d'obtenir la libération immédiate de Paris, cela ne faisait de doute pour aucun d'entre nous.

Mais il n'était pas le commandant en chef.

Et nous pensions de plus en plus à Varsovie où l'insurrection n'avait jamais reçu aucun secours des Russes.

Les journaux libres, fabriqués avec les moyens du bord, circulaient et s'arrachaient maintenant dans Paris tout entier et même en banlieue. Titres de la résistance comme *Défense de la France, Combat, Libération, Franc-Tireur*. Mais également *le Figaro* qui, en novembre 1942, s'était sabordé à temps pour reparaître le moment venu. Et *l'Humanité*, cela va sans dire.

Bien sûr, les Allemands savaient parfaitement où se composaient, s'imprimaient ces journaux, et par quels moyens ils étaient distribués. De même qu'ils ne pouvaient ignorer d'où nous émettions, et auraient donc été en mesure de nous le faire payer cher. Mais le temps n'était plus à de telles urgences. Nous le savions. Et l'ennemi savait que nous le savions.

Ce jeudi 24 août, en début d'après-midi, Pierre Crénesse me dit :

— Je dois enregistrer une déclaration de Georges Bidault, président du Conseil national de la Résistance. Il ne se trouve pas loin de la place de la République. Venez donc avec moi.

La voiture technique[1] — nous n'en avions qu'une — était déjà prête. Nous franchîmes la Seine et prîmes des voies détournées afin d'éviter les abords de plusieurs points d'appui ennemis dont nous connaissions l'existence. Belle réussite ! En travers de la rue de Marseille, juste avant d'atteindre le quai de Valmy, qui longe le canal Saint-Martin, apparut soudain une patrouille allemande qui nous barrait la route. Son chef, un *feldwebel* blanchi sous le harnais, ne semblait pourtant pas d'humeur très belliqueuse. Crénesse lui montra le calicot tricolore à croix de Lorraine qui ornait le toit de la voiture et lui dit, en allemand de collège, que nous appartenions à la « *amtliche Runfunk* », la radio officielle.

— *Gut, gut*, grogna le sous-officier qui ne devait avoir qu'une idée très vague du sens précis de notre croix de Lorraine ou préférait feindre de l'ignorer.

Mais, soudain, avisant le gendarme en uniforme, qui nous servait d'ange gardien et se faisait tout petit à côté du chauffeur, il lui fallut tout de même bien nous interroger sur son compte. Et Crénesse de répondre, imperturbable :

— *Feldgendarmerie !*

— *Ausweispapiere, schnell*, rétorqua néanmoins l'Allemand, sans grand enthousiasme.

Notre garde du corps s'exécuta. Le *feldwebel* examina vague-

---

1. A cette époque, le moindre reportage ou enregistrement sonore effectué au-dehors et sur disques souples nécessitait le déplacement d'un véritable studio roulant installé à bord d'une Renault-Vivaquatre, avec un ingénieur du son et son assistant.

ment ses papiers, les lui rendit, et nous lança avec un sourire complice :

— Barce que... zouvent... derroristes hapillés en chendarmes.

Dans son PC, un petit café qui s'appelait, si ma mémoire est exacte, *Au Muscadet*, Georges Bidault nous attendait et enregistra une déclaration.

« Au cœur du quartier populaire d'où je vous parle, dit-il à un moment, on entend le canon ennemi et le mousquet français. »

Or, à cet instant précis, une canonnade et une fusillade nourries éclatèrent toutes proches. C'était presque trop beau. Les auditeurs n'y croiraient pas.

Afin de regagner la préfecture, où l'on nous attendait, la rue de Marseille s'imposait. En effet, nous y étions désormais en pays de connaissance. Notre *feldwebel* nous salua gentiment de la main quand nous passâmes devant lui. Il n'aurait probablement pas fallu beaucoup insister pour le désarmer et l'emmener avec nous, ainsi que ses hommes.

A la préfecture, c'était la fièvre. On venait enfin d'apprendre, de source sûre, que les avant-gardes de la 2ᵉ DB avaient atteint Fresnes et la Croix-de-Berny. Certains assuraient même qu'elles pourraient, dès ce soir, faire leur entrée dans Paris. « Comment avons-nous pu douter ? » nous disions-nous les uns aux autres. Certains précisaient que de Gaulle et Leclerc n'attendraient pas davantage pour gagner la capitale et qu'aussitôt ils se rendraient à Notre-Dame des Victoires où reposaient les cercueils des premiers FFI tués sur les barricades. Du moins était-ce le bruit qui courait. Un bruit impossible à vérifier, mais qu'on ne pouvait davantage négliger.

Guignebert, tout bouillant d'impatience, m'expédia instantanément place des Petits-Pères avec la voiture technique. Dès que je fus arrivé, je prévins le commissariat de police faisant face à l'église, et le curé qui n'en croyait pas ses oreilles. Si bien qu'en moins de cinq minutes la nouvelle se répandit à travers tout le quartier, et que l'étroite place en losange fut très vite envahie par une foule dont la fièvre ne cessait de monter. Mais les heures passaient, le jour baissait et rien ne survenait de ce que nous attendions.

Régulièrement j'allais écouter la radio. Dans l'un de nos studios, Pierre Schaeffer dirigeait une fantastique émission improvisée et ininterrompue, où tous ceux qui pouvaient apporter la moindre information avaient accès au micro. On sentait les portes grandes ouvertes, par lesquelles chacun était libre d'entrer et de sortir à sa guise. Ainsi un homme s'écria-t-il soudain, tout essoufflé : « J'arrive à bicyclette du Plessis-Robinson. Je les ai vus. Et ce ne sont pas des Américains. Ce sont des Français ! »

La nuit était maintenant complètement tombée. Je venais d'aller soutenir le moral du curé qui tremblait comme une feuille, et j'étais revenu à l'écoute de la radio.

Un des techniciens se jeta dans mes bras en pleurant :

— Ça y est, Michel, ils sont là. Crénesse vient de l'annoncer. Il y a trois chars français devant l'Hôtel de Ville !

À cet instant même explosa la voix de Schaeffer :

— Je demande à tous les curés parisiens de faire sonner les cloches !

Alors, par-dessus les toits de la ville, s'éleva peu à peu une immense symphonie de bronze. Partout, les fenêtres s'ouvraient, s'éclairaient. Puis, mêlée au son des cloches, une bouleversante *Marseillaise*, chantée par des centaines de milliers de voix, déferla jusqu'à nous, comme relayée de quartier en quartier.

Je reverrai toujours Anne Chapel, qui était alors une chanteuse populaire très en vogue et habitait non loin de là, monter sur le toit de notre voiture, déchirer son corsage et, les seins à l'air qu'elle avait très beaux, entonner l'hymne à pleins poumons. On aurait dit un Delacroix.

J'entends encore crépiter ces applaudissements, partis de la rue mais aussi de tous les immeubles, de toutes les fenêtres comme si Paris tout entier applaudissait sa liberté et s'applaudissait lui-même.

Un message m'arriva, transmis par le commissariat. Rien ne se passerait finalement à Notre-Dame des Victoires. Il me fallait donc rejoindre au plus vite l'île de la Cité.

Mais il n'était pas facile de se frayer un chemin, en voiture, à travers cette foule qui avait envahi les chaussées, chantait, riait, pleurait.

Au premier étage de la Préfecture, tous les salons étincelaient de tous leurs lustres allumés. Quelle cible nous aurions été pour les derniers Messerschmidt du Bourget ! Mais ce fut seulement après que nous y pensâmes. Sur le moment, pareille idée ne nous effleura pas l'esprit.

Guignebert et moi tombâmes dans les bras l'un de l'autre.

C'est à ce moment-là que basané, barbu, tout recouvert d'une poussière blonde qui semblait comme lui arriver tout droit d'Afrique, son képi de l'infanterie coloniale rejeté en arrière, et le buste athlétique serré dans son blouson américain, apparut le capitaine Dronne. Le premier à Paris !

Une voix sèche, un peu métallique, commanda le garde-à-vous.

L'ordre avait été lancé par un officier, étonnamment jeune, et au visage aigu.

— C'est Jacques Delmas, me souffla mon voisin. Avant la guerre, il jouait trois-quarts aile au CASG. Dans la Résistance, on l'appelle Chaban. Il est général.

En y prêtant attention, je distinguai, en effet, deux étoiles sur chacune des deux manches de ce général qui n'avait pas trente ans.

La *Marseillaise* retentit. Plus officielle que celle de tout à l'heure. Mais nous l'aurions quand même entendue vingt fois de suite sans nous lasser.

Je parvins à dénicher un appareil téléphonique pour appeler mes parents. Pourtant, nous étions si émus, tous les trois, que nous avions du mal à nous comprendre. Je crus néanmoins saisir qu'avant de débarrasser Vincennes de leur présence, les Allemands avaient probablement fait sauter une partie des remparts du fort. Le bruit de l'explosion avait été terrible. Mais, dans la nuit, le vieux donjon était toujours debout.

Je demandai à Jean Guignebert ce qu'à présent j'avais à faire.

— Dormir, me dit-il en souriant. Si tu le peux !

Seul, je marchais maintenant, sans savoir où j'allais, dans la nuit du mois d'août. Libre. Deux fois libre.

Je passai par l'Hôtel de Ville, afin d'y voir les trois chars victorieux. Sans musique, la foule dansait autour d'eux.

Il me souvient que cette nuit-là, pour franchir les barricades, le mot de passe était devenu : « On les a eus. »

Dès le vendredi matin, c'était la fête.

Par Montrouge, par Saint-Cloud, un fleuve d'acier déferlait sur Paris. Mais comme on voit les fleuves d'Afrique emporter avec eux des montagnes d'amaryllis et des écheveaux de nénuphars, celui-là charriait avec lui des brassées de filles en robes d'été qui ressemblaient aussitôt à des guirlandes de fleurs passées au cou des soldats vainqueurs.

Je n'ai pas tout vu ce jour-là. Bien loin de là. Mais, dans ma mémoire, c'est presque aujourd'hui comme si j'avais tout vu.

Oui, c'était la fête.

J'ai donc vu, en début de matinée, place du Châtelet, une toute jeune fille se jeter dans les bras d'un soldat du régiment de marche du Tchad à peine plus âgé qu'elle, et qui était son frère dont elle était sans nouvelles depuis trois ans.

C'était la fête mais souvent la folie.

J'ai vu, place de la Concorde, manœuvrer des chars qui pouvaient avoir à tirer d'un moment à l'autre, et sur le blindage desquels s'agglutinaient des grappes humaines, complètement inconscientes du danger. Des grappes humaines dont il n'était pas question, pour les équipages, de se défaire un seul instant, afin d'être plus libres de régler, avec l'ennemi, leurs derniers comptes parisiens.

C'était la fête mais aussi, parfois, ce pouvait être l'horreur.

Ainsi ai-je également vu, en fin d'après-midi, des nuées de charognards s'acharner sur un cortège de prisonniers allemands qui sortait de l'hôtel Continental, bras levés. Je les ai vus se refermer sur le dernier de ces militaires dont une entorse, probablement, ralentissait la marche, et le réduire à l'état d'une sorte de galette sanglante sur l'asphalte de la rue de Rivoli.

Le soir, heureusement, tout était réglé, terminé, signé.

Pour paraphraser Turenne, il pouvait désormais y avoir, à Paris, « homme de guerre au repos ». Il n'y restait plus un seul Allemand en armes.

Au Studio d'Essai, nous travaillâmes jusqu'au-delà de minuit pour préparer la journée du lendemain dont nous venions seulement d'apprendre de quoi elle serait faite.

Il fut ainsi décidé que Pierre Crénesse et moi assurerions, évidemment en direct, le reportage de l'arrivée du général de Gaulle à la tombe du Soldat Inconnu. Loys Van Lee et Paul Peyre décriraient son passage place de la Concorde. Crénesse et moi serions de nouveau réunis face à l'Hôtel de Ville. Raymond Marcillac, enfin, se trouverait à Notre-Dame où aurait lieu un *Te Deum*.

Décider de tout cela n'était pas difficile. Mais le réaliser était une autre affaire. Comment nos techniciens purent-ils donc, en moins de vingt-quatre heures, tout prévoir, tout mettre en place, tout régler, tout réussir avec un matériel sortant de quatre années d'utilisation intensive ou de la clandestinité? L'occasion est bonne, en tout cas, pour dire que si nous avons pu arracher au malheur et à l'ombre une radiodiffusion de la Nation française, alors que l'ennemi occupait encore Paris, et la faire fonctionner de façon plus que satisfaisante, c'est d'abord à nos techniciens, à leurs compétences et à leur courage que nous en fûmes redevables.

Mais le samedi 26 au matin, le bruit commençait à courir que, la veille, à l'Hôtel de Ville, de sérieux différends s'étaient élevés entre de Gaulle et l'état-major du Conseil national de la Résistance qui entendait dicter au chef de la France libre ce qu'il avait à dire. Georges Bidault ne s'était-il pas mis en tête de lui faire solennellement proclamer le rétablissement de la République?

— La République, avait alors et simplement répondu le Général, mais elle n'a jamais cessé d'exister. Vichy demeure nul et non avenu. Moi-même ne suis-je pas le président du gouvernement de la République? Alors pourquoi irais-je proclamer son rétablissement?

Ces paroles devaient évidemment jeter un froid. Mais probablement la scène qui venait de se dérouler, de même que les visages fermés dont il se sentait entouré, eurent-ils pour effet de convaincre définitivement de Gaulle de l'importance et de l'urgence qu'il y avait, pour lui, de demander aux Parisiens, dès le lendemain, l'investiture populaire qui lui permettrait de réduire ses adversaires au silence et de mener à bien son action. C'est-à-dire et d'abord de continuer à faire la guerre jusqu'à la victoire.

Pendant que Paris chantait, dansait et faisait l'amour, nous avions donc travaillé. Puis j'avais rejoint ma chambre d'hôtel de la rue du Bac. Il s'agissait, demain, de ne pas dormir debout.

Comment aurais-je pu, cependant, résister à la tentation de parcourir, à bicyclette, les quelque dix kilomètres qui me séparaient de Vincennes pour aller déjeuner chez mes parents? Je savais qu'il me fallait être à 14 heures précises au Studio d'Essai pour gagner, en voiture, les Champs-Élysées. J'y serais.

Oh! l'émotion, le doux bonheur que ce furent d'embrasser à la fois mon père et ma mère, en unissant nos six bras pour éprouver l'impression de ne former qu'un seul être. Que je ne fusse plus tout à fait le même que celui qui les avait quittés six jours plus tôt, voilà qui ne faisait aucun doute. Même pour eux. Six jours, pourtant, c'était bien peu. Mais je demeurais plus que jamais leur enfant, leur fils unique. Et si je le demeurais aussi intensément, c'était peut-être aussi, justement, parce que je ne me sentais plus tout à fait le même.

Mes parents me confirmèrent que l'explosion provoquée par les Allemands à l'intérieur du fort n'avait pas, finalement, trop mutilé celui-ci et que le donjon était bien intact. Puis ils m'apprirent que Paul Bonvoisin, maire de la ville, et ceint de son écharpe tricolore, était entré seul dans le château pour arracher à l'ennemi les otages qui n'avaient pas encore été fusillés. Ce qui n'empêcherait pas cet homme héroïque d'être vite éjecté de son fauteuil pour céder la place à l'un de ceux qui guignaient depuis longtemps celui-ci, et estimaient sans doute que c'était maintenant ou jamais qu'ils avaient une chance d'arriver à leurs fins.

Trop rapidement vint pourtant le moment de nous quitter.

A cette époque-là, je roulais assez vite à bicyclette. Moins de vingt minutes me suffirent donc pour atteindre la rue de l'Université. Il nous en faudrait davantage pour, de celle-ci, gagner la place de l'Étoile en automobile.

Dans ses *Mémoires de guerre*, Charles de Gaulle écrit : « *A 3 heures de l'après-midi, j'arrive à l'Arc de Triomphe.* » Puis-je me permettre d'avancer que ce n'est pas tout à fait exact ? Car Crénesse et moi nous trouvions, bien avant 15 heures, à quelques mètres de la flamme brûlant sur le tombeau du Soldat Inconnu. Or c'est peu dire qu'il nous fallut « meubler l'antenne », selon l'expression consacrée, un bon quart d'heure de plus qu'il n'était prévu avant l'arrivée du Général.

Mais j'aurais eu mauvaise grâce de m'en plaindre.

En effet, à un moment, Crenesse me fit un signe qui voulait dire : « A vous, maintenant ! »

C'était la première fois qu'à un micro j'allais devoir improviser en direct.

Quels débuts !

Je serais bien en peine de dire, à présent, de quoi j'ai pu alors parler, ce jour-là. Mais je pensais à mes parents, aux amis qui m'écoutaient. Cela me donnait des forces, à défaut de métier.

Et puis, tout à coup, il y eut des clameurs, des bruits de moteurs, un remous, des sonneries. De Gaulle arrivait.

La veille, Crénesse l'avait vu à l'Hôtel de Ville. Pas moi. Je le savais de haute taille. Mais pas à ce point.

C'est alors que, d'un groupe d'officiers qui se trouvait derrière nous, surgit un homme encore jeune, au visage osseux, vêtu d'un battle-dress kaki et coiffé d'un béret noir. Il nous écarta et s'écria au micro :

— Honneur et Patrie, voici le général de Gaulle !

Aussitôt j'identifiai sa voix. Si souvent, elle m'avait rendu l'espérance. C'était celle de Maurice Schumann, porte-parole de la France combattante.

Je ne raconterai pas la descente des Champs-Élysées. De Gaulle l'a trop bien fait. « *Ah ! c'est la mer !* » commence-t-il.

Quand il parvint à l'Hôtel de Ville, il gravit les quelques

marches du perron et se retourna vers la foule. Toute une batterie de micros se trouvant là, on crut que le Général allait prononcer un discours. Mais il s'écria simplement : « Vive la France ! »

J'ai pourtant conservé de cette halte et de cet instant un souvenir très particulier. Quelques années plus tard, en effet, me fut remise une photo où l'on nous voyait, Crenesse et moi, tout près du Général, montant à son pas vers l'emplacement aménagé pour les micros. Or, s'il était normal que nous n'eussions d'yeux que pour lui, le hasard voulut qu'au moment où fut prise cette photo, le Général parut justement regarder dans notre direction et, plus particulièrement, vers moi. Pur et heureux hasard encore une fois. Mais, de toutes les photos où j'ai l'honneur de me trouver à ses côtés, comment lui aurais-je donc demandé, en 1965, de me dédicacer une autre que celle-ci ? Et il y inscrivit alors cette phrase typiquement gaullienne : « *A Michel Droit, image du seul événement qui en ait valu tout à fait la peine.* »

C'est juste après le départ du Général pour Notre-Dame que, place de l'Hôtel-de-Ville, retentirent les premiers coups de feu. Aucune réponse vraiment satisfaisante n'a jamais été donnée aux questions posées sur l'origine de ceux-ci ou d'autres qui éclatèrent le même jour et ailleurs. Il est vrai que toutes les détonations initiales qu'on put entendre ce 26 août furent immédiatement couvertes par le fracas de la riposte. Fusils, pistolets-mitrailleurs, mitrailleuses lourdes. Et, dès lors, comment s'y retrouver ?

A Notre-Dame, ce fut apparemment plus sérieux. Sur le parvis, mais aussi à l'intérieur de la cathédrale, des coups furent probablement tirés avant que ne se déclenchât le contrefeu, dont l'écho des hautes voûtes répercuta les détonations comme le fracas du tonnerre.

Raymond Marcillac eut ainsi l'occasion d'effectuer, dans des conditions plus que difficiles, un reportage d'anthologie, maintes et maintes fois rediffusé depuis.

Mais là encore, tandis que de Gaulle, chantant à pleine voix le *Magnificat*, demeurait impassible sous les tirs comme il le serait, dix-huit ans plus tard, sur la route du Petit-Clamart, nul ne pourrait vraiment affirmer que la première balle tirée soit sortie de l'arme d'un milicien camouflé en FFI.

Quand, vers dix heures du soir, j'arrivai à la cantine du Studio d'Essai en vue d'y prendre quelque nourriture, une seule table se trouvait occupée. Et elle l'était par un homme seul sous les traits duquel je reconnus Maurice Schumann.

Il m'invita à m'asseoir à ses côtés.

Les dîners de la cantine étaient toujours d'une exemplaire frugalité. Et que ce fût, ce soir-là, jour de fête n'y devait rien changer.

Que m'importait? Durant deux heures j'eus, à ma seule et entière disposition, le porte-parole de la France combattante, celui qui savait tout d'elle et voulait bien répondre à toutes mes questions sur quatre années de combats et de politique à l'échelle de ceux-ci.

Prodigieuse leçon d'histoire au terme d'une journée d'histoire.

Il m'arrive souvent d'y penser, le jeudi après-midi, auprès du *Richelieu* de Philippe de Champaigne, qui n'en est d'ailleurs qu'une copie, lorsque je retrouve Maurice Schumann aux séances du dictionnaire de l'Académie française.

IX

Si, au seuil de septembre 1944, j'avais pu deviner les paroles que Pierre Delanoë, une vingtaine d'années plus tard, écrirait pour Gilbert Bécaud, il n'est pas douteux que j'aurais moi aussi fredonné : « Et maintenant, que vais-je faire ? »

Car je venais de vivre une aventure extraordinaire, à une place où mes titres étaient cependant plus que minces, pour ne pas dire inexistants. Mais cela pouvait-il durer très longtemps ainsi ?

Et je n'ai pas tout raconté. Je n'ai rien dit, par exemple, d'une heure passée en tête à tête avec Marlène Dietrich elle-même, dans son appartement du Ritz, pour une interview qui ne parut jamais. Moments troublants, inoubliables, on l'imagine aisément, suivis d'une descente au bar de l'hôtel où, comme par hasard, se trouvait « Papa » Hemingway à qui je fus présenté en même temps qu'il remplissait d'autorité mon verre d'un whisky choisi par lui.

Hormis quelques premiers mots aimables à mon égard, accompagnés de fortes bourrades sur ma plus proche épaule, Hemingway parla surtout avec Marlène, bien sûr. Sauf pour me demander si j'aimais son whisky préféré, toutes les fois qu'il m'en versait à nouveau.

Mais enfin j'étais là. Je « participais » comme eût dit le baron Pierre de Coubertin dont je ne vois d'ailleurs pas très bien ce qu'il serait venu faire ici. Vanités, certes. On avouera néanmoins qu'il y avait de quoi ébahir un garçon de mon âge naturellement facile à étonner.

Pourtant, et j'en reviens à mon point de départ, quelle suite pourrait avoir la grisante et fragile aventure que je vivais depuis plusieurs semaines, et à laquelle, d'ailleurs, je n'arrivais pas toujours à véritablement croire ? Quel rôle tiendrait-elle dans une vie presque encore à sa source, mais qui pouvait justement, après ces fantastiques journées qu'elle venait de connaître, saisir ou non l'occasion d'accélérer son cours ?

Car j'éprouvais évidemment la forte tentation d'accepter l'offre de Jean Guignebert et de rester à la radio, c'est-à-dire de ne pas attendre davantage pour entrer dans ce journalisme dont je croyais bien entendre l'appel, où je savais seulement que je ne savais rien, mais avec la ferme volonté d'apprendre les choses en essayant de les faire. Et cela ne relevait-il pas, tout simplement, d'une certaine forme de pragmatisme ?

Je pouvais aussi retrouver, en octobre, mes déjà bonnes vieilles Sciences po et, dans l'espoir de me sentir alors mieux orienté vers mon destin, y passer les épreuves du diplôme au terme de l'année universitaire qui allait s'ouvrir. Ce qui était peut-être la sagesse.

Restait enfin la troisième option : m'engager pour prendre part à la fin d'une guerre qui, logiquement, ne devait plus beaucoup tarder, moi qui avais si souvent redouté qu'elle vînt à s'achever sans m'avoir laissé le temps et donné l'occasion d'aller y jouer mon petit air de flûte. Et cela, c'était sûrement le choix qu'imposait le devoir, du moins tel que je le concevais pour un garçon de mon âge ayant dû subir, durant quatre ans, ce que n'avait jamais connu aucun de ses aînés.

De toutes ces choses, pourtant, je sentais bien qu'il me fallait d'abord parler avec mon père. Et nous savions, l'un comme l'autre, ne pouvoir le faire utilement que sous les voûtes de cette cathédrale naturelle qu'était, pour nous, la grande forêt gauloise d'Ile-de-France, et celle de Carnelle en particulier.

Un matin, nous prîmes donc le train pour Presles, celui qui me conduisait jadis vers mes tendres et sauvages vacances d'enfant. Mon père avait son bâton de marche à la main et ses jumelles au cou. N'ayant été chargé de rien d'autre que de l'intendance, je ne portais donc sur les reins qu'une légère musette où se trouvait notre déjeuner.

La forêt de Carnelle commençait à se préparer pour son grand festival d'automne. Ses chênes conservaient toute leur verdure, mais déjà les hêtres et les érables se mettaient à rougir, les ormes et les frênes à légèrement blondir, les fragiles feuilles des bouleaux à mal résister au souffle des premiers vents froids du matin.

Mon père me fit d'abord parler de ce que je venais de vivre. J'avais l'impression de ne plus avoir grand-chose à lui en dire, mais il faut croire que tel n'était pas son avis. Puis, à un moment, il me prit le bras et me dit :

— Je ne t'en ai alors pas soufflé mot, et moins encore à ta mère, mais durant toute cette semaine d'insurrection, je n'en menais pas tellement large. Si les troupes allemandes qui restaient à Paris avaient eu, à leur tête, un chef prêt à tout, cela aurait pu être un massacre. Et vous auriez été les premiers à trinquer. Pense donc, la radio !

Comme le cri sec d'un geai venait de retentir, et que passait, d'un charme à un châtaignier, son vol ourlé de bleu, mon père me demanda :

— Reconnais-tu encore nos oiseaux à leur chant ?

Et là, il me fallut bien avouer que j'avais perdu bon nombre de mes connaissances, au profit d'autres qui ne les valaient pas toujours.

Quand nous nous fûmes brièvement restaurés auprès d'une source dont l'eau avait une exquise fraîcheur, nous en arrivâmes enfin au vif de notre sujet.

Une à une j'exposai mes hésitations et mes incertitudes.

Mon père m'écouta sans m'interrompre.

— Voilà où j'en suis, dis-je finalement.

Nous étions arrivés à l'entrée d'une clairière. C'était maintenant à mon père de parler. Et, pour lui prêter l'oreille, cet amphithéâtre de feuilles et de ciel me semblait admirablement convenir.

— Eh bien, moi, commença-t-il, je vais te dire de quelle façon je vois les choses. D'abord Sciences po. J'ai toujours eu l'impression que, pour toi, c'était une très intelligente solution d'attente. Bien sûr, la diplomatie, les pays lointains, les voyages... Mais il ne m'a jamais semblé que tu y croyais vraiment. Tu imaginais, en revanche, tout ce que tu pouvais apprendre sur les bancs de cette école. Et tu y as déjà beaucoup appris, avec des maîtres que tu n'aurais pas trouvés ailleurs. Voici donc pour Sciences po. Maintenant le journalisme. On dit souvent qu'il mène à tout à condition d'en sortir. Mais il faut d'abord y entrer. Et toi, tu as bénéficié pour cela d'une chance peu banale. Pour l'amour du ciel, ne la gâche pas ! Enfin, j'en arrive à la guerre. Tu voudrais la voir de près, la faire, et tu ne me croirais pas si je te disais que je ne comprends pas cela. Mais il y a une solution de synthèse, nom d'une pipe ! La radio va forcément avoir des correspondants de guerre. Tâche donc de t'arranger pour être l'un de ceux-là. Et la bataille, je te jure que tu la verras mieux et fréquemment de plus près que le biffin que tu deviendrais en t'engageant dans la troupe. D'ailleurs, je te connais, tu seras plus souvent qu'à ton tour dans les coins où il y aura davantage de coups à recevoir que de fleurs des champs à cueillir. Pour moi, c'est la vraie formule. Et si je peux t'aider, tu sais bien que je le ferai. Je ne te promets rien, mais imagine un instant, par exemple, que je puisse te faire demander par de Lattre.

Quelques phrases avaient suffi à mon père pour me dire exactement ce que j'avais besoin d'entendre.

Maintenant je savais où aller.

Il ne me serait pas forcément facile d'y arriver.

Raison de plus pour ne pas me tromper de chemin et savoir éviter les passages dérapants.

Former une équipe de correspondants de guerre ne semblait pourtant pas compter, jusqu'à nouvel ordre, parmi les préoccupations majeures de Jean Guignebert. Il est vrai que celui-ci avait d'autres soucis en tête. Notamment ceux que lui causait notre installation aux 116 *bis* et 118, Champs-Elysées, dans les anciens locaux de Radio-Paris. C'est d'ailleurs là qu'un facétieux hasard m'avait attribué le bureau encore occupé, quelques semaines plus tôt, par Jean-Hérold Paquis, celui qui s'égosillait tous les soirs en hurlant au micro : « L'Angleterre, comme Carthage, sera détruite ! ».

A deux ou trois reprises, je revins pourtant à la charge auprès de Guignebert.

— Parles-en à Virot, me dit-il finalement.

Alex Virot, l'un des pionniers de la radio d'avant-guerre, venait justement d'être nommé chef du service des reportages. Il était donc notre patron. Un jour, me trouvant seul avec lui, j'abordai prudemment la question des correspondants de guerre et compris tout de suite qu'elle ne hantait pas non plus ses jours ni ses nuits.

— Nous verrons cela le moment venu, me répondit-il en allumant une cigarette.

Or, ce moment allait précisément surgir de bien curieuse façon. Grâce à Mistinguett. Ou presque.

Au début d'octobre, en effet, la radio française résolut d'organiser, à Bruxelles, un grand gala de variétés pour fêter, avec un peu de retard, la libération de la ville. Mistinguett, qui devait alors être septuagénaire, en serait la vedette. Et ce spectacle ferait l'objet d'une retransmission intégrale sur nos ondes. La réaction d'Alex Virot fut immédiate et d'ailleurs excellente.

— Profitons de l'occasion, dit-il, pour envoyer une voiture technique et deux reporters en Belgique. Ils pourront travailler dans les coulisses du gala, mais surtout réaliser, à travers le pays, un certain nombre de reportages dont les sujets ne doivent pas manquer.

C'est André Bourillon et moi qui fûmes désignés. Étant les deux benjamins de l'équipe des reporters, nous nous entendions comme larrons en foire et comprîmes tout de suite quelle chance nous était ainsi offerte.

Le gala fut vite expédié. Et aussitôt nous nous mîmes en campagne.

Quand nous regagnâmes Paris, moins d'une semaine plus tard, notre moisson n'était pas négligeable. Ainsi rapportions-nous cinq reportages sur les sujets suivants : la libération de Bruxelles racontée par des résistants qui y avaient directement participé ; une visite au fort de Breendonck où étaient morts des centaines de Belges martyrs ; un bombardement du port d'Anvers par les V1 ; la bataille que livraient les Anglais pour s'emparer de Bergen op zoom aux Pays-Bas, ce qui faillit même nous valoir d'être pris pour des espions circulant avec des papiers douteux en secteur britannique ; enfin, sur le chemin du retour, le blocus établi par les unités françaises qui encerclaient Dunkerque toujours occupée par les Allemands.

Mesurant l'ampleur de ce butin, écoutant nos reportages un à un, Alex Virot ne se tenait plus de joie.

« Voilà des journalistes ! s'écriait-il en arpentant les couloirs du service et passant d'un bureau à l'autre. On les envoie à Bruxelles pour Mistinguett, et ils reviennent avec une cargaison de reportages où la guerre est présente à chaque sillon de disque. »

Bref, il découvrait soudain que la guerre et le radio-reportage n'étaient pas forcément condamnés à faire chambre à part. Ce qu'on savait depuis longtemps ailleurs, d'un côté du front comme de l'autre.

Le lendemain, une grande décision allait donc être prise. Le service des reportages aurait désormais ses correspondants de guerre. Six ou sept, me semble-t-il. Bourillon et moi faisions évidemment partie du lot.

Je crois qu'on nous le devait bien.

Quel cri de joie poussa mon père, au téléphone, quand je lui appris la nouvelle !

C'était auprès du Grand Quartier général des forces expéditionnaires alliées, plus couramment appelé SHAEF[1] (on prononçait « cheef »), que devaient être accrédités les correspondants de guerre français. Mais une fois cette formalité accomplie, que de portes allaient, d'un seul coup, s'ouvrir devant eux !

Et d'abord celles d'un phénoménal magasin d'habillement installé avenue de Friedland. On y entrait, vêtu en pauvre civil de l'occupation, cherchant à tout hasard ses derniers points de textile au fin fond de ses poches rapiécées. Et l'on en sortait, une heure plus tard, transformé des pieds à la tête en officier américain, tout neuf et tout fringant.

Tunique vert-olive foncé *(green)*, pantalon bois-de-rose *(pinck)*, manteau coupé dans un drap beige qu'on aurait presque pris pour du cachemire, chemises de fine popeline, escarpins de cuir fauve auxquels venaient s'ajouter un splendide imperméable à doublure amovible, deux ou trois blousons de campagne *(field-jackets)* à poches et fermetures Eclair multiples, bottes de combat et mocassins de repos, deux casques s'emboîtant l'un dans l'autre[2], toutes sortes de sous-vêtements de laine douce comme de la soie. J'en passe... Et l'ensemble acquis pour un prix absolument dérisoire, presque symbolique, ne devant même pas atteindre mille de nos malheureux francs de l'époque, environ huit cents francs d'aujourd'hui. Ah, lorsque les États-Unis se mettaient à faire la guerre, ils ne négligeaient vraiment rien pour le confort du guerrier !

Quand mon père me vit arriver dans cette nouvelle tenue, je dois dire qu'il ne pût s'empêcher de faire une assez drôle de tête.

Plus tard, à l'occasion d'une de ces lettres qu'il m'adressait parfois pour m'entretenir de choses sérieuses gagnant à être lues plutôt que seulement entendues, et trop souvent d'une seule oreille, il devait m'écrire :

« Lorsque je t'ai découvert avec l'aigle américain sur tes boutons dorés, je n'ai rien dit, mais j'ai trouvé cela très dur. Pourtant, c'était à nous seuls qu'il était permis d'en vouloir. »

Je compris fort bien ce qu'il voulait dire. Moi aussi j'éprou-

---

1. *Supreme headquarter allied expeditionnary forces.*
2. Le premier, très léger, n'avait aucune valeur protectrice. Le second, en revanche, pouvait faire obstacle à la pénétration de certains éclats et servir de cuvette pour y faire sa toilette ou de bouillotte pour l'eau du café.

vais une sorte de gêne devant tout ce luxe excessif, tout ce luxe étranger même s'il était ami. Et encore, ne savais-je rien de la façon dont étaient habillés nos soldats, parfois même leurs officiers.

Il n'empêche que dans la rue, dans le métro, je me sentais déjà un autre homme.

Et puis, il n'y avait pas que l'habillement.

Ainsi notre carte de correspondant de guerre nous donnait-elle également libre accès à plusieurs autres magasins qu'on nommait des *Post exchange* ou, plus couramment, des *P.Ex.* Il s'agissait de véritables palais d'une Dame Tartine yankee, installés par l'armée américaine dans le quartier des Champs-Élysées comme dans celui de l'Opéra. Et là nous pouvions obtenir, à des prix toujours éthérés : cartouches de cigarettes à discrétion, bouteilles de cognac, de whisky, de champagne, chocolats, sucreries américaines du genre *candy rolls*, fusées porteuses de toutes les obésités du monde libre, parfumerie, eaux de toilette, crèmes à raser, *after-shaves*, préservatifs, etc. Et tous ces disques américains dont nous étions privés. Bref, de quoi prendre une ébouriffante revanche sur quatre années d'austérité. A condition, bien sûr, une fois l'existence de tels privilèges peu à peu ébruitée, de ne plus vouloir éperdument n'être aimé que pour soi-même.

Je n'imaginais pas que mon premier départ en direction de la zone des armées se passerait aussi simplement. Et c'est en pensant à ma mère que je dis surtout cela. Heureusement, les quarante et un ans de mon ingénieur du son, André Peteuil, qui était la compétence, la conscience, la délicatesse mêmes et deviendrait vite un ami, paraissaient la rassurer. Elle ne lui avait pas moins fait jurer de veiller sur moi comme sur un fils, et de ne me laisser commettre aucune de ces héroïques et inutiles sottises, coutumières à mon âge, et dont je m'empresserais, dans la meilleure des hypothèses, de faire aussitôt le récit à mes petits camarades, pour me donner, à leurs yeux, des airs de conquistador.

Mon père, lui, s'était borné à cinq ou six recommandations, pas une de plus, fondées sur son incontestable expérience du sujet, et qu'il m'avait, cette fois, glissées dans le tuyau de l'oreille, je veux dire entre deux portes, comme beaucoup de ce qu'il me confiait d'essentiel depuis que j'étais né. Il m'avait également remis, pour le général de Lattre, un pli où j'imaginais difficilement qu'il pût ne pas lui parler de moi. Et il y avait ajouté une très belle sépia qu'il venait d'achever, réminiscence des combats de Rethel.

Nous avions pris le petit déjeuner, tous les trois, à nos places de toujours. Moi en uniforme. Mon père en civil. J'éprouvais du mal à m'y faire. A présent, nous allions et venions d'une pièce à l'autre de l'appartement, sans but précis, comme pour éviter que ne commençât trop tôt le temps réservé aux adieux. A un moment, cependant, je me retrouvai seul dans ma chambre et pus m'y livrer, hâtivement, à un point sommaire de ma situation.

Il se résumait ainsi : je n'en revenais pas.

Je ne revenais pas de tout ce qui m'arrivait.

Qu'on en juge. Nous étions aux derniers jours de novembre. Trois mois plus tôt, même après mes débuts au micro lors de la libération de Paris, je ne savais rien encore de la ligne directrice qui suivrait, un jour, mon indécise carrière. Et voilà que je comptais soudain, à vingt et un ans, au nombre de deux ou trois cents correspondants de guerre alliés qui, sur le front de l'ouest, assisteraient bientôt à l'inévitable dénouement du plus grand conflit armé de l'histoire des hommes.

L'avais-je mérité ?

C'te bonne blague ! aurait dit mon père. Il était même probable que rarement pareille chance avait été aussi peu justifiée. Si tant est qu'il en puisse exister qui le soient véritablement.

Je m'étais déjà un peu fait cette réflexion, une dizaine de jours plus tôt, en quittant le bureau du général Eisenhower dont j'avais été chargé d'enregistrer je ne sais plus quelle déclaration officielle. Une fois celle-ci gravée dans la cire, j'avais cru que ma visite au commandant en chef interallié allait aussitôt prendre fin. Eh bien, pas du tout ! Elle durerait au contraire près d'une heure encore, tout au long de laquelle il allait me falloir répondre, dans mon anglais scolaire, à une foule de questions touchant la façon dont la jeunesse française considérait la guerre. J'aurais évidemment préféré interroger mon hôte sur le débarquement, la bataille de Normandie ou lui demander comment il envisageait la fin du conflit. Mais ce n'était pas encore moi qui choisissais les sujets de conversation avec un homme de cette importance. Et je devais déjà m'estimer hautement privilégié d'avoir été appelé à passer soixante minutes en tête à tête avec celui-là, sans être jamais dérangé par un aide de camp ou plus simplement par la sonnerie d'un des multiples téléphones posés un peu partout à travers la pièce.

— Ce que vous m'avez appris m'a beaucoup intéressé, voulut bien me dire Ike, en me raccompagnant jusqu'à la porte de son bureau et me tendant la main.

Je ne lui avais pourtant rien confié de particulièrement original ou instructif. En revanche, pour le gosse que j'avais toujours la sensation d'être demeuré, quel souvenir à enfermer dans sa toute jeune mémoire !

Mais ce pouvait aussi n'avoir été que la chance d'une rencontre et un hasard sans lendemain. Or la chance continuait, apparemment, de tourner dans le très bon sens autour de moi. Et si j'en jugeais par le badge de correspondant de guerre — ou plutôt de *war correspondent* — maintenant cousu à ma poitrine, elle tournait même avec de plus en plus d'insistance et, semblait-il, de conviction.

A 7 heures du matin, la vieille Vivaquatre était au pied de l'immeuble. J'embrassai longuement mes parents, ne voulant surtout pas avoir à me reprocher, cette fois, la moindre hâte ou seulement son semblant. Quand je fus dans la rue, je levai la tête. Ils étaient tous deux au balcon, à me faire des signes de la main. Comme lorsque je partais pour l'école au premier jour de l'année scolaire.

Même d'en bas, je vis bien que ma mère ne pouvait plus, maintenant, contenir les larmes qu'elle avait réussi à maîtriser jusque-là. Il me fallait pourtant y parvenir moi-même. Je m'engouffrai dans le véhicule et, par la vitre entrouverte, ne laissai derrière moi qu'une main faisant des battements d'aile tandis que nous nous éloignions.

Notre voiture n'était pas une rapide. Et encore convenait-il de savoir la ménager, si nous ne voulions pas qu'elle s'immobilisât au plus mauvais moment sans même avoir donné le plus timide avertissement. C'était du moins ce qu'affirmait Marestaing, notre chauffeur marseillais, tout en précisant, *avé l'assent* :

— Un ou deux jours de repos, de temps en temps, ne lui font pas de mal.

A lui non plus, apparemment. C'est, du moins, ce que je crus comprendre et que la suite des événements devait se charger de confirmer.

Je demandai :

— Et s'il nous faut traverser un secteur exposé aux tirs d'artillerie ?

— Oh, il vaudrait mieux l'éviter, répondit Marestaing imperturbablement.

— Seulement, à la guerre, ce n'est pas toujours possible.

— Je sais. Mais cette putain de guerre et cette putain de bagnole, j'aime autant te dire que ça fait deux.

Voilà qui commençait bien.

Il nous fallut une bonne dizaine d'heures pour accomplir les 360 kilomètres séparant Vincennes de Luxeuil où le « camp de presse » de la Ire Armée française était installé dans l'un des meilleurs hôtels de cette agréable cité thermale, du moins quand le thermomètre n'y descend pas à – 30° C.

Le jeune officier qui nous accueillit avait des yeux bleus s'accordant fort bien à ses cheveux légèrement et prématurément argentés par endroits.

Il se présenta :

— Lieutenant Frey.

Dans l'armée, le grade et le nom de famille comptent avant tout. Le prénom est rarement prononcé. Du moins au sein des rapports de service. Eussé-je d'ailleurs connu le prénom du lieutenant Frey que, n'ayant aucun talent pour déchiffrer l'avenir dans le cristal ou le marc de café, je n'aurais évidemment pas deviné que j'avais devant moi Roger Frey, futur ministre de l'Intérieur du général de Gaulle et que, plus tard, Georges Pompidou nommerait président du Conseil constitutionnel.

— Vous étiez annoncés, me dit le lieutenant Frey. Mais vous tombez particulièrement bien car nous avons justement dans nos murs l'officier de presse du général de Lattre qui est le commandant Gandoët.

C'est à ce moment-là que celui dont il venait d'être question fit son entrée. Il n'était pas de très haute taille, mais sa silhouette avait quelque chose d'un obus de 75 qui le prédestinait peut-être à devenir homme de guerre. A la Ire Armée, on l'avait surnommé le « héros du Belvédère », ce qui lui permettait parfois d'ajouter, en explosant de rire : « A défaut d'en pouvoir être l'Apollon ». Quelques mois plus tôt, en effet, c'était à lui et à son bataillon de tirailleurs tunisiens que le Belvédère, position clé du front français dans les Abruzzes, devait d'avoir été conservé au prix d'un des combats les plus meurtriers de la campagne d'Italie.

— Le « patron » vous attend demain pour déjeuner à son P.C. de Montbéliard, me lança tout de suite le commandant Gandoët de sa voix haute un peu éraillée. Et moi je suis chargé de vous y amener mort ou vif. Alors le mieux serait peut-être de casser rapidement une petite graine et de prendre aussitôt la route. Le « patron », j'avais évidemment tout de suite compris qu'il s'agissait du général de Lattre. C'était d'ailleurs ainsi que, le plus souvent, mon père le désignait lorsqu'il en parlait. Quant à la route de nuit, sur les 75 kilomètres séparant Luxeuil de Montbéliard, j'en ai surtout conservé le souvenir d'un farouche combat livré par moi au vigoureux besoin de sommeil qui était alors le mien, et à la peur panique de me mettre à ronfler au milieu d'une des plus belles histoires italiennes du commandant Gandoët.

En s'installant à Montbéliard, le général de Lattre avait aussitôt choisi l'hôtel de la Balance, qui était ce qu'on faisait de mieux en ville, pour y établir le PC de son armée. Ainsi avait-il gagné, au passage, un nouveau et facile surnom : le « fléau de la Balance », venant s'ajouter au « Roi Jean », à « Théâtre de Tassigny », « De Lattre de Marigny », la « 1re almée française ». Et j'en passe. Quand de Lattre mourut, François Mauriac devait admirablement faire justice de tous ces quolibets en écrivant du disparu : « Ses défauts étaient éclatants car ils étaient superficiels. »

Convoqué pour 9 h 30, je fus reçu à 11 heures. Ce qui, à en croire les habitués, vu mon âge et mon modeste rang dans la hiérarchie, constituait un traitement tout à fait privilégié.

A propos de rang et de hiérarchie, nous autres correspondants de guerre étions automatiquement assimilés au grade de capitaine. Mais nous n'en portions pas les insignes. Je préférais de beaucoup cela, car je me serais mal vu, devant mon père, arborant d'emblée trois galons sur ma première tenue militaire, alors qu'il lui avait fallu quatre années de rudes combats pour conquérir ceux-ci. Je savais bien que, dans la Résistance, on avait connu promotions plus fulgurantes encore que la nôtre. Mais, toujours à l'égard de mon père, ceci ne me semblait pas de nature à justifier cela.

Quand on me fit entrer dans le bureau du général de Lattre, j'étais ému, certes, mais beaucoup moins paralysé que je ne le redoutais. J'avais tellement entendu parler de ce chef déjà prestigieux avant d'être glorieux qu'il me semblait presque l'avoir plusieurs fois rencontré. Je possédais même quelques notions de ce qu'il convenait de faire et de ne pas faire devant lui. Ainsi du garde-à-vous. Il ne l'aimait ni trop appuyé ni trop prolongé pour lui éviter de se muer en une sorte de carapace immunitaire permettant au subordonné de tout exprimer avec le seul regard, y compris l'insolence, tandis que le reste du corps conservait les signes extérieurs d'une irréprochable soumission. Mon garde-à-vous fut donc aussi bref et discret que possible. Cela dut plaire à mon hôte, puisqu'il vint aussitôt à moi, me tendit la main, puis me donna une sorte de bourrade sur l'épaule et, après m'avoir désigné un siège, retourna s'asseoir derrière son bureau. J'en avais profité pour lui remettre, au passage, la lettre de mon père et la grande enveloppe de papier blanc contenant son aquarelle. Le général, aussitôt, l'en fit sortir, la regarda avec un demi-sourire et me dit :

— C'est bien du Jean Droit. Ton père est un homme que j'admire autant que je l'estime. L'artiste a du talent et l'officier du courage. Crois-moi, les deux ne vont pas forcément de pair.

Ce tutoiement ne me surprit pas. Il avait quelque chose de paternel. De Lattre portait, sur la joue gauche, une sorte de balafre, cicatrice d'un coup de poignard chleuh reçu au Maroc entre les deux guerres. Son visage en avait hérité une légère dissymétrie dont il savait jouer à merveille selon qu'il lui fallait s'imposer ou charmer, pétrifier ou subjuguer. Le nez avait, chez lui, quelque chose d'aquilin, et la bouche pouvait se faire, selon les circonstances, aussi sensuelle qu'impérieuse, indulgente qu'impitoyable. Au-dessus de la poche gauche de son blouson de drap kaki, qu'on disait confectionné par un des meilleurs tailleurs militaires de Londres, ne figuraient que deux rubans de décorations. Ceux de la croix de la Libération, qu'il venait de recevoir des mains du général de Gaulle, et de la médaille des Évadés qu'il avait deux fois méritée, la première en s'échappant de la prison de Riom où l'avait enfermé le régime de Vichy, la seconde, en quittant la France occupée dans des conditions périlleuses. C'était sa coquetterie à lui de ne porter, à cette époque, ni la Légion d'honneur avec rosette sur canapé d'or et d'argent, ni ses croix de guerre chargées de palmes. On lui reprochait souvent son goût excessif pour le faste. Mais il savait montrer qu'il pouvait pratiquer le faste jusque dans le dépouillement.

— Alors, tu es correspondant de guerre pour la radio, me lança-t-il. Eh bien, le moins qu'on puisse dire est que tu tombes à pic. La radio nous traite mal. Il n'y en a, sur les ondes nationales, que pour la 2e DB qui est incorporée, ne l'oublions pas, à une armée américaine et qui, lorsqu'on veut nous la rattacher, semble toujours se sentir comme diminuée par la perspective d'une telle affectation. Je ne conteste pas ses titres de gloire, loin de là. Elle est partie du Tchad, a libéré Paris et Strasbourg. J'aurais aimé le faire. Leclerc est un jeune général plein d'inspiration et d'ardeur. Mais enfin, bon Dieu! nous sommes une armée, nous. Des divisions blindées, j'en ai deux sous mon commandement, et qui ont fait leurs preuves. Des divisions d'infanterie, j'en ai cinq. Bientôt, j'en aurai sept.

Feinte ou non, étudiée ou spontanée, la colère durcissait le moindre trait du visage. La voix se faisait sourde afin de mieux marteler chaque mot. Plus question de jouer de l'œil droit et de l'œil gauche pour, si j'ose dire, souffler en même temps le froid et le chaud. Le feu, soudain, prenait de tous les côtés à la fois. Je n'étais pas là depuis cinq minutes que j'avais déjà droit à l'un de ces grands numéros de violence contenue et dosée avec soin dont m'avait tant parlé mon père.

— Nous avons tout de même reconquis le tiers du territoire national, poursuivit le général. Toulon, Marseille, Lyon, Dijon, Besançon, Belfort, Mulhouse, c'est nous qui les avons délivrés. La course au Rhin, c'est nous qui l'avons gagnée atteignant le fleuve avant toutes les autres armées alliées. Demain, nous libérerons Colmar et porterons ensuite la guerre en Allemagne. Nous sommes l'armée de la France. Alors, est-ce vraiment demander l'aumône que de réclamer qu'on le dise aux Français? Qu'en penses-tu?

Que pouvais-je dire sinon acquiescer? J'étais d'ailleurs parfaitement sincère en le faisant, car ce silence feutré à l'égard de la Iʳᵉ Armée, je n'avais pas attendu que son chef m'en parlât pour l'éprouver moi-même et en sentir l'injustice. Et il ne me semblait pas que la radiodiffusion fût seule à l'observer. La plus grande partie de la presse en faisait tout autant.

— Cela vient de chez Diethelm, conclut de Lattre en frappant de la main droite le rebord de son bureau.

André Diethelm, gaulliste de la première heure, était alors ministre de la Guerre et, d'après les bruits qui couraient, ne portait pas exactement de Lattre dans son cœur. De là, pourtant, à faire retomber sur ses soldats le poids de ses sentiments à l'égard de leur chef, on aurait pu espérer qu'il n'irait pas si loin. Mais le général de Lattre était profondément convaincu du contraire. Il réagissait donc selon sa conviction. Et à sa manière.

Soudain, brusque changement de registre. Alors, presque à voix basse, de Lattre me dit :

— Enfin, je compte sur toi pour voir ce qu'on peut faire.

L'orage était passé.

Me parut donc venu le moment de poser une question.

— Mon général, depuis le débarquement sur les côtes de Provence, quelle est l'action dont vous êtes le plus fier?

La réponse ne se fit pas attendre.

— L'amalgame.

Il dut se voir sur mon visage que le terme n'évoquait pas, chez moi, quelque chose de très précis. Le général voulut pourtant bien ne pas le remarquer. Il enchaîna donc :

— Quand nous avons débarqué, remporté la bataille de Provence, commencé à remonter la vallée du Rhône, nous étions une armée composée de chefs et d'hommes rompus à l'exercice de la guerre et dont la plupart avaient, notamment, fait leurs preuves en Italie et à l'île d'Elbe. Mais ils n'étaient pas les seuls Français à vouloir se battre. En France même, il y avait également plus de 100000 FFI, nés de la Résistance, qui exigeaient, de tout leur cœur et de toutes leurs énergies, une participation qui ne fût pas de la simple figuration aux derniers combats pour libérer le territoire et à ceux de la revanche en Allemagne. Or, ces FFI, nous étions seuls à pouvoir leur donner cette chance en les accueillant dans nos rangs. Il a donc fallu les y incorporer, c'est-à-dire les habiller, les équiper, les armer, les instruire, les entraîner. Et cela tout en continuant de nous battre. Crois-moi, cela n'a pas été facile. Mais nous avons réussi. Oh, je sais, on m'a souvent reproché mes « faiblesses » pour les FFI, le temps que je leur consacrais, et jusqu'aux nuits passées à recevoir des colonels de vingt-huit ans. Il est vrai qu'il m'est arrivé, dans le même temps, d'en faire attendre de plus chevronnés. Mais quoi, ceux-ci étaient des privilégiés qui faisaient la guerre avec tout ce qu'il fallait pour la faire. Tandis que les autres étaient des « mal lotis » à convaincre ou à réconforter, derrière lesquels s'était regroupée une jeunesse héroïque et pure qui était prête à se battre sans chaussures et presque à mains nues. Dès lors, au nom de quoi m'excuserais-je de leur avoir prodigué de la tendresse, de l'admiration? Leur attitude prouve amplement que j'avais raison de leur faire confiance.

Je venais d'avoir droit au réquisitoire et à la colère. J'écoutais maintenant un fulgurant acte de foi que, fermant souvent les yeux comme pour rejoindre un rêve, le général de Lattre prononçait devant moi seul. Et il y insufflait toute la fougue et le talent d'une éloquence que je commençais à découvrir.

— En inspirant, en dirigeant tout cela, dit-il encore, j'ai

toujours vu, naturellement, bien au-delà de la guerre. Ainsi entendais-je, à mon échelle, faire œuvre d'unité nationale, c'est-à-dire de ce dont nous avons le plus besoin. Je crois que que l'on mesurera, un jour, combien ce que je nomme l' « amalgame » aura été important pour la France, et pas seulement pour son armée.

Le général s'arrêta et se leva comme un jeune homme.

— Enfin, résumons-nous, dit-il. A la Ire Armée, tu es chez toi, exactement comme ton père s'y trouverait. Tu iras donc où tu voudras. Je n'ai rien à cacher. Et si tu as besoin de quelque chose qu'on te refuse ou te mesure sans raison, si l'on te reçoit mal quelque part, n'hésite pas et viens m'en parler. Gandoët arrangera cela. Il déjeune d'ailleurs avec nous, tout à l'heure. C'est un type fantastique. Au Belvèdaire, il s'est battu comme un lion. J'aurais aimé être là pour le voir. Cela devait être un spectacle. Il a été grièvement blessé. Or, tu sais qu'il n'y a rien de plus terrible qu'un lion blessé.

En sortant de chez de Lattre, j'étais bien plus ému qu'en y entrant. D'abord, j'avais assisté à un prodigieux spectacle dont je m'émerveillais, au-delà de toute expression, qu'à mon âge il m'eût été donné d'en être l'unique spectateur. Et puis, je pensais que mon père avait servi cet homme durant les quelques mois d'une guerre ambiguë, débouchant sur les larmes et les cendres d'un drame national sans précédent. Or, voilà que je retrouvais le même homme à la tête d'une armée victorieuse et, pour le pays, rédemptrice. Je savais ce que mon père éprouverait quand je lui conterais ce que je venais de vivre, quels signes il y verrait, quelle fierté, quel bonheur il en ressentirait. Comment aurais-je pu, à cet instant précis, ne pas y songer ?

Vers deux heures de l'après-midi, selon ce qui semblait bien être son habitude, le général fit son entrée dans le salon jouxtant la salle à manger, et où l'attendaient ses invités du jour. Jusque-là, j'avais trouvé le temps plutôt long, seul de mon espèce et comme figé sur place au milieu d'un parterre de généraux, de colonels, de commandants tel que je n'en avais jamais vu. Le cher Gandoët avait bien essayé de me présenter à quelques-uns, mais sans éveiller chez eux, je dois l'avouer, un très grand intérêt pour ma modeste personne. Le général de Lattre, qui avait l'œil à tout, dut s'en apercevoir car il voulut bien, d'emblée, prononcer à mon sujet quelques mots aimables qui arrangèrent un peu mes affaires. Puis nous passâmes à table et, comme un chef d'orchestre qui s'accorderait le droit, chaque fois que bon lui semble, de se mettre au piano pour y jouer son propre solo, de Lattre entreprit de diriger la conver-sation tout en ne se privant jamais, à la moindre occasion, de l'accaparer en virtuose.

J'étais assis à la droite d'un commandant FFI d'une trentaine d'années, au visage tout en angles vifs et au sourire d'adoles-cent. Nous voyant, à un moment, profiter d'une reprise de l'orchestre pour bavarder un peu, le général me lança tout à coup en désignant mon voisin.

— Retiens son nom. Il s'appelle Jacques Monod. Bientôt, ce sera l'un de nos plus grands savants. Et, tu vois, cela ne m'étonnerait même pas qu'il décroche un jour le prix Nobel.

Le lendemain matin, je quittai Montbéliard où j'avais été rejoint par mon équipe technique à bord de notre vieille Renault.

Le commandant Gandoët nous avait conseillé Thann et la vallée de la Thur, en Haute-Alsace, comme premier objectif. C'était la pointe extrême atteinte, au nord-ouest de Mulhouse, par l'offensive de novembre. Celle-ci, hélas! n'avait pu libérer complètement l'Alsace, ni donc empêcher que se constituât une poche autour de Colmar où l'ennemi disposerait bientôt de moyens considérables en hommes et en matériel.

Ce ne fut pas une petite affaire que d'arriver à Thann avant la tombée de la nuit. Heureusement, nous y étions attendus par l'officier de presse du 4e régiment de tirailleurs marocains dont les hommes tenaient le secteur. Il nous mit rapidement au courant de la situation.

— Les Allemands sont tout près, nous dit-il. Au nord, c'est-à-dire à Vieux-Thann, juste à la sortie de la ville. Et sur les hauteurs boisées qui dominent celle-ci. Chaque soir et jusqu'à l'aube, ils y ont des accrochages avec nos tirailleurs. Si cela vous amuse d'aller passer une nuit prochaine là-haut, vous y serez les bienvenus. En attendant, il nous faut gagner Villers-sur-Thur où se trouve le PC du régiment. Pour cela, il y a un tronçon de route que nous n'utilisons pas car il est sous le feu des canons de 88 allemands. Nous lui préférons, par consé-quent, le tunnel qu'emprunte la voie ferrée. Mais il faut que je vous en donne le mode d'emploi. A l'entrée, on ne risque pas grand-chose. C'est plutôt à la sortie que nous sommes attendus. Il faut donc prendre son élan sous le tunnel et, dès qu'on en débouche, rouler à fond sur deux cents mètres. Après on est à couvert. Enfin, vous n'aurez qu'à suivre ma jeep.

J'éprouvais l'impression que, pour moi, la guerre commençait enfin.

L'entrée dans le tunnel se déroula plutôt bien. Sans un seul tir de 88. Restait maintenant à réussir notre sortie. Ce qui n'était pas le plus facile. En effet, les pierres concassées du ballast et les traverses de bois qui supportaient la voie ferrée ne constituaient pas précisément la surface idéale pour exiger de notre Vivaquatre, déjà peu ardente sur une route macadamisée, le maximum de son rendement.

Dix minutes plus tard, nous n'en avions pas moins atteint Villers-sur-Thur sans encombre. La nuit était maintenant tombée.

Nous passâmes presque aussitôt à table où le colonel me fit l'honneur de me prendre à sa droite. En face de moi, se trouvait un jeune lieutenant marocain, originaire de Fez, et sorti de Saint-Cyr en 1939. Très vite, les histoires, anecdotes, plaisanteries, calembours se mirent à fuser de toutes parts, sans la moindre souci de la hiérarchie des grades. Je découvrais peu à peu cette atmosphère détendue, bon enfant des popotes d'officiers dont mon père m'avait si souvent parlé. Et, une fois le climat créé, j'espérais bien entendre ces hommes, qui s'étaient « tant battus », comme disait Péguy, évoquer leurs combats en Italie, en Provence, et dire de quelle façon ils étaient arrivés là où nous étions ce soir.

Il me fallut rapidement déchanter. J'avais compté, en effet, sans la loi du nombre qui, à grands coups de cuillers et de fourchettes sur les verres, allait vite m'imposer de déclamer les stances du mois d'août à Paris dont mes hôtes ignoraient à peu près jusqu'au premier alexandrin. Ne pouvant me dérober, je crus cependant qu'il me serait au moins permis de résumer l'histoire en quelques strophes. Lourde erreur. Car à peine osais-je prendre un raccourci, auquel j'espérais pouvoir faire confiance, que surgissait toujours une question judicieuse pour me ramener dans le droit chemin et le vif du sujet. Si bien que, tout en hérissant peu à peu de barricades imaginaires la salle à manger campagnarde où nous dînions, tout en faisant descendre et redescendre à de Gaulle cette voie triomphale qu'était devenue la longue table de chaque côté de laquelle nous étions assis, j'avais l'esprit de plus en plus ailleurs. Je louchais vers les étoiles et les palmes qui scintillaient aux poitrines de mes voisins. Et je rêvais à tous les exploits guerriers dont je manquais tristement le récit, contraint que j'étais de monopoliser la conversation avec de vieilles histoires que, naturellement, je connaissais par cœur.

Mais il y avait plus grave. Car tout en parlant, je pénétrais, sans aucune préparation, dans un univers qui m'était absolument étranger. Celui d'une troupe en campagne. Je possédais bien quelque idée sur lui pour en avoir, toujours par mon père, maintes fois entendu parler. Mais là je me trouvais soudain face à la réalité. A une place privilégiée, je n'en disconviens pas, mais d'autant plus difficile à occuper avec un minimum de naturel. Et sans posséder la moindre pratique des lois, usages et habitudes qui avaient cours ici.

Venaient enfin mon âge et ma totale inexpérience du métier que j'étais censé faire. Ce qui ne pouvait pas très longtemps, me disais-je, échapper à des esprits naturellement observateurs. Je ne cessais d'y songer. Par moments, je me sentais comme observé, dévisagé, disséqué de tous les côtés en même temps. « Voici donc l'un de ceux, devait-on penser autour de moi, chargés de dire à la France entière, par la voix des ondes, qui nous sommes et ce que nous faisons ! » De quoi donner à réfléchir. Sans doute plusieurs jeunes officiers, présents à cette table, étaient-ils à peine mes aînés. Mais la guerre avait su les forger peu à peu à leurs tâches et responsabilités de tous les jours. Moi, je me sentais un enfant à côté d'eux. Un enfant terrorisé qu'on découvrît son âge et ses insuffisances.

Il faut croire que de tels sentiments n'avaient rien d'éphémère ni de superficiel puisque, même aujourd'hui, en écrivant ces pages, renaît au fond de moi l'impression de malaise et de flou intérieur que j'éprouvais alors. Mes souvenirs vont et viennent dans le vague et l'incrédulité. Pour la première fois depuis que j'essaie de remettre la main sur eux pour enfin les fixer, voilà soudain qu'ils commencent à m'échapper, vacillant en désordre au fond de ma mémoire.

Je n'ai pas oublié, pourtant, ces journées glacées vécues aux limites extrêmes de Thann, là où commençait Vieux-Thann. Les Allemands s'y étaient retranchés dans les hangars et ateliers d'une vaste entreprise dont je n'ai jamais su exactement ce qu'elle produisait en temps de paix. Il était d'ailleurs de la plus élémentaire prudence de ne pas trop chercher à s'approcher pour en savoir plus, même en utilisant tous les moyens de défilement possibles. N'importe comment, la limite à ne pas franchir était marquée par deux cadavres allemands allongés sur le dos et dont la température quasi sibérienne assurait la parfaite conservation. Curieusement, jamais l'ennemi n'avait essayé de les récupérer pour leur assurer une sépulture décente, ce qui aurait très bien pu se faire durant la nuit. Voire même avec notre consentement. Aussi avions-nous toutes raisons de craindre qu'ils fussent piégés l'un et l'autre, et qu'une pieuse intention de notre part ne connût pas la récompense qu'elle aurait méritée.

— Si on leur expédiait une bonne rafale pour en avoir le cœur net, s'était un jour exclamé un FFI incorporé à la division marocaine.

— Tirer sur des macchabées, lui avait répondu son caporal, ça serait vraiment du gâchis. Et puis ça manquerait d'élégance.

Un matin, alors que j'avais réuni autour de mon micro quelques-uns des hommes qui occupaient cette position, les Allemands déclenchèrent sur nous un tir de mortier dont le réglage n'était certainement pas du travail d'amateurs. Plat ventre immédiat sur le sol gelé. Camouflage précipité derrière tout ce qui pouvait tenir lieu d'abri improvisé. Peteuil et sa voiture d'enregistrement se trouvaient heureusement à cent mètres de là, seulement reliés à nous par le câble du micro.

Pour dire la vérité, ces arrivées d'obus ne me déplaisaient pas tout à fait. D'abord, parce qu'elles constituaient ce que je croyais être mon vrai baptême du feu. Et puis, me disais-je, lorsqu'on les entendra à la radio, elles prouveront au moins que nous n'avions pas peur de prendre des risques.

Je fus bien déçu quand, sur le disque de cire, j'écoutai l'enregistrement que nous venions de faire. Car les explosions étaient si proches et leur bruit si violent qu'il en résultait un phénomène de saturation rendant absolument dérisoire ce dont j'escomptais un effet terrifiant.

— Tiens, me dit Peteuil en riant, tu veux que je t'enregistre une belle arrivée d'obus ? Tu vois la vitre de la portière ?

— Oui.

— Alors, regarde bien. Tu vas en approcher ton micro. Comme cela. Et maintenant, ne bouge plus.

Alors, il abaissa le graveur sur le disque et donna, sur la vitre, un très léger coup de poing.

— Maintenant, écoute.

L'illusion était parfaite. On aurait dit que l'obus était tombé à cinquante mètres.

— Tu vois, il y a des choses qu'on a le droit de connaître, me dit Peteuil, mais qu'il faut également savoir oublier quand on veut bien faire son métier.

Tous ceux qui ont côtoyé la guerre le savent : on croit avoir reçu le baptême du feu parce qu'une douzaine d'obus de mortier ont fait distraitement explosion à vingt-cinq mètres de vous. Et puis, pas plus tard que le soir ou le lendemain, on se retrouve le nez en terre, les bras comme des ailerons de volaille, essayant de se transformer en feuille de papier à cigarette sous les balles d'un fusil mitrailleur qui vous passent au ras de l'échine. En entrouvrant un œil, avant de le refermer séance tenante, on distingue alors les traçantes vertes ou rouges qui viennent vous confirmer, au plus mauvais moment, l'excellente précision du tir ennemi. Et l'on commence à se demander si tous les ingrédients de ce baptême guerrier que l'on croyait pourtant bien avoir reçu la veille étaient réellement présents au rendez-vous, et s'il ne manquait pas à la cérémonie ce petit complément de risque et d'émotion qu'on vous prodigue, maintenant, avec d'autant plus d'insistance.

L'offre qui m'avait été faite, au soir de notre arrivée, d'aller passer une nuit au-dessus de Thann, dans l'un des trous creusés par les tirailleurs marocains face aux avant-postes allemands, n'était pas tombée dans l'oreille d'un sourd. Chaque jour, je me faisais un plaisir de répéter à l'officier de presse du régiment que j'étais de plus en plus disposé à profiter de son aimable invitation, ajoutant même que le plus tôt serait le mieux. Et cela jusqu'à ce qu'il me fût enfin répondu :

— Je crois que ce soir pourrait être le bon.

Qu'en savait mon cicérone ? En tout cas, il ne s'était pas trompé. De mémoire de tirailleur marocain familier du secteur, il y avait belle lurette, en effet, que sous les hauts sapins recouverts de neige de l'Herrenstubenkopf, la nuit n'avait été aussi turbulente, fertile en émotions et riche en feux d'artifice de la meilleure qualité.

Cette nuit, je n'essaierai pourtant pas de la décrire dans le détail. Il est des maîtres du genre sur les brisées desquels je préfère ne pas m'aventurer, surtout en songeant qu'il leur a probablement fallu des dizaines de nuits bien pires que celle-ci pour en tirer soixante lignes.

J'avais voulu vivre ces instants. Ils dépassaient mes espérances. Mais je ne me croyais pas à Carency ni au Ravin de la Mort pour autant, où mon père et ses camarades avaient connu des soirées et des nuits autrement grandioses. Néanmoins, à mon modeste échelon, quand cela crépitait, sifflait, explosait, détonait de toutes parts, que les cimes des sapins jouaient les filles de l'air avant de s'écraser au sol dans un fracas de branches cassées, que la terre s'éventrait ici et là sous l'arrivée des obus de 88, il était des moments où je n'en demandais pas davantage et même où je n'en menais pas très large. Sans toutefois éprouver la peur qui paralyse. Il faut dire que, de ce côté-là, j'étais déjà comblé par la température.

Une ombre, à un certain moment, profita d'une brève accalmie et tout en chuchotant le mot de passe, arriva en rampant jusqu'à nous. C'était celle du capitaine qui commandait la compagnie à laquelle on m'avait intégré.

— Il y a beaucoup de casse? lui demandais-je.

— Moins qu'on pourrait le croire, répondit-il. Mais où est donc passé Mabrouk?

L'un de mes voisins répondit, à voix basse, avec un fort accent berbère :

— Comme d'habitude, mon capitaine. Tu le connais bien.

Une bordée de jurons éclata aussitôt et se termina ainsi :

— Merde, il aurait pu cette fois nous dispenser de ses conneries !

Sur le moment, je n'en sus pas davantage car le jeune officier disparut aussitôt dans la nuit.

Quand la compagnie de relève arriva, au petit matin, nous redescendîmes dans la vallée, ramenant avec nous trois morts et une dizaine de blessés.

Mabrouk avait repris sa place au milieu de ses camarades. Silencieux mais visiblement assez fier de lui. Son rival Djelloul n'avait rapporté de sa patrouille nocturne et solitaire qu'une seule paire d'oreilles allemandes. Mabrouk, en revanche, avait battu son record personnel et venait de jeter dans la neige six morceaux de chair sanguinolents.

Cela faisait trois semaines que durait la joute opposant les deux hommes, chaque fois qu'ils montaient en ligne pour y passer la nuit.

Prétendre leur faire la morale eût d'abord exigé qu'on leur fît admettre que la guerre en avait une. Et à supposer qu'on eût trouvé les mots pour cela, il n'est pas certain que, cette guerre, Mabrouk et Djelloul auraient continué à aussi bien la faire.

Pareille nuit avec les tirailleurs marocains avait été d'une extrême importance pour moi. Non sur le plan professionnel où l'archaïsme du matériel mis à ma disposition m'interdisait absolument d'aller chercher, dans une telle aventure, le moindre écho sonore diffusable sur l'antenne. Comment aurais-je pu, en effet, traîner un microphone, au bout de son fil, jusqu'au fond du trou qui m'avait servi de gîte durant ces quelques heures animées ? Mais, vis-à-vis de moi-même, cette expérience à laquelle je tenais tellement s'était révélée tout à fait capitale.

Pour être plus clair, elle m'avait mis provisoirement en paix avec ma conscience troublée.

Certes, j'appréciais à leur juste valeur le fait et la chance d'être devenu, si jeune, ce qu'on appelait un correspondant de guerre. Mais, en même temps, cette promotion dont rêvaient tellement de journalistes chevronnés avait, dans mon cas personnel, quelque chose qui n'était pas sans me gêner parfois aux entournures. A mon âge, en effet, n'eût-il pas été plus normal de faire la guerre que d'y assister ? A moins, peut-être, de réussir à concilier l'un et l'autre, c'est-à-dire de tout mettre en œuvre pour courir les mêmes risques et périls que ceux dont ils étaient devenus le brouet quotidien. Or, c'est un peu ce que je venais de faire, dans mon trou à tirailleurs, en tendant le dos toute une nuit, sans y être le moins du monde obligé, à l'obus un peu trop proche ou à l'éclat aux arêtes un peu trop vives qui eussent risqué de me valoir quelques ennuis de santé. Et si, pour des raisons purement techniques, je n'avais pu faire mon métier au strict sens du terme, j'éprouvais l'impression de l'avoir exercé mieux encore que cela en me glissant dans la peau, c'est-à-dire dans les conditions de vie ou de mort, de ceux dont j'avais précisément pour mission de dire ce qu'ils accomplissaient et enduraient quotidiennement.

Cela s'était bien passé pour moi. Il n'en serait peut-être pas toujours ainsi. Mais chaque fois que j'aurais l'occasion de risquer, avec de tels hommes, ce qu'ils vivaient et risquaient eux-mêmes tous les jours, je savais désormais que je la saisirais. Et même, au besoin, que j'irais la chercher par les cheveux là où elle se trouvait.

Quand mon père, en forêt de Carnelle, m'avait suggéré de tout faire pour devenir correspondant de guerre, je savais bien que ce n'était pas une autre attitude qu'il imaginait pour moi. Il me l'avait d'ailleurs dit à mots couverts. Et, dans ces cas-là, qui mieux que moi aurait pu saisir son langage sans qu'il eût besoin de trop le préciser ?

Notre accréditation au *Quartier général suprême des forces expéditionnaires alliées* permettait à tout correspondant de guerre français d'aller, s'il s'y passait quelque chose qui fût digne d'intérêt, satisfaire sa curiosité en secteur américain ou britannique aussi bien que là où opéraient nos troupes.

C'est ainsi qu'aux approches de Noël, en plein développement de l'offensive ardennaise du général von Rundstedt[1], qui fit un moment craindre le pire, je résolus de me rendre auprès de la fameuse armée Patton qui s'efforçait, notamment, de contenir la poussée allemande au sud-est du Luxembourg et dans la Sarre.

Quitter l'armée française pour l'armée américaine, c'était changer d'univers et presque de planète. En effet, si nous étions, pour l'essentiel, équipés, armés, approvisionnés en matériel, munitions et carburant par notre puissant allié, il fallait souvent ne pas manquer d'un certain sens poétique pour le croire tout à fait. Ainsi, chez nous, un jerrycan d'essence n'était-il jamais sujet à plaisanterie. Pas davantage qu'une pièce de rechange ou une caisse de cartouches. On en parlait même avec respect, comme de quelque chose qu'il fallait mériter et dont nul ne devait jamais oublier ce qu'il représentait. Chez nos amis d'outre-Atlantique, en revanche, il semblait toujours permis de se demander si un char Shermann dont le carburateur donnait quelques signes de fatigue avancée, ne devrait pas être envoyé directement à la casse plutôt qu'à l'atelier de réparation, puisqu'un char tout neuf pouvait immédiatement se substituer à lui.

Metz et Nancy étaient devenues des villes américaines où il n'était pas facile de trouver son chemin en se fiant aux panneaux indicateurs, si l'on n'était pas soi-même américain ou à la recherche de tout ce qui pouvait l'être explicitement.

Et encore fallait-il être bien informé, c'est-à-dire ne pas risquer de confondre le signe *PRO*, abréviation de *Public Relations Office*, à savoir les services de presse de l'armée américaine, avec la *PRO Station*, autrement dit la *Prophylactic Station* où l'on soignait surtout les GI's atteints de maladies vénériennes. C'est l'erreur que je commis un soir, à Nancy, où je cherchais vainement quelqu'un pouvant m'indiquer l'hôtel réquisitionné

---

1. Puissante contre-offensive déclenchée, le 16 décembre dans les Ardennes belges et luxembourgeoises, par plusieurs armées allemandes aux ordres du général von Rundstedt, et qui allait s'étendre jusqu'en Sarre et en Lorraine.

pour les correspondants de guerre. Or je finis par tomber dans une annexe de la gare, sur un sergent-infirmier que je prenais, en toute innocence, pour un préposé aux relations publiques de l'armée Patton et qui voulait, à tout prix, me faire d'abord une première injection de pénicilline, en échange d'indications substantielles sur la damnée *bloody bitch*[1] avec laquelle j'avais « *attrapé ça* ».

En passant par la Lorraine pour entrer bientôt en Sarre, je commençais pourtant à découvrir les premiers signes extérieurs d'une sorte de psychose qui, depuis le début de l'offensive allemande, s'était mise à envahir les territoires que je traversais et menaçait d'y proliférer dangereusement.

On appelait ce mal la *skorzenyte*, du nom d'Otto Skorzeny, auquel j'ai déjà fait allusion, et dont le nom était toujours prononcé dès que l'ennemi déclenchait un « coup » sortant suffisamment de l'ordinaire.

Le bruit courait donc — sans qu'on pût très bien dire s'il était fondé ou non — que, sous le commandement de Skorzeny, les Allemands avaient parachuté ou infiltré, sur les arrières des lignes alliés, de faux soldats et officiers américains rendus fort difficiles à identifier par l'indiscutable authenticité de leurs tenues, mais surtout par leur parfaite connaissance de la langue en même temps que des mœurs et coutumes de la nation à laquelle ils étaient censés appartenir.

Ainsi régnait-il, plus on approchait du front, une atmosphère de tension, de suspicion, quelquefois même de panique fantasmatique entretenue par toutes les histoires qui se colportaient d'une unité à l'autre sur ces redoutables agents de l'ennemi et les actions menées par eux. Sans compter celles qu'on ne se privait pas de leur attribuer avec une générosité qui n'était pas le moindre succès d'une telle opération.

Nous étions le 24 décembre. La grand-rue de Boulay-Moselle était déserte. L'église, coupée en deux comme par le tranchant d'une hache, se profilait en silhouette noire dans la nuit glacée. Pas une ombre humaine. Pas une seule, sauf celle de la sentinelle américaine dont j'allais m'approcher, mine de rien, le mot

---

1. Damnée putain.

de passe aux lèvres, et qui, ayant manœuvré brusquement la culasse de sa mitraillette Stein, braqua soudain celle-ci en direction de mon estomac, me faisant ainsi parfaitement comprendre qu'un pas de plus et j'étais un homme mort.

J'essayai de prendre mon meilleur accent afin de hurler, dans l'obscurité, les deux mots qui, ce soir, devaient ouvrir toutes les portes :

— *Bowling green*[1] *!*

Et j'attendis, immobile. Puis, tout à coup :

— *O.K. old man! And merry christmas to you*[2]*!*

Mon accent ne devait pas être si bon que cela. S'il avait été meilleur, c'est peut-être alors que j'eusse été suspect.

Une minute plus tard, j'arrivai au mess du régiment qui s'était installé dans une classe de l'école communale. Un sapin, probablement coupé dans un bois tout proche, illuminait la pièce qui sentait la résine, l'alcool et la transpiration. Des hommes descendant des lignes, barbus, poussiéreux, entraient avec de la neige aux semelles, une bouffée d'air froid aux lèvres et des souvenirs d'enfance plein les yeux.

Un chant s'éleva : «*Holy Night, Still Night.*» J'en possédais le disque chez moi, interprété en allemand par les Comedian Harmonists. Mais ce détail n'avait guère d'importance. Et je n'aurais pas été gêné de l'entendre ainsi, car des deux côtés du front, ce soir, et dans toutes les langues, «*Holy Night*» chantait Noël.

— Dommage qu'il y ait cette putain d'offensive et ce ciel plein de merde où nos avions ne peuvent pas voler !

Le sergent Joe Benett, de Bellefontaine, dans l'Ohio, me fixa doucement, de ses yeux bleus de gosse mal éveillé. Puis, d'une voix claire, et comme pour me confondre, il entonna une chanson de Noël que Bing Crosby, à la radio, lui avait apprise : «*I'm dreaming of a white christmas.*»

Sa voix était frêle et sûre à la fois. Quand il eut fini de chanter, de nouveau on n'entendit plus que le grésillement des branches de sapin sur lesquelles glissait la chaude cire des bougies.

— Tiens, voilà Big Chief, dit Joe.

Big Chief, c'était l'Indien, le seul du régiment. Il était entré sans bruit. Ses pieds, même dans les *snow-boots* que nous

1. Expression utilisée au base-ball.
2. D'accord, mon vieux, et joyeux Noël !

portions tous, avaient l'air d'effleurer le sol sans jamais le toucher. Sous le triangle aigu de son calot kaki, sa tête ressemblait à un gros cube de bronze. Ses yeux longs et noirs, glissant au-dessus de ses joues, paraissaient nous voir à peine.

— D'où viens-tu Big Chief? demanda Joe.

— De Saarlautern, là-haut, en Allemagne. On s'y bat dur!

— Toi aussi, tu t'es battu?

Big Chief ne répondit pas. Il gagna une table où étaient étalées les friandises qu'une Wac[1], à la carrure de pilier de mêlée, avait déposées pour nous tous.

En rentrant me coucher, dans l'une des salles de l'hospice que tenaient les sœurs cisterciennes de Boulay, un chant étrange et lugubre, montant d'un tas de pierres écrasées, frappa mes oreilles.

Big Chief, avec parfois des hululements de coyotte, chantait Noël pour lui tout seul. Au-dessus de sa silhouette agenouillée brillait la Lune. Exactement comme elle brillerait, quelques heures plus tard, sur Santa Clara, son village du Nouveau-Mexique.

— Regarde la Lune, me dit Joe Benett. Et regarde les étoiles. Demain ce sera la fête pour nos avions.

Ce le fut.

Dès le lever du jour, chasseurs et bombardiers américains occupaient le ciel et, jusqu'au soir, on y aurait en vain cherché les croix noires d'un seul appareil ennemi. La météo annonçait d'aussi bonnes conditions climatiques dans la région des Ardennes. Pour peu qu'il en fût ainsi durant deux ou trois jours, et l'offensive allemande, qui nous avait si justement inquiétés, ne serait bientôt plus, du moins pouvait-on l'espérer, qu'un très mauvais souvenir.

Je l'ai dit plus haut : dès qu'il s'agissait de donner à leurs soldats les moyens matériels indispensables pour bien faire la guerre, les Américains avaient la prodigalité des peuples riches. Mais ils savaient également se montrer d'un esprit de prudence et d'économie sourcilleux, sitôt que la vie de leurs hommes risquait d'être en danger sans raison impérative à leurs yeux. Et

---

1. Membre du *Women Army Corps*, auxiliaires féminines de l'armée américaine.

ce n'étaient pas eux qu'on aurait vus sacrifier allègrement une compagnie d'infanterie pour assurer un paragraphe de communiqué propre à entretenir le moral des lointaines populations civiles.

Je n'allais pas tarder à m'en apercevoir.

Un bataillon devant monter en ligne afin de relever celui qui tenait celles-ci au nord-ouest de Boulay, j'avais obtenu de l'accompagner. Notre Vivaquatre était, ce matin-là, d'une relative bonne humeur et nous arrivâmes sans encombre au village lorrain où le *major*[1] qui commandait ces troupes fraîches prendrait les consignes.

A peine étions-nous sur place qu'éclata un violent tir d'artillerie. Tir « ami », heureusement, dont les obus passaient au-dessus de nos têtes avec un long sifflement et n'allaient d'ailleurs pas très loin, puisque nous entendions, presque aussitôt, l'explosion de leur arrivée à deux ou trois kilomètres de distance tout au plus.

Je demandai au *major* quel était l'objectif ainsi visé. Il me répondit :

— C'est un village tenu par les Allemands, où ils sont assez puissamment installés, et qui doit leur servir de base pour des opérations de commando à travers tout le secteur. Nous pourrions, évidemment, les attaquer de vive force. Mais cela nous coûterait inutilement des vies humaines que nous pouvons épargner en pilonnant cette position avec l'artillerie, aussi longtemps qu'il le faudra, peut-être même avec l'aviation d'assaut dont le retour du beau temps devrait me permettre de demander l'appui si cela se révélait nécessaire.

Un des derniers habitants de la petite localité où nous venions d'arriver, homme de soixante-dix ans au moins, comprit vite que j'étais français. Aussi, dès qu'il me vit seul, s'approcha-t-il de moi pour me dire, avec son lourd accent lorrain que n'avait évidemment pas allégé quatre années d'occupation :

— Nous vivons un drame. Il n'y a plus un seul Allemand dans ce village sur lequel s'acharne l'artillerie américaine. Il y a longtemps que nous-mêmes ne recevons plus d'obus. Trois jeunes se sont déjà faufilés de nuit jusqu'ici, pour informer nos alliés. Mais on ne les a pas crus, et c'est même tout juste s'ils n'ont pas été mis en cabane. Les Américains ne veulent rien

---

1. Grade correspondant à celui de commandant.

entendre et croient toujours des renseignements vieux d'un mois. Si cela continue, il ne restera bientôt plus une seule maison debout ni un seul être vivant dans ce village qui est tout de même un village français, monsieur !

Le malheureux avait terminé sa phrase dans un sanglot. Il reprit :

— Vous devriez en parler au commandant.

Je promis de le faire mais préférai, pour cela, attendre l'heure du dîner composé de *meat and beans*[1] et d'ananas en conserve, que nous partageâmes, avec d'autres officiers, dans la maison où nous passerions la nuit.

Mes arguments semblèrent malheureusement s'écraser, les uns après les autres, sur un épais mur de silence.

Le lendemain matin, pourtant, j'eus la surprise d'entendre le *major* me dire, en achevant sa tasse de café brûlant :

— J'ai beaucoup réfléchi, cette nuit, et décidé de prendre un risque, c'est-à-dire d'envoyer en reconnaissance une patrouille de dix hommes aux ordres d'un lieutenant. Je la ferai précéder par un tir d'artillerie bien consistant. Voulez-vous accompagner la patrouille ?

Je répondis évidemment par l'affirmative et réussis même à persuader l'officier de surseoir au tir d'artillerie aussi long-temps qu'il ne se révélerait pas vraiment indispensable.

Une demi-heure plus tard, après une approche de Coman-ches, nous entrions dans le village où, bien entendu, plus l'ombre d'un soldat allemand n'avait rasé, depuis deux ou trois semaines, l'un des quelques murs tenant encore debout.

Auprès des ruines de ce qui avait été leurs maisons, les derniers habitants d'un spectre de petite agglomération nous regardaient passer. Hagards et muets.

Quand nous en eûmes assez vu pour être convaincus, le lieutenant me dit :

— Il n'y a plus qu'à rentrer au bataillon, pour que j'y fasse mon rapport.

Je lui répondis :

— Moi, je reste. Je serai de retour dans une heure. Mais je veux d'abord parler à ces gens.

Le jeune officier, originaire de la Lousiane, et qui m'avait confié avoir des ancêtres français, parut tout à coup soucieux :

---

1. Viande et haricots blancs en conserve qui constituaient alors la nourri-ture de base du soldat américain et source de nombreuses plaisanteries.

— Cela m'ennuie de vous laisser seul, fit-il. Si les Allemands revenaient.

— Ne vous inquiétez pas, les Allemands sont loin.

Quand la patrouille fut partie, j'allai donc vers les malheureux qui demeuraient figés sur leurs décombres et leur dis que j'étais français. Alors, peu à peu, très lentement, ils commencèrent à m'ouvrir leur cœur et me confier leur désespoir. Ne se trouvaient autour de moi que des femmes, des vieillards et des enfants. Depuis une semaine, ils avaient enterré huit de leurs proches. Dans leurs yeux sans regard, les larmes semblaient à jamais taries tant ils avaient dû pleurer. L'écho de toute colère avait disparu de leur voix. N'y restait plus que celui d'une immense amertume.

— La libération, disaient-ils, nous en avions tant rêvé. Nous sommes tellement français. Maintenant, qu'allons-nous être? La nuit, pour se mettre à l'abri des obus, certains d'entre nous vont coucher dans le bois que vous voyez là-bas. Ils y ont bâti des cabanes et s'enroulent dans des couvertures pour avoir moins froid. Mais jusqu'à quand cela va-t-il durer?

En leur promettant de répéter aux Américains tout ce qu'ils m'avaient dit, je quittai ces pauvres gens. Puis, à travers un paysage entièrement recouvert de neige, et en suivant les traces laissées par la patrouille, je rejoignis le PC du bataillon.

— Oui, me dit le commandant, j'ai déjà entendu le rapport de mon officier. Il me fait savoir que ces malheureux avaient l'air très frappés par ce qui leur est arrivé, ce qui se comprend. C'est sans doute pour cela qu'ils n'ont pas eu un seul geste de sympathie à l'égard de nos soldats. Il faut faire quelque chose pour eux. J'ai déjà demandé, par la radio, qu'on avertisse nos services psychologiques. Ils vont venir les voir, les écouter, leur parler.

C'est bien ce qui arriva. En repassant par Nancy, j'appris qu'un groupe de psychologues en uniforme s'était installé dans le village éventré. Il y avait réquisitionné la seule maison encore vraiment habitable et eu de longs entretiens avec les survivants.

Je ne suis pas certain qu'il leur ait été demandé pourquoi ils n'avaient pas accueilli leurs libérateurs en formant, avec les doigts, le V de la victoire. Mais je ne suis pas non plus convaincu du contraire.

A Nancy, d'où je comptais rejoindre au plus vite Paris, j'appris que le général Patton allait donner une conférence de presse. Je n'aurais évidemment pas voulu manquer cette occasion de découvrir ce chef légendaire que ses hommes surnommaient « *blood and guts*[1] ». On se souvenait encore de l'énorme scandale provoqué par lui dans un hôpital militaire de Sicile, où il avait, à toute volée, giflé un soldat qui ne s'y trouvait point pour une blessure de guerre mais seulement pour état d'âme pacifiste.

Je différai donc mon départ d'une journée.

Le général Patton devait s'adresser à nous dans une salle d'école de la banlieue nancéenne. A l'heure dite, nous nous y trouvions donc une quarantaine de correspondants de guerre, assis derrière des pupitres davantage destinés, cela sautait aux yeux, à des enfants de dix ans qu'à des adultes de notre gabarit.

Mais celui que nous attendions manquait à l'appel.

Du moins le croyions-nous.

Car, soudain, retentit un bruit bizarre venant de la chaire située sur une petite estrade, et où nous pensions que s'assiérait le chef de la IIIe armée US. Ce qu'il fit d'ailleurs, mais après avoir d'abord péniblement extrait sa haute carcasse de sous le siège magistral où il avait, jusque-là, réussi à la dissimuler pour nous faire une surprise.

Nous lui réservâmes un accueil dont il parut enchanté.

Quant à son exposé, il était à ce point truffé d'expressions empruntées à un argot militaire auquel je n'avais guère accès que je n'en saisis pas grand-chose. Du moins, avant de quitter l'école, aurais-je l'honneur d'avoir la main droite à demi broyée par celle de « *blood and guts* ». Et n'étais-je pas venu essentiellement pour cela ?

De Nancy je pris le train pour Paris, afin de passer, avec mes parents, les derniers jours de l'année.

Jamais nous n'avions été séparés à Noël. Aussi la douceur de ces brèves retrouvailles fut-elle bien ce que j'attendais, en tout point semblable à celle des tendres fêtes qui avaient si joliment, si inoubliablement illuminé mon enfance.

1. Sang et tripes.

Mon père m'écoutait presque parler de la guerre comme si lui-même ne l'avait jamais connue. Et, chaque fois que ma mère faisait mine de glisser un mot, rétrospectivement émue par un danger auquel, à ses yeux, je ne devais évidemment qu'à la protection divine d'avoir pu échapper, mon père l'interrompait avec gentillesse, mais l'interrompait tout de même, en lui disant :

— Enfin, c'est intéressant tout ce qu'il nous raconte. Laisse-le donc s'expliquer.

La lettre que le général de Lattre m'avait confiée à l'intention de mon père fut certainement le plus beau cadeau de Nouvel An dont je pouvais lui faire présent. Son ancien chef disait d'abord la joie qu'il avait eue de m'accueillir et parlait, avec délicatesse, de la sépia que j'avais été chargé de lui remettre ainsi que de tous les souvenirs qu'elle évoquait pour eux deux.

« Au printemps, ajoutait-il, vous viendrez me voir à mon état-major. Je pense qu'à ce moment-là nous aurons passé le Rhin et serons en Allemagne. J'aurai alors reconstitué notre chère 14e DI dont il vous reste à dessiner l'insigne, comme vous me l'aviez promis avant l'ouragan de juin 1940. J'en ai déjà prévenu le colonel Salan à qui je confierai, le moment venu, le commandement de cette belle unité qui a bien mérité, à Rethel, de participer au bouquet final de la victoire. Sachez que vous y serez toujours le bienvenu. En uniforme, cela va de soi. »

Je ne sais pas combien de fois mon père put relire cette lettre. Mais je crois bien que, très vite, il aurait été capable de la réciter par cœur.

A la radio, l'atmosphère n'était pas exactement ce que j'aurais souhaité. Je rapportais avec moi beaucoup de reportages. Certes, je n'eus pas à me battre pour que leur fût accordée une place convenable sur l'antenne. Mais l'accueil que m'avait réservé de Lattre n'était pas ignoré au 118, Champs-Élysées, et c'est peu dire qu'il ne me valait pas que de la bienveillance. J'étais d'ailleurs persuadé que l'appui dont je bénéficiais de la part du chef de la Ire Armée n'était pas davantage apprécié au ministère de la Guerre où il semblait bien établi que moins on parlait du « roi Jean », mieux cela valait.

Si n'avait donc pas existé le bonheur de me retrouver, pour quelques jours, dans l'atmosphère familiale, et celui que ma présence, je le savais bien, donnait à mes parents, ce n'était certainement pas en région parisienne que j'aurais choisi de voir s'allumer les premières lueurs de 1945.

L'an qui prenait fin avait bousculé ma vie, peut-être même bouleversé mon destin. Comment réaliser que, six mois plus tôt, j'étais encore un simple étudiant? Dès lors, quelles actions de grâce m'aurait-il fallu rendre à Dieu pour les élever à la hauteur des incroyables faveurs dont je venais d'être l'objet? Et de cette année qui commençait, qu'aurais-je pu avoir l'audace d'attendre de surcroît, moi qui avais déjà tellement reçu de celle qui venait de s'évanouir?

Ainsi la guerre allait-elle s'achever. Nul n'aurait pu dire, avec précision, dans combien de mois. Pourtant, à moins d'imprévisibles convulsions, la chose apparaissait désormais certaine. C'est alors que tout se déciderait, pour le pays et pour chacun de ses enfants dont l'avenir appartenait encore à l'indéterminable. Il ne me faudrait pas l'oublier un seul instant.

Je partis pour l'Alsace le 6 janvier au soir. Par le train.

La situation militaire y devenait tout à coup plus que préoccupante.

Ayant échoué dans les Ardennes, l'ennemi donnait maintenant l'impression de vouloir jouer son va-tout là où il croyait sans doute les Alliés plus vulnérables et le terrain plus favorable à de grands mouvements offensifs. Ainsi, durant la nuit du 31 décembre, six divisions d'infanterie soutenues par une *Panzer* avaient-elles brusquement attaqué le front américain entre Sarreguemines et Wissembourg. Il ne faisait aucun doute que le premier grand objectif d'une telle opération fût d'atteindre la trouée de Saverne. Or, qu'elle y parvînt et la situation de Strasbourg deviendrait aussitôt dramatique. Pour l'instant, les Américains paraissaient tenir bon. Mais on ignorait encore de quelles réserves disposaient leurs adversaires.

A Paris, la censure veillait au grain. C'est donc à peine si la radio et la presse mentionnaient ces combats imprévus, s'efforçant d'en minimiser l'importance. Mais pour qui était un peu informé, il pourrait bientôt s'agir d'une affaire des plus inquiétantes.

En arrivant à Strasbourg pour la première fois de ma vie, j'eus immédiatement l'impression de me trouver dans une ville n'ayant plus à choisir qu'entre l'exode et le siège.

Dès que je fus sorti de la gare, des affiches bordées de tricolore, et fraîchement apposées sur les murs, me sautèrent aux yeux. Sous la signature du général de Lattre, elles annonçaient aux Strasbourgeois que la Ire Armée française avait désormais pour mission de défendre leur cité, leurs vies, et qu'elle s'engageait à le faire de toutes ses forces et avec tout son' cœur. Voilà qui témoignait bien d'une situation absolument nouvelle puisque, jusqu'ici, jamais l'armée de Lattre n'avait eu à s'occuper de Strasbourg, son front se terminant largement au sud de la ville.

Un peu partout, des hommes et des femmes s'arrêtaient devant ces affiches et, dans leur dialecte que j'entendais pour la première fois, en commentaient les termes. Tous paraissaient transis de froid dans leurs pauvres vêtements élimés. Leur visage défait m'impressionna.

J'avais rendez-vous, place Kléber, avec mon ami Peteuil arrivé en voiture quelques jours plus tôt. Dès que je l'aperçus, je courus vers lui et, tandis que je serrais sa main, crus aussitôt voir sur son faciès comme un reflet de ce qu'il m'avait paru découvrir, tout à l'heure, sur les traits des pauvres gens qui déchiffraient les affiches. Aussitôt il me désigna l'hôtel de la Maison-Rouge, qui trônait au fond de la place, et me dit :

— C'est là que tu apprendras ce que tu dois savoir.

À peine avions-nous franchi le seuil de l'imposante bâtisse que je reconnaissais, assis à une table dans le hall, Roger Vailland et Charles Favrel, correspondants de guerre l'un et l'autre, dont j'avais rapidement fait la connaissance à Luxeuil. En quelques phrases, ils allaient me résumer le premier acte du drame dont, pour ainsi dire, les Français ne savaient rien.

Face à l'attaque allemande, Eisenhower avait rapidement pris sa décision. Elle tenait en peu de mots et ordonnait un repli général sur les Vosges, comportant l'abandon de Strasbourg. De Gaulle et de Lattre s'y étaient immédiatement opposés. Pour eux, il ne pouvait être un seul instant question de laisser les Allemands s'emparer à nouveau de la capitale alsacienne, sans avoir tenté l'impossible en vue de les en empêcher. « S'il le faut, nous ferons Stalingrad dans Strasbourg », s'était même écrié de Lattre, avec son sens lyrique des grandes apostrophes guerrières. De Gaulle avait alors appelé Churchill à la rescousse, et le vieux lion, franchissant aussitôt la Manche, était venu à Versailles convaincre le commandant en chef des armées alliées que la stratégie possédait ses raisons dont le patriotisme d'un peuple ne pouvait pas toujours s'accommoder. Et finalement Eisenhower avait en partie cédé. Les troupes américaines se replieraient sur les Vosges comme il avait été prévu. Mais si la Iʳᵉ Armée française voulait, sous sa seule responsabilité, défendre Strasbourg coûte que coûte, on ne l'en empêcherait pas. Et même, on continuerait à la ravitailler en munitions, vivres et carburant.

De Lattre avait tout de suite relevé le défi. Au nord de Strasbourg, se trouvait à présent la 3ᵉ division d'infanterie algérienne du général Guillaume. Au sud la légendaire 1ʳᵉ division française libre (DFL) commandée par le général Garbay. Entre les deux, il y avait enfin la brigade Alsace-Lorraine, l'unité la plus littéraire de toute l'armée française, puisqu'elle avait pour chef Malraux dont l'adjoint était André Chamson.

— Et voilà, me dit Vailland, maintenant tu sais tout. Alors de deux choses l'une : ou ça tient, ou ça craque. Ou les Boches se cassent les incisives sur les tirailleurs du Belvédère, les maquisards de Corrèze et les Canaques de Bir Hakeim, ou bien on leur laisse un immense tas de ruines dont certaines auront encore un teint rose de jeune fille, car elles seront celles de la cathédrale.

D'autres correspondants de guerre, que je ne connaissais pas, ne cessaient d'aller et venir. Des Français, des Américains et même des Anglais. Voilà qui disait assez l'importance de ce qui se passait en Alsace.

Favrel qui, autrefois, sur un coup de tête, avait servi cinq ans dans la Légion étrangère, émergea tout à coup d'un demi-sommeil brumeux où je l'avais vu peu à peu sombrer.

— Dites donc les gars, ce n'est tout de même pas une raison pour se laisser aller. Il est neuf heures. Depuis ce matin, je n'ai avalé qu'un jus qui n'avait vraiment pas grand-chose pour lui. Barman, trois whyskies ! Deux doubles pour les hommes. Et un petit pour le môme dont toute l'éducation reste à faire.

C'était évidemment de moi qu'il s'agissait.

Avant d'aller voir, de près, les troupes qui se battaient déjà pour Strasbourg, et dont le sort de la ville dépendrait si les Allemands lançaient contre elle une offensive à ses dimensions, c'était Strasbourg que je voulais d'abord connaître. Cela me paraissait indispensable. Même si le temps dont je disposais ne me permettait d'y poser qu'un fugitif regard.

Muni d'une carte et d'un vieux guide qui datait de 1930, je me donnais donc une heure pour jouer les touristes. Ensuite, nous passerions aux choses sérieuses, mais je le ferais, me semblait-il, en meilleure connaissance de cause, ayant désormais dans le cœur et la mémoire l'image de cette ville qu'il allait falloir sauver ou défendre jusqu'à la dernière maison.

J'avais besoin d'être seul. Je le dis à Peteuil qui le comprit fort bien, et me laissa partir, solitaire, les mains enfoncées dans les poches de mon imperméable américain.

Inutile de décrire en détails la promenade que je fis de la cathédrale et du palais des Rohan aux douceurs de la Petite-France, en suivant les canaux et le cours de l'Ill, par des rues au nom de mésange ou à celui des nuées bleues du matin.

L'itinéraire qui fut alors le mien, je l'ai souvent repris depuis. Peu à peu, j'ai pu l'approfondir, et même le développer, l'enrichir. Maintenant, je le connais dans les moindres détails, et le retrouve toujours avec la même émotion.

Ce matin-là, pourtant, je disais presque bonjour à Strasbourg comme je lui aurais dit adieu. J'éprouvais soudain l'impression de me trouver devant la plus belle ville de France, parce que la plus exposée, donc la plus précieuse et la plus émouvante. Celle qui pouvait seulement se satisfaire d'absolu.

Et cette ville, ou nous la sauvions, ou nous nous engloutissions avec elle.

Cela en valait la peine.

La veille, à la même heure, je ne connaissais pas Strasbourg. Et là, tout à coup, je me sentais strasbourgeois.

Place Kléber, je rencontrai, au moment d'entrer à la Maison-Rouge, un officier du 3e bureau de la Ire Armée que j'avais connu à Montbéliard. Il me proposa de déjeuner avec lui. Ce que j'acceptai aussitôt.

Le moins qu'on pût dire est qu'il n'avait pas la mine radieuse.

— Depuis deux jours, me dit-il, plusieurs bataillons allemands ont réussi à passer le Rhin par surprise, au nord de la ville, du côté de Kilstett et de Gambsheim. Les Américains, avant de se replier, ont sérieusement accusé le coup. Maintenant, c'est à nos tirailleurs tunisiens de s'expliquer avec l'ennemi et d'empêcher sa progression. Ils en ont vu d'autres mais cela ne sera pas facile.

— A combien ces Allemands-là sont-ils de nous?

— Moins de vingt kilomètres. Au sud, à peine quinze. Là aussi ils ont attaqué dans la poche de Colmar, en direction de Strasbourg et gagné une dizaine de kilomètres vers Kraft et Ernstein. Et le front de la DFL, qui a mis toutes ses réserves en ligne, s'étire maintenant sur 50 kilomètres. De ce côté-là également la couverture est mince. Comme je dois m'y rendre, je peux vous y emmener. Et je vous ramènerai demain, si vous êtes pressé d'aller voir ce qui se passe ailleurs.

Quitter déjà Strasbourg où j'arrivais à peine me paraissait

239

avoir quelque chose d'un peu prématuré. Mais aller voir, sur le terrain, comment la ville était défendue par ceux qui en avaient la charge, me semblait également une façon d'y rester.

Avant de prendre la route, j'avais discrètement évoqué les sautes d'humeur de notre véhicule auprès de l'officier dont je venais d'être l'hôte, mais celui-ci s'était aussitôt exclamé :

— Pas de souci à vous faire de ce côté-là. J'ai deux jeeps. L'une d'elles restera toujours dans les roues de votre pièce de musée. Donc, en cas de besoin, elle pourra discrètement la pousser aux fesses.

Marestaing, qui n'avait pas prononcé un seul mot depuis le matin, proféra en sourdine quelques paroles incompréhensibles et eut un haussement de sourcils plein de suspicion. Il ne pouvait pas nier que sa voiture eût souvent des faiblesses. Mais il n'aimait pas entendre parler d'elle en termes trop familiers.

Sortis de Strasbourg par Illkirch, nous prîmes tout de suite une route qui suivait à distance le cours du Rhin. Elle devait d'abord nous conduire à Ernstein où les lignes ennemies n'étaient éloignées que de quelques centaines de mètres, comme on pouvait d'ailleurs s'en rendre compte au crépitement quasi ininterrompu des armes automatiques. Puis nous arrivâmes à Benfeld au milieu d'un grand charivari.

Se préparait, en effet, la relève de deux positions fort importantes et très menacées par les Allemands, celles de Rossfeld et d'Herbsheim où, durant plusieurs jours et plusieurs nuits, le Bataillon du Pacifique avait lutté jusqu'aux limites de l'épuisement. Tous les chars disponibles à la DFL se trouvaient réunis là, prêts à appuyer, de leur puissance, l'action au terme de laquelle une unité de la Légion étrangère prendrait la place des Canaques et des Polynésiens. Ceux-ci étaient les hommes qui, en 1940, avaient été parmi les premiers à rejoindre de Gaulle et, comme Vailland l'évoquait tout à l'heure, étaient parvenus jusqu'aux neiges alsaciennes en passant par les sables de Bir Hakeim.

Un bataillon de parachutistes serait aussi de la fête.

A 16 heures précises, je vis une sorte de diable musclé, au béret noir et à la moustache presque rousse, traverser la place du village et, d'un bond, grimper à bord de son char peint en blanc afin d'être moins repérable parmi les champs de neige.

— C'est Barberot, dit un lieutenant de la Légion à son voisin. Avec lui, on ne craint rien. Il a une baraka du feu de Dieu. Depuis juin 40, il n'a pas cessé de se battre pour de Gaulle sans la moindre égratignure.

Je retins le nom et surtout l'espèce de force irrésistible qui se dégageait de l'homme. Je n'imaginais pas qu'un jour, quelques années plus tard, nous deviendrions amis, Roger Barberot et moi.

Au moment où le convoi se constituait, je demandai au colonel qui dirigeait l'opération et à qui j'avais été présenté, si je pouvais prendre place à bord d'un des *half-tracks*[1] chargés d'emmener les hommes de la Légion et de rapatrier ceux du Pacifique.

La réponse fut longue à venir.

— Vous me demandez quelque chose d'inhabituel, dit enfin cet officier. Et si vous vous faisiez tuer en route?

— Nous sommes à la guerre, mon colonel, répondis-je. Dans dix secondes un obus peut arriver ici même et nous tuer tous les deux, avant de nous avoir laissé le temps de monter à bord d'un *half-track* qui, lui, fera peut-être l'aller et retour sans entendre une balle siffler.

Je sentis mon interlocuteur fléchir.

— Allez, je vous comprends, partez avec eux. Mais surtout, revenez!

Nous fûmes de retour vers quatre heures du matin. La relève s'était plutôt bien passée. Elle n'avait pu échapper aux Allemands. Néanmoins, en entendant le bruit des chars, peut-être avaient-ils cru avoir affaire à très forte partie et pensé que, de toute façon, ils ne pouvaient connaître plus rudes adversaires que ces démons à la peau cuivrée venus de l'autre bout du monde.

Une fois encore, ceux-ci ramenaient avec eux leurs morts et leurs blessés. Mais aussi leurs engelures. Le seul mal contre lequel ils n'arrivaient pas à remporter la victoire.

J'étais heureux. Je n'avais pas connu d'instants de grand péril. Mais à deviner, dans l'obscurité glacée, le passage d'un invisible témoin entre ces quelques hommes auxquels la France réclamait, depuis si longtemps, des efforts surhumains, ceux du corps et ceux de l'âme, je venais d'éprouver une émotion rare dont le souvenir ne me quitterait jamais.

---

1. Véhicule moitié à roues et moitié à chenilles utilisé pour les transports d'infanterie.

J'avais résolu de passer toute la journée du lendemain à Strasbourg où, par un froid déchirant, l'exode de la population ne cessait de s'accélérer. Car cela aussi constituait l'un des actes du drame. Des voitures tirées par des chevaux amaigris et transportant des familles entières, des charrettes à bras suivies de vieillards, de femmes et d'enfants livides marchant à pied continuaient de quitter la ville. Nuit et jour, elles roulaient en direction de Saverne, espérant ainsi échapper au retour des Allemands que la rumeur publique annonçait comme de plus en plus imminent. Or, de ce retour, tous ces pauvres gens savaient bien ce qu'ils avaient à redouter, après avoir tant fêté le premier des retours, celui des Français.

Quand le soir tombait, je me sentais un peu gêné de regagner l'hôtel de la Maison-Rouge. Certes, les chambres n'en étaient pas chauffées. Nous conservions nos vêtements et même nos *combats-boots* pour dormir, afin d'être prêts à plus vite lever le camp si cela devenait urgent. Mais le décor, l'ambiance n'avaient évidemment pas grand rapport avec ces drames que nous vivions. Celui qui se jouait militairement à quinze ou vingt kilomètres de la ville. Et l'autre que je venais de voir passer, à quelques centaines de mètres de nous, durant de longues heures glacées.

Le jour suivant, nous partîmes tôt pour Kraft, village toujours entre les mains de nos troupes, à l'extrême nord de la poche de Colmar, mais aux lisières duquel se trouvaient maintenant les Allemands. Ce qui les situait bien, comme il m'avait été dit, à une quinzaine de kilomètres de la place Kléber.

A Kraft, nous avions, pendant une bonne partie de la matinée, subi plusieurs bombardements d'artillerie qui, fort heureusement, n'avaient pas fait grands dégâts. La réponse de nos 155 ne se déclencha qu'en début d'après-midi, mais ne fut pas discrète. J'avais réussi à tirer un micro, c'est-à-dire le fil qui le reliait à la voiture d'enregistrement, jusqu'à une maison à moitié démolie, située à l'une des extrémités du village, et où quelque cinquante mètres nous séparaient des avant-postes ennemis. C'est de cette maison qu'un lieutenant réglait, par radio, la précision du tir dont il pouvait constater, presque à l'œil nu, les effets immédiats.

Le reportage sonore que nous parvînmes à réaliser donnait, je crois, une assez bonne impression de ce qui se passait à Kraft, ce jour-là.

Bien sûr, c'était un reportage parmi d'autres. Mais il m'en sembla mesurer tout particulièrement le prix quand je rejoignis l'endroit où Peteuil, entre deux granges, s'était évertué à bien camoufler son studio d'enregistrement, c'est-à-dire notre pesante voiture. L'artillerie allemande venait, en effet, de nous donner à nouveau signe de vie. Des obus de 88 explosaient un peu partout. En fin de course, l'éclat de l'un d'eux vint même rebondir sur l'acier de mon casque, et ainsi l'éprouver sans dommage. Pour être mieux à l'abri, je me rapprochai d'un mur et, quand le tir parut terminé, rejoignis la voiture.

Imperturbable, mon ami Peteuil y était toujours assis, devant ses deux plateaux de gravure, le casque de contrôle aux oreilles.

Je lui fis signe que j'avais quelque chose d'important à lui dire. Alors il souleva l'un de ses écouteurs.

— Tout à l'heure, fis-je, quand cela a recommencé à taper et que les casseroles allemandes sont tombées sur le village, j'espère que tu n'es pas resté là.

Il me regarda, l'air surpris, et me répondit avec le plus grand calme :

— Je n'ai rien entendu. Tu sais, je devais être en train de vérifier ce que je venais d'enregistrer. Comme toujours, je craignais que, pour les arrivées d'obus, il y ait un peu de saturation. Mais c'est très bon.

Tout mon ami Peteuil était là.

Je lui fis voir un trou d'obus, à une trentaine de mètres.

— Ah oui, dit-il sans s'émouvoir, ce n'est pas tombé loin.

Je ne décolérais pas.

Le 15 janvier, après plusieurs jours passés avec la Légion étrangère dans la poche de Colmar, je venais de trouver, à la Maison-Rouge, un télégramme arrivé la veille de Paris. Il m'enjoignait de rentrer immédiatement pour laisser la voiture à un autre correspondant de guerre dont l'identité n'était même pas précisée.

Ainsi, alors que se livrait, en Alsace, une bataille dont l'enjeu était vital pour la France et que, chaque jour, j'éprouvais l'impression de me sentir un peu plus près des hommes qui se battaient, il allait me falloir céder la place à un camarade certainement aussi qualifié que moi pour faire du bon travail, mais qui ne saurait évidemment pas grand-chose, en arrivant, de ce que j'avais mis plus d'une semaine à apprendre.

— Fais la sourde oreille, me dit Peteuil. Envoyons tout ce que nous avons enregistré par avion militaire, et comportons-nous comme si nous n'avions pas reçu le télégramme.

Celui-ci, hélas! venait de m'être remis en main propre.

— Demain, répondis-je, nous irons voir les Tunisiens. Et le soir, on avisera.

En effet, ayant approché ceux qui défendaient Strasbourg au sud de la ville, je tenais à rencontrer, maintenant, ceux qui jouaient le même rôle au nord.

Nous les trouvâmes le long du Rhin, à hauteur de ce qui était autrefois le pont de Kehl, et dont les deux morceaux du lourd tablier brisé depuis novembre trempaient dans les eaux grises du fleuve.

Il y avait encore là quelques casemates avancées de la ligne Maginot où grelottaient de froid les hommes du 4e régiment de tirailleurs tunisiens. Je demandai à un de leurs officiers si l'ennemi se manifestait beaucoup depuis quelques jours.

— Non, dit-il, c'est à peu près calme. Juste quelques tirs d'artillerie et d'armes automatiques auxquels nous nous faisons un plaisir de répondre en doublant la mise à chaque fois. Mais aucune tentative de franchissement.

En regardant l'autre rive du Rhin, à travers l'une des meurtrières de la casemate, je pensais à mon père, au début des hostilités, allant faire ses relevés sur les bords du fleuve, et tout étonné que n'y régnât pas davantage un véritable climat guerrier.

L'officier reprit :

— C'est plutôt vers Kilstett et Gambsheim que cela cogne assez dur. Là où les Allemands ont réussi à passer le Rhin.

Nous nous y rendîmes. Cela en valait la peine. Très inférieurs en nombre, les Tunisiens n'étaient pas moins devenus, au bout de quelques jours, les véritables maîtres du terrain. On sentait les Allemands impressionnés par la réputation que leurs adversaires avaient acquise durant les combats d'Italie et ne manquant jamais d'en tenir compte.

A Strasbourg, m'attendait un second télégramme en provenance de Paris. On s'y étonnait que je n'eusse pas répondu au premier, et me signifiait à nouveau l'urgence de mon retour.

Cette fois, je ne pouvais plus faire la sourde oreille. Je prendrais donc le train du lendemain matin. Avec beaucoup de tristesse et la sourde colère que provoquait en moi pareille méconnaissance des réalités.

Depuis mon arrivée à Strasbourg, je n'avais cessé de vivre en phase étroite avec le combat livré pour sauvegarder la ville. Or, j'avais maintenant l'impression d'être, sur ordre, presque poussé à commettre un abandon de poste.

J'allai prier dans les ténèbres de la cathédrale. Puis, je dînai à la Maison-Rouge avec Favrel et Vailland, leur confiai ma déception, et vis bien qu'ils n'y étaient pas très sensibles.

— Si tu as envie de rester, pourquoi pars-tu ? me dit Vailland.

Favrel renchérit :

— Les types qui t'obligent à rentrer ne connaissent rien à rien. Donc ce sont des cons.

— Je le sais bien.

— Alors ?

— Alors, ce sont tout de même mes patrons.

Le futur auteur de *la Loi* intervint brusquement.

— C'est pourtant très important, môme, de s'être aperçu que le type qui te commande est un con. Cela évite beaucoup de pertes de temps. A condition d'avoir aussi compris qu'on n'a plus aucune raison de lui obéir si ses ordres sont des ordres de con. Sans cela, on ne vaut pas mieux que lui. Enfin, tu pigeras ces trucs-là un jour. Maintenant, c'est vrai, il est peut-être encore un peu tôt pour toi.

J'aurais bien voulu m'expliquer, me justifier. Mais, face à Vailland et Favrel, je crus plus prudent de me taire. C'est vrai, j'étais un môme. Et eux des grandes personnes. Deviendrais-je un jour l'une d'elles ? Aujourd'hui même, je ne suis pas encore très sûr de la réponse.

Le lendemain matin, j'arrivais à Vincennes. En guise de trophée, je rapportais à mon père un fusil Mauser que j'avais ramassé, du côté de Benfeld, à l'orée d'un bois au nettoyage duquel j'avais participé avec une compagnie des Commandos de France. Il prit l'arme entre ses mains puis, tout en la faisant passer de l'une à l'autre, la soupesa, l'apprécia, la manœuvra. Et au sérieux de son visage, tandis qu'il accomplissait un à un ces différents gestes, je compris bien que pas un seul d'entre eux ne lui venait étourdiment.

— C'est une belle arme, dit-il, qui n'a pour ainsi dire pas changé depuis l'autre guerre où elle avait déjà atteint une sorte de perfection. Tu vois, cela me fait quelque chose de la tenir ainsi et qu'elle me vienne de toi. Je vais la garder deux ou trois jours pour l'explorer un peu. Et puis, j'irai la remettre à l'armurerie du fort.

Bien entendu, j'avais tout de suite expliqué à mes parents la raison de mon retour prématuré. Je sentis vite ma mère soucieuse des réactions dont elle me devinait capable.

— Sois diplomate, me dit-elle. Ne braque personne contre toi. Il y a peut-être des raisons à ce rappel que tu ne connais pas et qu'on va t'expliquer. Si tu veux retourner là-bas au plus vite, je ne vois pas quel intérêt serait le tien de prendre les gens à rebrousse-poil.

Vers dix heures, je partis pour Paris. J'avais prévenu la secrétaire d'Alex Virot que je souhaitais être reçu par lui au plus vite. Et il me faut reconnaître que je n'attendis pas longtemps avant d'être introduit dans son bureau.

Notre conversation fut brève.

— Pourrais-je connaître les vraies raisons de mon rappel? demandai-je.

— On vous les a expliquées dans le premier télégramme.

— Évoquées. Pas expliquées.

Virot parut surpris du ton cassant que, sans plus attendre, je venais d'employer. Et je le fus aussi, malgré moi.

— Puisque vous voulez des détails, reprit Virot, j'avais besoin de cette voiture et de son équipe technique pour votre camarade Van Lee qui attend depuis longtemps son départ vers le front.

Je me sentais de plus en plus à mon aise. Comme jamais je n'aurais cru possible de l'être en face d'un homme de cet âge et dans une telle situation. N'étais-je donc plus aussi adolescent qu'il me le semblait souvent?

— On pouvait très bien, dis-je, attribuer à Van Lee une équipe et une voiture sans m'ôter les miennes.

— La voiture de Peteuil est la seule qui soit en bon état de marche.

Voilà, pensai-je, qui donne une triste idée des autres.

— Enfin, je peux quand même avoir l'espoir de repartir bientôt?

Tout en allumant sa cigarette anglaise, Virot me dit sur un ton vague :

— Oui, bientôt, bientôt.

J'apportais, sous le bras, les disques de mes nouveaux reportages. Nous allâmes dans une cabine technique où je dois dire que Virot écouta, avec la plus grande attention, ce que j'avais à lui faire entendre.

— C'est bon, c'est même très bon, conclut-il. Mais je vais vous faire un reproche. Vous prenez trop de risques. Votre place n'était pas dans cette bicoque, à cinquante mètres de l'ennemi, d'où l'on réglait un tir d'artillerie. Vous n'aviez pas non plus à participer, en pleine nuit, à cette relève dans un secteur très exposé.

Il y eut un silence entre nous.

— Je ne vois pas bien, dis-je, comment l'on peut faire du reportage de guerre sans être là où se fait la guerre.

— Oui, mais en prenant tout de même ses distances.

— Quand on les prend, on s'éloigne du sujet.

De toute évidence, je ne le convaincrais pas.

— Enfin, conclut-il, à l'avenir soyez plus prudent. Mais vos reportages passeront ces jours-ci. Car, je vous le répète, je les trouve excellents.

Quand je racontai à Raymond Marcillac ma conversation avec Virot, il éclata de rire et me dit :

— Ce n'est pas pour toi qu'il s'inquiète. C'est pour lui. Car les reportages où l'on sent que le reporter est lui-même en danger, il voudrait bien être seul à les faire. Seulement voilà, il n'en a pas encore esquissé un seul et, à mon avis, cela ne risque pas d'arriver demain.

En attendant un prochain départ, je me remettais lentement de la déception que je venais d'éprouver quand, le 20 janvier, arriva le déclenchement de l'offensive française en direction de Colmar.

Cette fois, c'en était trop.

Vailland et Favrel avaient raison : il est des ordres auxquels on ne doit pas obéir. Surtout à la guerre.

Et pourtant, voyant de Lattre assez peu convaincant face à la pression allemande, comment n'avais-je pas deviné qu'il ne renouerait avec le succès que dans l'attaque tous azimuts ? Même et surtout si les conditions météorologiques étaient épouvantables, ce qui accentuerait encore l'effet de surprise dont il avait besoin. Or, toutes les dépêches en provenance du front parlaient d'un froid sibérien régnant sur la plaine d'Alsace.

Durant plus d'une semaine, tout en rongeant mon frein, j'occupai donc l'essentiel de mon temps à passer au peigne fin les communiqués émanant du front de la Ire Armée.

Pouvais-je vraiment être ici alors que tout se jouait là-bas ?

J'étais d'une humeur de dogue. Avec mes parents, j'essayais de me dominer. Mais à saisir parfois les regards échangés entre eux, dès qu'ils croyaient échapper à mon attention, je devais bien en conclure que mes efforts n'étaient pas toujours couronnés de succès.

Un matin, pourtant, passant à la radio où l'on ne me voyait guère, je rencontrai Pierre Crénesse.

— Que faites-vous ici ? me lança-t-il. Je vous croyais en Alsace.

Si je n'avais pas commencé à bien connaître son humour, j'aurais pris ces mots-là pour une détestable provocation.

Mais déjà Crénesse enchaînait avec un bon sourire :

— Je sais ce qui s'est passé et trouve cela stupide. Mais moi, si vous le voulez, je vous délivre un ordre de mission pour la Ire Armée.

Je me souvins aussitôt quelle avait été la déception de Crénesse en voyant lui échapper, au profit de Virot, le poste de chef du service des reportages sur lequel il croyait pouvoir compter. Certes, on l'avait nommé chef adjoint de ce service. Mais Virot prenait jalousement soin de ne lui déléguer aucune responsabilité. Sauf, lorsqu'il était lui-même absent. Or, c'était précisément le cas pour trois jours. Il fallait donc faire vite.

— Je ne peux pas vous donner de moyens techniques, me dit Crénesse. Mais, du moins, vous serez sur place. Dès lors, à vous de jouer.

C'est ainsi que, le 30 janvier au matin, j'arrivais de nouveau à Strasbourg par le train. La ville était méconnaissable. Exactement comme si l'initiative du combat étant revenue dans le camp français, mieux que l'espérance, une certitude envahissait de nouveau les cœurs. Celle de la victoire. On ne voyait plus, dans les rues, les longs cortèges de l'exode. Mieux, on y avait retrouvé l'incessante présence des convois militaires.

Il serait trop long de raconter comment, seul et sans véhicule, je pus rejoindre la zone des combats dans la neige et m'y faire admettre, pour ainsi dire en « franc-tireur » de l'information. Mais, le 2 février à midi, ayant réussi à me glisser l'avant-veille au sein d'un bataillon du fameux régiment de marche de la Légion étrangère, j'arrivais place Rapp, au centre même de Colmar déjà tout pavoisé de tricolore, en même temps que les premières troupes libératrices.

De quelle façon décrire ces instants, ces images ?

Il faudrait à la fois l'écriture d'Erckmann-Chatrian, le crayon et le pinceau de Hansi.

Dans son *Histoire de la Ire Armée française*, Jean de Lattre l'a d'ailleurs si bien fait que je préfère le citer :

« Colmar vit et fait vivre à ses libérateurs des heures inoubliables. Sa joie s'enfle et se répand en une bourrasque où passent les premiers souffles du printemps. Dans toutes les rues, à tous les carrefours, nos soldats sont entourés, embrassés, acclamés. Et des groupes, déjà, lisent sur les murs le message qu'à la hâte j'ai rédigé pour tenter d'exprimer la tendresse de la France, la fierté de l'Armée et mon propre bonheur — l'un des plus purs que j'aie jamais connus. »

En vérité, si j'ai aussi vite eu recours à la prose du libérateur de Colmar, qui a d'ailleurs parfaitement su dire ce qu'était la ville au terme de cette matinée de combats, de gloire et de félicité, c'est également parce que je n'en conserve moi-même que des souvenirs assez confus. Ou plutôt même totalement inexistants à partir du 2 février vers 2 heures de l'après-midi, jusqu'au lendemain aux alentours de 10 heures du matin.

Je plaide coupable. A condition, pourtant, qu'on veuille bien m'accorder le bénéfice des circonstances atténuantes.

Depuis deux jours et deux nuits, je n'avais qu'assez peu connu l'existence habituelle d'un correspondant de guerre en campagne, mais plutôt celle d'un grognard de la Grande Armée dans les plaines de Borodino. De ma vie je n'avais eu aussi froid. Avais-je mangé, avais-je bu? Oui, ce que mangeaient, ce que buvaient les légionnaires autour de moi, qui étaient en majorité espagnols et avaient beaucoup d'autres soucis en tête. M'étais-je lavé? Non, mais je m'étais rasé, le 2 février au matin, dans les ruines d'un village nommé Ostheim que j'avais vu, vingt-quatre heures plus tôt, s'embraser dans la nuit comme un pudding. Avais-je dormi? Une heure par-ci, une heure par-là, mais livré à la crainte obsédante que le sommeil ne vînt complètement engourdir mes capacités de résistance au froid, et qu'au matin on ne me retrouvât, figé à jamais comme le dormeur du val, sans trou rouge au côté droit, mais déjà enveloppé dans un linceul gelé.

Alors que m'était-il arrivé à Colmar?

Oh, rien que de très facile à comprendre! En début d'après-midi, au milieu de cette ville délivrée, n'osant peut-être pas croire encore tout à fait à sa liberté mais profitant de l'occasion pour croire au moins à la fête, je ne pouvais avoir l'air que vague, fourbu, recru, perdu, ne sachant où aller. J'étais tout cela. Des Colmariens s'en étant aperçus, m'avaient alors proba-blement invité, recueilli serait mieux dire, tant je devais leur être apparu solitaire et désemparé. Je m'étais laissé faire. J'avais dû boire, manger beaucoup plus qu'il n'eût fallu, puis sombrer dans un irrésistible sommeil.

Le soir, sans doute, avais-je recommencé à boire et à manger. Si bien qu'au matin, je m'étais réveillé, sous une couette, dans un lit fait à l'alsacienne. Seul. Mais avec une colossale migraine et une bouche en bois de sapin des Vosges.

Mes effets militaires avaient été pourtant bien pliés sur une chaise. Mon sac reposait au pied du lit. Que faire? Je m'étais vite levé, lavé, habillé. Et j'étais sorti de ma chambre, sans rien pouvoir imaginer de ce qui m'attendait.

Eh bien, c'était une famille tout entière! Dix personnes environ, dont deux ravissantes jeunes filles, assises en silence dans la grande salle commune du rez-de-chaussée, où elles semblaient n'être là que pour voir dans quel état j'allais leur apparaître.

J'avais alors dû bafouiller quelques paroles d'excuses. On m'avait répondu que tout s'était fort bien passé, que j'avais été charmant, que mes histoires étaient très drôles. De tout cela, bien sûr, je fus loin de tout croire.

Me confondant de nouveau en disculpations et remerciements, je sortis à reculons. J'ouvris la porte donnant sur l'extérieur et disparus sans même connaître le nom de mes hôtes si accueillants et indulgents.

La bataille pour la liquidation définitive de la poche de Colmar n'était pas terminée.

Cela prit encore une petite semaine.

Mais déjà, le jeudi 8 février, de Lattre avait fait son entrée solennelle dans Colmar, tandis que le régiment traditionnel de la cité libérée, le légendaire 152e RI des Diables rouges de l'Hartmann-Willerkopf et des héroïques combats de Rethel en juin 1940, reconstitué avec des FFI, retrouvait la ville de son cœur en ouvrant le défilé sur l'avenue de la République.

Face aux troupes victorieuses, qui passaient devant lui en le fixant dans les yeux, de Lattre rayonnait. Il n'y avait pas d'autre mot : il rayonnait. Non loin de lui, ce n'étaient que bouquets de garçons et de filles en costume régional. Et pourtant, durant la nuit, des obus allemands étaient encore tombés sur Colmar. Mais sans provoquer de trop notables dégâts.

J'avais retrouvé Peteuil avec la voiture, et c'est moi qui, de Paris, venait d'être désigné pour assurer le radio-reportage de la fête. Cela ne compensait pas complètement la déception que j'avais dû subir. Mais, pris entre le bonheur de cette ville et le triomphe de nos armes, j'y pensais déjà moins.

Après Strasbourg, j'allais donc découvrir Colmar, son Ancienne Douane datant du XVIᵉ siècle, ses maisons à colombages, presque toutes de cette même époque, ses canaux, ses places, le sourire de ses habitants. Colmar-la-miraculée puisque, enjeu de la bataille, elle n'en avait pour ainsi dire pas souffert. Du moins dans ses pierres. Et déambuler ainsi à travers Colmar, qui avait conservé ses drapeaux aux fenêtres, renouvelé ses fleurs aux balcons, gardé ses nœuds d'Alsaciennes sur les cheveux blonds de ses filles — il en était de ravissantes, et qui le savaient bien, et qui ne refusaient pas toujours de vous le faire mieux savoir encore — déambuler ainsi à travers Colmar, c'était découvrir une aquarelle de Hansi à chaque pas que l'on faisait.

Deux jours plus tard, le 10 février, ce fut au général de Gaulle de venir apporter à la ville épargnée le salut de la France. Mais aussi d'offrir à de Lattre cette consécration nationale qu'il attendait chaque jour depuis le débarquement. Pour ses hommes et pour lui.

Sur la place Rapp, de Gaulle le fit ainsi grand-croix de la Légion d'honneur. Pourtant, chez de Lattre, ce qui comptait plus encore que cette dignité, c'étaient les conditions dans lesquelles on la lui conférait.

Car, sur la même ligne, mais venant après lui, allaient être également décorés les généraux américains Milburn et O'Daniel, enfin le général Leclerc. Or Milburn n'était autre que le chef du XXIᵉ corps d'armée US placé par le commandement suprême interallié sous les ordres du général de Lattre durant toute la bataille de Colmar. Événement sans précédent dans les annales de cette guerre et que de Lattre ne manquerait jamais une occasion de souligner, veillant toujours bien à parler, dès qu'il le pouvait, des « forces alliées de la Iʳᵉ Armée française ». Quant à la présence, mais à son rang, du général Leclerc, elle ne pouvait qu'offrir à de Lattre une très grande et d'ailleurs légitime satisfaction d'amour-propre. En effet, depuis les deux débarquements sur nos côtes, chacun savait qu'existait entre les deux chefs comme une sourde rivalité personnelle. Certes, la Iʳᵉ Armée du général de Lattre avait libéré, à elle seule, un tiers du territoire national, enlevé Toulon, Marseille, Lyon, Besançon, Belfort, Mulhouse. Mais Leclerc avait délivré Paris et Strasbourg, réalisant ainsi un fabuleux doublé. Si bien que, nimbés d'une auréole en sable de Koufra, encore tout vibrants du concert de bronze donné en leur honneur par les cloches de Notre-Dame, consacrés par l'onction du Rhin wagnérien aux portes de Strasbourg, la « Division Leclerc » et ses 15000 soldats comptaient souvent plus, dans l'imagination et la sensibilité de nombreux Français, que l'« Armée de Lattre » et ses 300000 hommes venus de tout l'empire en même temps que de la Résistance. D'ailleurs, n'allait-on pas jusqu'à parler couramment de l'« Armée Leclerc », ce qui en disait long sur les faveurs emphatiques dont bénéficiait, dans le pays, la 2e division blindée. Faveurs habilement entretenues par les services d'information du ministère de la Guerre auprès desquels, encore une fois, de Lattre et les siens n'étaient pas en odeur de sainteté.

De Lattre en souffrait.

Il avait très mal pris — et m'en avait parlé à Montbéliard — que Leclerc préférât toujours être incorporé à une armée américaine, où il formait comme un État dans l'État, plutôt que de servir au sein de la Ire Armée française, où il aurait alors dû, non seulement obéir aux ordres d'un général d'armée français, mais également à ceux d'un général de corps d'armée tout aussi français. Tandis que presque toute la France le croyait, de bonne foi, l'égal des plus grands.

Durant la bataille de Colmar, pourtant, la 2e DB avait été forcée, bon gré, mal gré, de regagner le giron de la hiérarchie militaire française. Et chacun s'accordait à reconnaître que Leclerc s'en était acquitté avec un parfait esprit de discipline, accomplissant tout ce que l'on pouvait attendre de lui, c'est-à-dire le meilleur.

Mais il faut bien dire que, pour de Lattre, être fait grand-croix de la Légion d'honneur, sur la place Rapp de Colmar, tandis que Leclerc, un peu plus loin, ne recevait que les insignes de grand officier, correspondait à une réparation qui remettait assez bien, comme on dit, « les pendules à l'heure ».

J'allais maintenant y remettre les miennes.

Depuis mes premiers radio-reportages dans la zone des combats, j'avais bien dû me satisfaire du moyen de transport dont je disposais. Mais il était certain que celui-ci, lourd, encombrant, périmé, fatigué, ne répondait nullement à ce dont j'avais besoin.

Car la campagne de France était maintenant terminée. Si tout se passait comme chacun de nous l'imaginait, nous franchirions bientôt le Rhin, et c'est en territoire ennemi qu'alors nous évoluerions. Il n'était donc pas question de le faire à bord d'une machine toujours susceptible de tomber en panne au moment le plus mal choisi. Sans parler de sa totale incapacité à évoluer ailleurs que sur une route convenablement bitumée.

Peteuil et moi en avions longuement discuté, aboutissant à la conclusion que le seul véhicule approprié serait, pour nous, l'ambulance — nous n'étions pas superstitieux — construite par Dodge et qu'utilisaient tous les services de santé américains et français.

Or, dans les parcs à matériel de la Ire Armée, ne se trouvait-il pas une telle ambulance réformée pour je ne sais quelle honorable raison mais qui, remise à neuf, serait parfaitement susceptible de faire notre bonheur?

Et si nous ne mettions pas la main dessus, alors ma décision était prise. J'en avais plusieurs fois parlé avec mon père qui, non sans quelques réticences, avait fini par m'approuver. Je renoncerais à vivre la campagne d'Allemagne comme correspondant de guerre et m'engagerais immédiatement aux Commandos de France, où j'avais quelques amis, dont Georges Marchal, qui sauraient plaider ma cause avec assez d'ardeur pour m'y faire admettre. En quinze jours, je me croyais ainsi capable d'acquérir les premiers rudiments nécessaires pour devenir un commando acceptable. Nous étions à la mi-février. La campagne d'Allemagne ne commencerait probablement pas avant un mois. La partie était donc jouable. De toute façon, elle me paraissait constituer la seule solution honorable dans l'hypothèse où je ne pourrais décidément pas exercer mon jeune métier selon les règles que je m'étais fixées.

En attendant d'arrêter une décision, il me fallait donc très vite savoir si l'attribution à notre équipe d'une Dodge sanitaire qui ne serait plus neuve, assez fatiguée pour avoir fait légitimement valoir ses droits à la retraite, mais susceptible d'être remise à flot par des mains expertes, figurait dans le domaine des choses possibles.

C'est à Guebwiller, au pied du Grand Ballon, que le général de Lattre avait installé son nouveau PC. Et le camp de presse ne se trouvait lui-même qu'à trois kilomètres de là, dans un ancien sanatorium à flanc de colline et d'où l'on pouvait voir, au-delà du Rhin, les pentes boisées de la Forêt-Noire, objet de toutes nos convoitises.

Quand nous y serons, pensais-je comme on rêve... C'est alors que me revenait à l'esprit, pour peu que je l'eusse un instant oublié, mon grave problème de véhicule.

Je résolus de demander audience au général de Lattre.

Après tout, pas une seule fois je n'avais sollicité pareille faveur depuis l'entrevue de Montbéliard où il m'avait dit, spontanément, de venir le trouver si j'avais quelque important souci. Or celui-là en était bien un.

Ma démarche eut aussitôt pour réponse une invitation à déjeuner. Le ciel était radieux, ce jour-là, et nombreux les convives du commandant en chef. En sortant de table, nous allâmes prendre le café dans le parc entourant la demeure qui avait été longtemps celle du Reichsführer Himmler.

C'est alors que de Lattre me fit signe d'approcher.

— Eh bien, me dit-il, j'en connais un qui serait heureux s'il te voyait en ce moment. C'est ton père. Mais quand la guerre sera finie et que nous serons installés en Allemagne, il viendra nous rendre visite. Je le lui ai promis.

Puis il ajouta :

— Tu es content ? Tu n'as besoin de rien ?

Je crus le moment venu.

— Si, mon général.

Alors, j'expliquai mon affaire.

Elle fut vite réglée. Je dirais même de façon fulgurante.

— Guérin, appela-t-il.

Un colonel surgit d'emblée.

— Michel a besoin, de toute urgence, d'une ambulance Dodge pour en faire une voiture radio. Il ne s'agit évidemment pas d'en prendre une là où elle est utile. Mais je suis certain qu'au dépôt de Belfort, il en existe qui ne font rien. Enfin, c'est urgent. Vois cela et rends-moi compte.

Le colonel Guérin dirigeait le 5e bureau de l'état-major[1]. C'était un homme clair et précis. Le lendemain matin, il avait réglé le problème. Vingt-quatre heures plus tard, nous prenions possession de notre véhicule que Peteuil conduisait aussitôt à Paris, pour le faire entièrement réviser, avant de l'équiper techniquement, ce qu'il ferait lui-même.

Quinze jours de travail en perspective. L'équivalent de ce qu'auraient pu être mes deux semaines de classes aux commandos. Il m'arrivait d'y songer, parfois, non sans quelques regrets.

En attendant, et à mon extrême surprise, j'avais obtenu de rester en Alsace où, pourtant, ne se passait plus grand-chose de

---

1. Chargé de l'information et des relations avec la presse.

spectaculaire, sinon la formation accélérée, au camp de Rouf-fach, de cinq mille hommes et gradés pris dans tous les régiments. Ce qui pouvait aller du colonel FFI au simple deuxième classe auxquels on n'avait pas beaucoup eu le temps, jusqu'ici, d'apprendre leur métier de guerriers.

J'avais donc d'assez nombreux loisirs.

L'après-midi, un vieux fusil Lebel sur l'épaule, il m'arrivait ainsi d'aller chasser le sanglier sur les pentes du Grand Ballon où ils étaient nombreux. Mais, plutôt que de chercher à remonter une trace fraîche, je préférais généralement attendre l'occasion, assis au pied d'un sapin dont le parfum de résine évoquait pour moi tant de souvenirs d'enfance, tout en lisant *les Nourritures terrestres* que je découvrais alors, et Gide en même temps qu'elles. Trois fois, pourtant, je fus arraché à ma lecture par un bruit tout proche, une sorte de grognement sourd, et pus convenablement tirer la bête qui, à une trentaine de mètres, devait m'observer en silence depuis quelques instants. Je n'avais plus, dès lors, qu'à redescendre au camp de presse, et à envoyer deux hommes dépecer l'animal dont les cuissots étaient toujours les bienvenus à la table commune.

Alors que, vue d'Alsace, la guerre pouvait donc donner l'impression trompeuse d'observer une sorte de trêve printanière, dans une nature que je découvrais avec enchantement, je vivais des instants de parfaite insouciance.

Le 7 mars pourtant, entre Cologne et Coblence, les Américains de la IXe Armée s'emparaient, par surprise, du pont de Remagen intact et franchissaient aussitôt le Rhin. Ce qui n'allait pas manquer de faire naître des fourmis dans les jambes aux autres chefs d'armée.

Si la France voulait être présente au rendez-vous pour le grand assaut final, il allait donc falloir à de Gaulle et à de Lattre jouer plus serré que jamais auprès du Haut Commandement interallié. Car celui-ci n'avait évidemment pas comme unique souci de favoriser leurs desseins.

X

Franchir le Rhin pour s'enfoncer en terre allemande et y savourer enfin la véritable revanche, voilà donc ce qui, désormais, constituait à la Ire Armée l'idée fixe de tous. Et d'abord, comme il était facile de l'imaginer, celle du commandant en chef.

Mais depuis quand, au fait, une armée française n'avait-elle pas vaincu le fleuve ? Les historiens pouvaient en discuter. Au strict sens du terme, la dernière à le faire avait été celle de l'Empereur en 1805. Mais l'opération s'était alors déroulée sans le moindre combat et même en tenue de parade. Marceau, en 1795, avait réussi l'exploit sur sa lancée, pourrait-on dire, en poursuivant les Autrichiens déjà battus sur la rive gauche, à Coblence, et qui ne songeaient plus à grand-chose d'autre qu'à fuir. Turenne, au contraire, afin de mieux protéger l'Alsace, avait dû livrer une véritable bataille pour triompher des vieilles eaux guerrières en 1674.

La cause était donc entendue : de Lattre serait le premier chef français, depuis Turenne, à franchir le Rhin de vive force.

Sous réserve, pourtant, qu'il y fût admis. A défaut d'y être invité.

Car, pour l'instant, alors que Montgomery, Bradley, Patton et plusieurs autres chefs alliés caracolaient déjà sur la rive droite du fleuve, la seule mission assignée à la Ire Armée par le Commandement suprême était encore une garde au Rhin strictement passive sur son cours alsacien. Ce dont ni de Gaulle ni de Lattre ne pouvaient évidemment se satisfaire.

Heureusement quand, le 29 mars, je rejoignis Strasbourg au terme d'un bref séjour à Vincennes, tout semblait finalement réglé. Il m'avait même été glissé à l'oreille, par un officier récemment vu à Guebwiller et rencontré dans le train, que si je voulais ne rien manquer, j'avais tout intérêt à ne pas m'attarder à Strasbourg mais à suivre plutôt l'aiguille aimantée de ma boussole indiquant la direction du nord.

Eh oui, c'était bien d'Allemagne que nos troupes allaient s'élancer! Depuis le 19 mars, en effet, deux divisions de la Ire Armée combattaient déjà dans le Palatinat, au nord de la Lauter, où elles avaient pour mission d'appuyer, sur son flanc droit, un corps d'armée américain progressant vers Spire et Ludwigshaffen.

De Lattre n'était certes pas homme à jouer les seconds rôles. Mais là, son instinct guerrier ne l'avait pas trompé sur le parti à tirer d'une telle action. Voilà pourquoi, en confiant le commandement de celle-ci à son vieux frère d'armes le général Guillaume, lui avait-il aussitôt précisé :

— Théoriquement ton front se termine en sifflet. Débrouille-toi pour qu'il s'achève en tromblon.

Manœuvrant à la perfection avec ses tirailleurs et ses goumiers, enfonçant tel un bulldozer les fortifications de la ligne Siegfried, Guillaume était alors vite parvenu à mettre les Alliés devant le fait accompli et, presque sans qu'ils s'en fussent aperçus, à border le Rhin jusqu'à Spire.

Puisque, face à la haute et sombre muraille de la Forêt-Noire, il était inimaginable de tenter, à brève échéance, quelque chose en Alsace, de Lattre tenait donc maintenant, à bonne hauteur, ce créneau sur le Rhin palatin qu'il avait tant convoité.

Ainsi, le 30 mars dans l'après-midi, n'ayant eu recours qu'à l'auto-stop depuis Strasbourg, arrivais-je à Kandel, petite agglomération où le chef de la Ire Armée venait d'installer son premier PC en Allemagne. Et ces quelque vingt-cinq kilomètres qui séparaient Lauterbourg[1] de Kandel, je les avais vécus dans une sorte de rêve éveillé. J'ignorais encore de quelle façon je pourrais me trouver mêlé à l'action, au moins y assister du plus près possible. J'étais seul, sans aucun moyen de transport, complètement coupé du camp de presse toujours à Guebwiller et où, dans un cas pareil, j'aurais pu être informé, orienté, annoncé à telle unité pour y être bien accueilli. Mais je ne me souciais guère de cela. Sous un ciel bleu, sans un seul nuage, et que le printemps illuminait de toutes ses promesses, je venais de rouler en terre allemande conquise par nos troupes. J'avais la conviction que cela n'était qu'un commencement, les pré-

---

1. Chef-lieu de canton du Bas-Rhin situé à la frontière franco-allemande.

mices d'une prodigieuse aventure. Bref, je me sentais Fabrice, mais sachant parfaitement où je croyais aller, donc bien décidé à ne rien manquer de ce qui passerait à ma portée. Je pensais à mon père qui eut tant mérité de connaître pareille fête, mais aussi à mon trisaïeul Arnould qui l'avait vécue jusqu'aux abords d'Ulm. La revanche était là, toute proche. Bientôt le Rhin allemand de Musset tiendrait dans notre verre. Le méritions-nous? C'était une autre histoire. Oserais-je dire, enfin, que si ma situation manquait peut-être de confort, elle n'était pas du tout pour me déplaire? Je ne dépendais soudain plus de personne. J'y avais pris goût lors de la bataille de Colmar. Cela comportait des inconvénients mais aussi des avantages. A moi de faire ce qu'il fallait pour tenir les uns à distance et, des autres, savoir tirer le meilleur parti.

Certes, j'aurais pu aller jusqu'à la maison où se trouvait de Lattre. Et c'eût été bien le diable si je n'y avais trouvé personne disposé à me prêter aide et assistance. Mais il me sembla que le moment n'était pas des mieux choisis. On ne se présente pas chez Turenne quand tout donne à penser qu'avant même d'avoir franchi le Rhin, il ne songe déjà plus qu'à la façon dont il battra bientôt les Impériaux à Sinzheim.

Comme je déambulais dans la grand-rue de Kandel, mon sac de marin sur l'épaule où j'avais enfermé quelques effets et objets de première nécessité, j'eus l'attention attirée par un imposant convoi de camions GMC, montant vers le nord, et, sur les flancs de ceux-ci, je reconnus aussitôt l'étoile chérifienne du 4e régiment de tirailleurs marocains, où j'avais été si cordialement reçu lorsqu'il occupait le secteur de Thann.

Le hasard fit alors s'arrêter, à quelques mètres de moi, une jeep où je reconnus le capitaine avec la compagnie duquel j'avais passé une nuit que je n'étais pas près d'oublier, sur les hauteurs dominant la vallée de la Thur.

— Que faites-vous ici? me lança-t-il.

— De l'auto-stop, répondis-je en riant. Je suis seul, sans véhicule, et cherche une façon d'aller au plus vite là où je risque d'assister à quelque chose d'intéressant.

— Eh bien, montez avec moi!

Nous sortîmes de Kandel. A présent, la route paraissait appartenir tout entière aux véhicules du génie transportant de longues embarcations qu'on appelait des *storm-boats* et qui seraient bientôt chargées de faire jaillir, vers l'autre rive du Rhin, nos premières vagues d'assaut.

— A votre avis, c'est pour quand? demandai-je.

— Cette nuit si tout est prêt. La suivante au plus tard.

Je remerciais le destin, je bénissais mon sort. Si j'avais pu, je me serais envié moi-même.

Bien sûr, pour ce qu'on attendait de moi, il eût mieux valu que Peteuil et sa voiture fussent là. Mais je me sentais ainsi tellement plus libre de mes mouvements, acquis d'avance à toutes les audaces, disposé à jouer toutes les bonnes cartes passant à ma portée pour voir de près ce que l'histoire de la France n'avait pas connu depuis deux siècles et demi.

Dans les ténèbres d'une bourgade nommée Germersheim, le gros du régiment se mettait lentement en route vers les différents points de la rive d'où il s'élancerait.

— Bien entendu, m'avait dit le capitaine, il ne sera pas question pour vous de franchir le fleuve avant que nous soyons sérieusement installés de l'autre côté. Le chef de bataillon est formel sur ce point. Pourtant, si tout se passe bien, nous avons une bonne chance de prendre notre petit déjeuner sur la rive droite demain. Au pire le thé à la menthe, sur le coup de cinq heures.

La Lune avait été pleine deux jours plus tôt. Si bien que, ce soir-là, dès qu'elle approcha de son zénith, le paysage tout entier s'illumina de telle sorte que je me demandai un instant comment et de quel droit, d'ici quelques heures, nous pourrions délibérément envahir d'explosions, de fumées et de morts un aussi sublime décor. J'avais trouvé un talus herbeux dont la terre était assez meuble pour que le corps y creusât lui-même sa place, et m'étais enveloppé dans une couverture américaine que je traînais constamment dans mon sac, à tout hasard. Mais bien que, jusqu'ici, la nuit demeurât calme, je dormis peu. Je n'étais pas habitué à de telles veillées d'armes.

Vers 4 h 30, alors que j'avais pourtant réussi à m'assoupir un moment, des ordres lancés de tous côtés m'arrachèrent de mon demi-sommeil. Les tirailleurs, étendus sur le sol comme je l'étais moi-même, se retrouvèrent debout en même temps. Les sections se formèrent. Et c'est alors que, d'un seul coup, éclata une colère jupitérienne telle que je n'en avais jamais connue qu'on lui pût comparer. Elle se mit à envahir à la fois le ciel et la terre, tonnant derrière nous, sifflant en passant par-dessus nos têtes, et s'en allant exploser là-bas, au-delà du fleuve, mais presque encore sous nos yeux. De tous leurs canons, vingt groupes de notre artillerie, crachant le feu et l'acier, étaient en train de pilonner la rive opposée comme pour la volatiliser. Deux mille cinq cents obus tirés en quinze minutes, apprendrais-je plus tard.

Je n'avais certes pas à me plaindre de la place qu'on m'avait attribuée. Elle jouxtait celle réservée à la radio du bataillon et se situait à environ cent mètres de l'eau. Il me suffirait donc d'avoir l'œil aux aguets et d'ouvrir toutes grandes les oreilles pour me sentir à peu près informé de ce qui se passerait d'important ici et ailleurs. J'aurais certes préféré y être associé de plus près. Mais enfin c'était ainsi mieux que rien.

Malheureusement, plusieurs erreurs et quiproquos dans les ordres donnés devaient retarder le départ de la première vague d'embarcations d'assaut. Et quand celles-ci purent enfin s'élancer, le jour était déjà levé. L'ennemi en profita pour aussitôt riposter avec la dernière énergie. D'où un bilan plus meurtrier encore que tout ce qu'on pouvait redouter. Sur les dix premiers *storm-boats* que nous avions entendus rugir, emmenant chacun dix hommes sous une pluie de fusants comme on en avait rarement vue, trois seulement touchèrent la rive ennemie. Les autres avaient pris feu, coulé ou dérivé après que leurs pilotes eurent été tués. Et ils étaient alors devenus les jouets d'un courant qui, par chance, les rejetterait tous du bon côté. Mais finalement trente hommes, pas davantage, au lieu des cent ayant pris le départ se retrouvaient sur l'objectif. Et combien de blessés parmi eux!

Pourtant, les passages n'en continuaient pas moins avec ce qui restait d'embarcations pour les assurer. Tant et si bien qu'à 8 heures c'était presque l'effectif d'une compagnie qui se serrait de l'autre côté du Rhin, sur une minuscule tête de pont. Cent cinquante mètres de long, cinquante mètres de profondeur, pas davantage. Autrement dit, les pieds dans l'eau pour les uns. Le nez dans l'herbe non loin de la première casemate ennemie pour les autres.

C'est néanmoins sur cet étroit champ de bataille qu'allait être gagnée la première manche du combat. Au milieu de l'après-midi, cinq blockhaus allemands auraient été enlevés. La superficie de la tête de pont se serait multipliée par dix. Un bataillon entier pourrait s'y déployer dans des conditions à peu près normales.

Plusieurs fois je m'étais approché du fleuve pour y suivre des yeux le passage des embarcations qui ne cessaient de faire la navette entre une rive et l'autre. Mais toujours sans être admis à me faufiler à bord de l'une d'elles.

En dépit de la grandeur du spectacle auquel j'assistais et de tout ce qu'il revêtait pour moi d'exaltant, je commençais donc à trouver le temps un peu longuet. J'avais bien noué d'excellents rapports avec le colonel Ythier, commandant le 101e régiment de génie, qui fournissait toute la logistique de l'opération. C'était un homme court et massif, à la tête carrée, aux cheveux blancs sous son calot sombre qu'il ne quittait jamais, y compris aux instants où le port du casque eût été plus recommandé. Mais quelle que fût sa bienveillance à mon égard, elle ne pouvait aller jusqu'à m'embarquer en surnombre si j'étais seul à en faire la demande.

Néanmoins, sur cette portion de rive où le génie était maître après Dieu, j'avais maintenant le droit de circuler à peu près librement. Ce qui me permit de faire enfin ce dont je rêvais depuis le matin : m'agenouiller auprès du fleuve, tremper les mains dans son eau limoneuse, et m'en asperger le visage comme pour un baptême guerrier autrement riche en symboles que ceux dont j'avais, jusqu'ici, reçu la brûlante onction.

Régulièrement, je continuais d'aller aux nouvelles auprès de la radio du bataillon où l'on m'accueillait toujours cordialement. Ainsi avais-je appris que la tête de pont ne cessait de s'élargir et les combats de s'enfoncer à l'intérieur des terres. Ce qui ajoutait à mon impatience d'être de l'autre côté. A Spire, c'est-à-dire à quinze kilomètres au nord, le 3e régiment de tirailleurs algériens avait eu, lui aussi, un premier passage difficile. Mais c'était le 151e d'infanterie, constitué avec les FTP[1] de la brigade Fabien[2] et commandé par mon ami Gandoët, promu lieutenant-colonel, qui avait eu, entre les Algériens et nous, les pertes les plus sévères.

Plus le temps passait et plus mes chances de prendre pied, avant l'approche du soir, sur la rive droite du Rhin, me semblaient s'amenuiser d'inquiétante façon.

Mais c'est alors que le destin bascula.

Un lieutenant vint à moi.

— C'est vous le correspondant de guerre de la radio?

1. Francs-Tireurs Partisans.
2. On avait d'abord appelé ainsi l'unité formée dans la région parisienne, presque entièrement composée de communistes, et commandée par le colonel FTP Fabien, auteur du premier attentat contre un officier allemand dans le métro parisien. Après la mort de Fabien, victime de l'explosion d'une mine en Lorraine, ses hommes avaient tous été incorporés au 151e régiment d'infanterie que de Lattre avait commandé avant la guerre, et donc tenu à ressusciter en toute priorité.

— Oui.

— Je dois aller, en face, relever un commandant de compagnie sérieusement touché. Si vous voulez venir avec moi, vous rentrerez avec lui. Cela sera un peu court, mais vous aurez tout de même été de l'autre côté du Rhin.

Je n'en croyais pas mes oreilles. Quelques secondes plus tard, nous prenions place à bord d'un *storm-boat* dont le pilote faisait déjà vrombir le moteur avant de s'élancer. Évidemment, pareille traversée n'avait plus grand-chose à voir avec celles du matin. L'artillerie allemande semblait avoir pris son parti de la situation. Pourtant le Rhin demeurait le Rhin, berceau guerrier mais aussi légendaire d'un sublime Olympe wagnérien. De mes yeux embués de larmes, je contemplais son large cours aux flots puissants, parfois aux tumultueux remous. J'étais ainsi le deuxième portant notre nom à l'admirer ce Rhin, tout en le franchissant. Je croyais sentir la main d'Arnould tenant la mienne et la serrant très fort. Sur notre droite, le pont de Germersheim n'était plus qu'un tablier d'acier, brisé en son milieu, et dont les deux moitiés baignaient dans le fleuve qui bondissait sur elles au passage, avant de retomber en cascades bouillonnantes.

Parvenus à la rive, nous sautâmes dans l'eau jusqu'aux genoux avant d'escalader la berge. Ce fut un bonheur pour moi.

Voilà, c'était ici que les premiers tirailleurs avaient pris pied. Le sol n'avait pas encore complètement bu les flaques de sang témoins de la bataille. Des douilles jonchaient la plage. Là encore, je mis un genou en terre pour mieux toucher ce sol tant convoité et y déposer une prière.

Deux hommes arrivèrent, portant un brancard. Sur celui-ci reposait un capitaine blessé au ventre.

— Vous souffrez beaucoup ? demanda le lieutenant.

— Presque plus. Côté morphine, il est vrai, on n'y est pas allé à l'économie. Enfin, je m'en tirerai. Mais la guerre est finie pour moi. C'est un peu con.

Nous retraversâmes le fleuve. Au-dessus des arbres de la rive gauche, le soleil déclinait et le ciel s'empourprait.

Une ambulance attendait le blessé. A côté d'elle se tenait un correspondant de guerre que j'avais connu en Alsace, Roger Baschet. Il écrivait à la fois, ce qui me semblait assez joli, pour *l'Aube* et pour *l'Aurore*. Aussitôt, il m'apprit que le camp de presse venait de transporter ses pénates en un village nommé Minfeld, légèrement au sud de Kandel. Il ajouta qu'on s'y inquiétait de moi et qu'une jeep était là pour nous ramener tous les deux au bercail.

J'écoutais à peine ce qui m'était dit. Cette traversée du Rhin, ce bref séjour sur l'autre rive m'avaient mis comme en état d'hypnose. Alors que j'aurais certainement préféré passer encore la nuit au bord du fleuve, je me retrouvai donc à l'arrière de la jeep sans bien m'en être aperçu, et après avoir, comme un somnambule, récupéré mon sac au passage.

Baschet avait une vingtaine d'années de plus que moi, et se voulait rassurant, presque paternel.

— Demain, nous reviendrons au petit jour, me promit-il. Mais, ce soir, j'ai pour mission de te ramener à Minfeld afin qu'on t'y sache en vie.

Ce fut, me sembla-t-il, en traversant Germersheim que je retrouvai tout à fait mes esprits. Du moins est-ce à ce moment-là que je mesurai la bêtise que je venais de faire en ne restant pas avec les hommes du fleuve.

A 7 heures, le lendemain matin, nous étions de nouveau près d'eux.

La situation avait beaucoup évolué. Sur des sortes de radeaux, qu'on appelait des « portières », équipés de moteurs et se guidant au moyen d'un câble d'acier tendu en travers du courant, les chars pouvaient maintenant, un à un, franchir celui-ci.

Nous le fîmes plusieurs fois, tant je ne m'en lassais pas. Une Jeep nous emmena même jusqu'au village de Philippsburg, première localité de la rive droite conquise la veille par nos troupes. Le bourgmestre n'y avait pas perdu son temps. Sans qu'on lui demandât rien, l'*Adolf Hitler Strasse*, rue principale de sa commune, était ainsi devenue la *Général de Montsabert Strasse*.

En retraversant le Rhin, pour la sixième fois peut-être depuis le matin, des échos de cloches parvinrent à nos oreilles. Il en arrivait de plusieurs côtés à la fois. Certes, nous étions bien le dimanche 1er avril, jour de Pâques. Mais ces cloches allemandes, sonnant à toute volée sur les deux rives du fleuve et résonnant, déferlant comme un hymne de gloire sur ses eaux encore une fois vaincues par une armée française, prenaient soudain des accents et une signification qu'elles n'auraient évidemment pas revêtu quelques jours plus tôt ou plus tard.

— De Lattre a fait savoir qu'il nous invitait à déjeuner, dit soudain Baschet.

Cela nous éloignerait de la zone des combats, mais qu'elle eût manqué à la fête, cette invitation, si de Lattre n'y avait pas songé!

Vers midi, nous pénétrions donc dans la modeste demeure d'un fonctionnaire allemand, au mobilier simple et bourgeois, où de Lattre s'était provisoirement installé. Généraux, colonels, commandants arrivaient un à un. Comme je me sentais loin de ce premier déjeuner à Montbéliard! A présent je connaissais presque chacun des convives, et moi-même ne paraissais plus tout à fait un inconnu pour eux.

— Avez-vous eu communication, me demanda un officier appartenant au 3ᵉ bureau[1], du télégramme envoyé par le grand Charles au patron pour l'encourager à franchir le Rhin, ce qui n'était d'ailleurs pas nécessaire? J'en sais presque par cœur l'essentiel : « Le Rhin, il faut que vous le passiez, même si les Américains ne s'y prêtent pas et dussiez-vous le franchir sur des barques. Il y a là une question du plus haut intérêt national. Karlsruhe et Stuttgart vous attendent. Si même ils ne vous désirent pas. » Joli morceau de littérature guerrière, non?

— Comment réagissent les Américains? demandai-je.

— Eisenhower n'est pas très content. Mais Devers, qui commande le groupe d'armées, nous soutient plutôt. Le patron lui joue à chaque fois le grand jeu et, au fond, ça doit l'épater. Le tout est maintenant d'atteindre la route de Stuttgart avant nos amis américains.

C'est alors que le général fit son entrée. Il arborait son visage des jours de victoire, celui que je lui avais déjà vu à Colmar. Quand il me serra la main, il me dit :

— Alors tu es content? Tu vois ce que tu voulais voir? Et aux premières loges.

Puis, comme toujours, il ajouta :

— Je pense à ton père, tu sais.

Nous passâmes à table.

— Et maintenant, messieurs, lança immédiatement de Lattre, le Danube! Oui, le Danube d'Ulm et de Sigmaringen!

Car, c'était évident, il lui fallait sa victoire « napoléonienne ». Il la lui fallait à tout prix. Et il savait mieux que personne qu'Ulm était la seule qui fût à sa portée. Aussi devait-il tout mettre en œuvre pour s'emparer de la vieille cité impériale avant que les Américains fussent arrivés à portée de sa cathédrale gothique et de sa citadelle.

---

1. Section d'un état-major chargée des opérations.

Quant à moi, si je ne me sentais guère attiré par Sigmaringen où croupissait encore, autour du Maréchal plus ou moins prisonnier, toute l'écume de Vichy et de la collaboration, le seul nom d'Ulm suffisait à me faire rêver. N'était-ce pas tout près de là, au pont d'Elchingen attaqué par le maréchal Ney, qu'Arnould Droit avait été glorieusement blessé?

J'étais pourtant inquiet. La voiture que mon ami Peteuil devait équiper en cabine d'enregistrement n'arrivait toujours pas. Elle m'avait grandement fait défaut sur les bords du Rhin où les sujets de reportage, eux, ne manquaient pas. D'autre part, je connaissais trop la parfaite conscience professionnelle de Peteuil pour imaginer un seul instant qu'il eût pu s'attarder en route sachant ce qui se passait ici. Mon impatience et mon inquiétude n'en étaient donc, chaque jour, que plus préoccupantes. J'avais fait, en jeep, une rapide incursion à Strasbourg afin d'enregistrer, au studio de la radio locale, un récit de ce passage du Rhin dont je venais d'être témoin. Le disque était parti par avion militaire pour Paris, puisque nous ne disposions même pas d'une liaison-radio avec la capitale. Mais cela ne valait pas, je ne le savais que trop, un reportage gravé dans la cire sur les lieux mêmes de l'action.

Au camp de presse de Minfeld, où je passai la nuit, on ne parlait plus, désormais, que de l'attaque de Karlsruhe, ancienne capitale du grand-duché de Bade, ville de 200 000 habitants et qui, sur la rive droite du Rhin se trouvait à peu près située à la hauteur de Wissembourg. Avec ou sans voiture technique, c'était donc là, maintenant, qu'il me fallait aller.

Baschet, compagnon charmant, était bien de cet avis. Nous résolûmes de faire équipe ensemble et de traverser le Rhin par un des ponts de bateaux qu'avaient installés, à Germersheim et à Spire, nos unités du génie. Mais nous changeâmes de plan après avoir traversé Kandel et demandé conseil au PC de l'Armée.

— Passez plutôt par le pont américain entre Ludwigshaffen et Mannheim, nous dit-on. Il est moins encombré que les nôtres et les Américains sont très accommodants. Et puis surtout, vous verrez les deux villes. Ou plutôt ce qu'il en reste. C'est à ne pas manquer.

Hallucinant spectacle, en effet, que celui de Ludwigshaffen et surtout de Mannheim. Les grandes artères, bien que jonchées de gravats, demeuraient tracées dans toute leur rigueur. La plupart des hauts immeubles étaient encore debout et, de loin, paraissaient presque intacts, à quelques blessures près. Mais dès qu'on s'approchait, il apparaissait vite que, derrière ces façades, plus rien n'existait. Plus rien. Pas une poutre, pas une pierre. Tout avait été brûlé, anéanti, emporté par un gigantesque souffle incandescent, ne laissant sur son passage et au-delà des murs qu'un grand vide calciné, que des fantômes d'habitations, que des fantômes de quartiers, qu'un fantôme de ville se découpant sur le ciel d'avril. Et, au pied de ces fantômes, des colonnes de chars français, mêlés aux chars américains — à part les inscriptions peintes sur les blindages, c'étaient d'ailleurs les mêmes — traversant, dans le fracas de leurs moteurs et de leurs chenilles sur l'asphalte éclaté, cet univers d'apocalypse pétrifiée.

Étrange Allemagne que nous découvrions et qui se révélait à nous dans une sorte de démesure provocante. Une Allemagne se décomposant au soleil sous nos yeux tout en semblant jouer à détruire, du même coup, tellement d'idées que nous avions cru pouvoir nous faire d'elle. Alors, où était donc sa vérité à cette Allemagne de psychodrame? Dans ses villes brûlées, emportées par l'incendie et le souffle de la mort? Dans ses soldats de la Wehrmacht exténués, brisés, ne croyant plus à rien? Dans ses vieillards du Volksturm, souvent affublés des défroques d'un ancien rêve impérial, faisant désespérément le coup de feu à l'entrée de certains villages et se laissant tuer la morgue aux lèvres? Ou bien dans ses adolescents blonds aux joues roses venant, parfois, relever le fusil d'une autre guerre et tirer eux-mêmes ses dernières cartouches? Dans ces filles qui s'offraient sans sourire aux vainqueurs? Dans ces inscriptions sur les murs *Sieg oder Siberien*[1]?

Karlsruhe allait tomber. Nous n'en doutions plus depuis la veille au soir. Qui ne connaissait déjà l'histoire du commandant de Castries[2], faisant irruption en fin d'après-midi, à la tête de ses chars, dans une dépendance du château grand-ducal, constatant que l'état-major allemand qui s'y trouvait n'avait eu le temps que de s'enfuir, mais découvrant qu'il avait laissé derrière lui une table dressée pour un dîner seigneurial. Alors

---

1. « La victoire ou la Sibérie ».
2. Futur général de Castries, commandant le camp retranché de Diên Biên Phu.

Castries invitant ses officiers à prendre place, puis ordonnant au personnel militaire allemand de leur servir, avec tous les égards, le dîner prévu pour les vaincus du jour?

Afin de ne rien manquer de ce qui se passerait le lendemain, nous avions préféré, Baschet et moi, dormir dans la forêt attenante au château. Celle-ci était occupée, depuis quelques heures, par un régiment d'infanterie coloniale où, dès les premiers froids de novembre, tous les tirailleurs d'Afrique noire avaient été relevés par des FFI, hâtivement formés à un autre genre de guerre que celle qu'ils avaient connue lors des combats de la Résistance.

Nuit merveilleuse, dans une douceur sylvestre qui évoquait, pour moi, les tendres profondeurs de mes forêts d'Ile-de-France. Nuit totalement silencieuse et inanimée, ce qui, dans la situation où nous nous trouvions, avait tout de même quelque chose qui pouvait étonner.

La guerre attendait l'aube.

Entre 6 et 7 heures, nous commençâmes donc de pénétrer dans Karlsruhe. Et là, je dois à la vérité de dire que les barricades obstruant la plupart des rues, et faites avec des ruines d'immeubles anéantis, s'opposèrent davantage à notre progression, fût-ce passivement, que les troupes ennemies chargées de défendre la ville.

Nous ne manquions d'ailleurs pas d'auxiliaires pour nous venir en aide. Travailleurs et prisonniers regorgeaient ici, originaires de presque tous les pays d'Europe touchés par la guerre. Leurs langues étaient souvent difficiles à deviner, mais un même sourire illuminait leurs visages.

Parfois, s'estompait lentement le bruit des derniers combats qui se traînaient encore. Puis, ils reprenaient ailleurs. Mais, de toute façon, l'affaire était désormais réglée.

Je le compris mieux encore en atteignant, vers onze heures, ce vaste quadrilatère qui, au cœur de la ville, s'appelait évidemment l'*Adolf Hitler Platz*. Là, c'était vraiment la liesse. Toutes les nationalités qu'on pouvait dénombrer à Karlsruhe semblaient représentées. Toutes les unités qui venaient de participer à la prise de la ville paraissaient avoir envoyé une délégation.

La mise à sac d'un grand magasin d'habillement situé à l'angle de la place et d'un boulevard menant vers le château, je la revois encore. Les préoccupations des uns étaient purement utilitaires. Ils cherchaient avant tout manteaux, vestes, pantalons, robes ou encore du tissu pour en fabriquer. Mais, chez les autres. c'était le goût et le besoin de la fête qui l'emportait d'abord. D'énormes pièces d'étoffe, de toutes les couleurs, faisaient particulièrement leur joie. Ils les traînaient derrière eux en dévalant les escaliers du magasin, ou bien les laissaient se dérouler par les fenêtres, tandis que leurs compagnons, plus bas, les emportaient dans les gravats en hurlant d'allégresse. Certains parvenaient même à les attacher à l'arrière des chars qui tournaient autour de la place en un carrousel assourdissant. Et ces pièces d'étoffe se changeaient alors, dans le sillage des blindés, en longues flammes jaunes, vertes, rouges, bleues ou violettes claquant au vent et à la poussière comme des fouets multicolores.

A bord de sa jeep, arrêtée au milieu de la place, le commandant de Castries, coiffé de son calot rouge de spahi, ouvrait une boîte de rations américaines.

Karlsruhe était prise et bien prise. Une grande ville allemande était tombée aux mains de notre armée.

Il y avait longtemps qu'elle n'avait pas connu cela.

Le cœur en fête, je passai presque toute la journée à explorer, quartier par quartier, l'ancienne capitale du grand-duché de Bade. Et c'est seulement quand le jour commençait à décliner que j'eus l'œil et l'oreille attirés par des remous et des cris provenant d'un groupe de civils massés à l'extérieur de ce qui ressemblait à une boulangerie.

Je m'approchais et compris aussitôt.

Une trentaine de femmes allemandes étaient rassemblées là, sur le point de faire un très mauvais parti à deux travailleuses russes qui, cependant, pièces de monnaie et tickets à la main, prétendaient chacune obtenir légalement la boule de pain qui leur était due.

Sortant mon colt de son étui, afin de faire impression mais aussi de me donner un petit air " justicier du Far-West " qui ne me déplaisait pas, j'intervins tout de suite. J'écartai sans ménagement les femmes qui me barraient le passage, m'emparai de trois pains sans en payer un seul, et les remis aux jeunes Russes avant d'entraîner rapidement celles-ci hors du lieu de notre larcin.

Mais, en vérité, n'étaient-ce pas plutôt elles qui m'entraînaient ? Car pendues à mes bras, elles ne semblaient pas avoir tellement envie de les abandonner. L'une et l'autre étaient fort sales et sentaient très mauvais. Mais elles avaient d'assez jolis yeux et ne chantaient pas mal du tout *Kalinka*, cette mélodie russe au rythme de laquelle nous allions à grand pas dans les rues de Karlsruhe.

Ce n'est qu'en atteignant les débris de cave où logeaient mes deux protégées que je compris ce qui me guettait si je ne parvenais pas, sans les vexer, à rapidement leur échapper. L'une d'elles s'était déjà laissée choir sur un reste de matelas d'où s'échappaient des senteurs putrides et elle paraissait m'y attendre. Quant à l'autre, je la vis soudain émerger de l'obscurité, brandissant à la main une bouteille qui contenait un affreux alcool dont elle m'obligea à boire trois gorgées qui m'écorchèrent le palais. Et c'est juste à ce moment-là que je me sentis, comme au rugby, saisi aux genoux et plaqué au sol, tandis qu'une bouche vorace qui puait les dents cariées se mettait à dévorer la mienne, et que deux ou trois mains, je ne sais plus combien elles étaient, entreprenaient de fourrager ma braguette d'une façon assez peu faite, d'ailleurs, pour obtenir le résultat probablement escompté.

Je dus pousser un rugissement qui fit peur aux deux filles, me levai d'un bond sans qu'une seule esquissât un geste pour m'en empêcher, me précipitai sur la porte et me retrouvai dehors.

Il faisait presque nuit. J'atteignis cependant, sans trop de difficultés l'*Adolf Hitler Platz*. Baschet s'y trouvait et paraissait inquiet de mon retard. Je lui dis que je m'étais perdu.

Je finissais par ne plus croire à l'arrivée de Peteuil et de la voiture d'enregistrement. Les aurait-on expédiés vers une autre armée alliée, américaine, britannique ou canadienne, avec un autre reporter? Pour peu que le cabinet du ministre de la Guerre s'en fût mêlé, rien n'était impossible émanant de ces tristes galetas où se mitonnaient tellement de mauvais coups. Du moins Peteuil n'aurait-il alors pas manqué de m'en avertir. Tout comme son message eût très bien pu ne pas me parvenir.

Oui, je finissais par ne plus croire à cette arrivée. En même temps que je commençais presque à en prendre mon parti.

A Strasbourg où j'étais retourné, toujours en jeep, enregistrer un récit de la prise de Karlsruhe, j'avais fait la connaissance d'un correspondant de guerre francophone de Radio-Canada, lui-même à la recherche d'un véhicule afin de rejoindre, précisément, le secteur de la Iʳᵉ Armée. Étant seul dans la jeep avec le chauffeur, j'avais proposé à ce compatriote fraîchement débarqué du XVIIᵉ siècle de le prendre à bord, accompagnant

269

mon propos d'une brève évocation des soucis que me causait le retard de ma voiture. C'est alors que mon gentil confrère québecois m'avait rapidement fait la démonstration de l'appareil avec lequel il travaillait, guère plus volumineux qu'un annuaire téléphonique, mais permettant d'effectuer d'excellents enregistrements sur bande magnétique, et qu'on nommait d'ailleurs un magnétophone.

Je devais regarder cette étrange machine, dont j'ignorais jusqu'à l'existence, avec des yeux ronds. Et son propriétaire m'observait lui-même de façon identique, tant il semblait stupéfait de ma stupéfaction.

— Vraiment, vous ne bricolez pas ça chez vous? me demanda-t-il avec un accent qui aurait très bien pu être celui du père Chapdelaine.

Ma réponse dut se lire sur mon visage. Ce qui amena aussitôt celle-ci :

— Écoutez, faut pas vous chicoter pour ça. J'ai un stock de bandes très supérieur à mes besoins. Au camp de presse, quand vous aurez besoin d'enregistrer une jasette je vous dépannerai.

C'était gentil et pourrait m'être utile. Mais comment dire à ce bon samaritain ma très grande crainte qu'on ne disposât, à Paris, d'aucun moyen de recopier, sur disque, le contenu sonore d'une bande magnétique?

Le matin, avant de quitter Minfeld, j'avais été averti que le camp de presse allait, dans la journée, franchir le Rhin à son tour, et s'installer non loin de Karlsruhe. Il s'établirait dans une élégante localité nommée Durlach, ancienne résidence des margraves de Baden-Durlach, et qui avait été incendiée, sur ordre de Louvois, par les troupes du maréchal de Duras en 1688.

Malgré ce fâcheux souvenir, dont on aurait pu nous tenir quelque légitime rigueur, nous serions fort bien reçus à Durlach. La petite ville n'avait, pour ainsi dire, pas souffert de la guerre et semblait quasiment intacte. Le chauffeur découvrit assez facilement la rue dont les confortables maisons, entourées de jardins pleins de fleurs, avaient été hâtivement réquisitionnées pour tous nous loger. Et c'est là que j'eus enfin le soulagement de retrouver Peteuil, arrivé une heure plus tôt à bord de notre Dodge définitivement et parfaitement équipée.

Après les effusions d'usage, ses premiers mots furent :

— J'ai du courrier pour toi.

Et il me tendit une lettre de mon père. Huit pages d'une écriture serrée, pleines d'attentions et de conseils dont aucun n'était superflu.

Cette lettre, je l'ai conservée, bien sûr. Et il m'arrive souvent de la relire.

« N'oublie pas, me disait en particulier mon père, que le général de Lattre est l'homme des jardins fleuris, des planchers bien nets, des présentations où chaque détail est toujours essentiel. J'ai pensé qu'il aura peut-être un jour ta visite avec la voiture aménagée. Pour Dieu, ne néglige rien ! Qu'elle soit briquée comme un yacht, comme un instrument dont on fait grand cas. Si tu peux y mettre un bouquet de fleurs, mets-le. Dis-toi que tous les raffinements, toutes les recherches, avec lui, sont un minimum. S'il doit s'y asseoir pour écouter un reportage, que ses appuis soient sans poussière, que sa place soit marquée, préparée, astiquée. Tu peux m'en croire : ta voiture doit avoir l'air d'un navire à grand pavois. »

Mais ce n'était pas tout. A cette lettre, mon père avait joint une image d'Épinal fixée par lui sur un carton et que protégeait une fine pellicule de rhodoïd. Cette image représentait des grenadiers de la Garde impériale, et une petite boucle faite d'un mince ruban tricolore devait permettre de l'accrocher à l'intérieur de la voiture. Au dos, mon père avait simplement écrit : « Pour que les Vieux, aussi, soient de la Fête ! »

Ils partageraient la mienne aussi longtemps qu'elle voudrait bien durer.

« Pour que les Vieux, aussi, soient de la Fête ! » avait donc écrit mon père.

La fête ! D'aucuns seront peut-être choqués par ce mot qui m'a déjà servi. Et pourtant oui, en dépit de ses périls, de ses oblations à la mort, et même de ses horreurs promptes encore, quelquefois, à nous sauter au visage quand nous nous y attendions le moins, oui, en dépit de tout cela, quelle fête nous vécûmes !

Avec bien sûr, car le taire ne serait pas honnête, une indéniable part de rêve, de fiction, d'exagération, j'allais presque dire d'hédonisme.

Essayons, en effet, d'être équitable. Il est vrai que, dans huit cas sur dix, n'existait plus grand-chose de commun entre les derniers lambeaux d'armée allemande auxquels nous avions affaire, et celle qui nous avait infligé, au déchirant soleil de juin 40, la plus humiliante défaite de toute notre histoire militaire.

Mais enfin, pour la première fois depuis 1813 et la désastreuse bataille de Leipzig, une armée française évoluait sur le sol allemand, y remportant victoire sur victoire. De l'Allemagne nous franchissions les fleuves, nous prenions les villes, nous couchions dans les lits, souvent même avec ses femmes. Après quatre années d'occupation, d'humiliation, de privations, quel nom donner à cela, surtout quand on avait mon âge, sinon celui de fête?

Mais au gré de celle-ci, importante question, nous conduisions-nous bien?

Dans l'ensemble, et pour l'essentiel, je crois pouvoir répondre que oui.

Là encore, il est pourtant juste de dire que les populations urbaines et surtout rurales nous y aidaient beaucoup. Car ce qu'il nous fallait pour assurer notre subsistance ou ménager notre sommeil nous était plus souvent et spontanément offert que nous n'avions à le réclamer. Et lorsque nous partions, au petit matin, il arrivait qu'on poussât l'hospitalité jusqu'à feindre de regretter notre départ.

Quant aux filles et aux femmes, il est bien vrai que rarement elles se montraient farouches. Et si je n'en ai jamais profité, sinon rapidement et du bout des doigts, au grand étonnement de quelques-unes, ce ne fut jamais par vertu mais élémentaire prudence. Beaucoup trop de mâles européens, de toutes races et de toutes mœurs, me semblaient avoir pérégriné, donc forniqué en Allemagne durant ces tristes années. Et si je devais m'absenter quelque temps de cette guerre avant qu'elle eût pris fin, je voulais bien que ce fût le fait d'une balle ou d'un éclat. Mais cela m'aurait franchement chagriné de le devoir à un coup de pied de Vénus.

Oui, dans l'ensemble, nos soldats se conduisaient bien avec les populations. Sans doute même un peu mieux qu'on l'eût imaginé, pour ne pas dire excusé. Mais il pouvait aussi nous arriver, dans nos échanges verbaux d'occupant à occupé, échanges d'ailleurs assez rares, d'ajouter à nos propos un zeste d'insistance frisant même parfois une certaine forme de sadisme.

Je me souviens, par exemple, de cette conversation que nous eûmes un jour, Peteuil et moi, avec des paysannes dont l'une, qui avait travaillé en Alsace, parlait assez bien français.

La veille, nous avions été admis à découvrir l'atroce camp de

Vaihingen, sur l'Enz, où achevaient de mourir, dans leurs tenues de forçats, des spectres qui hantaient les abords d'un affreux charnier.

Nous demandâmes donc à cette femme si elle connaissait l'existence de ce camp, peu éloigné de son village.

— Non, dit-elle.

Alors, nous nous mîmes à lui en faire la lente et minutieuse description, n'épargnant aucun détail, et l'enjoignant de traduire immédiatement à ses compagnes ce qu'elle venait d'entendre. Oh! il n'était pas nécessaire de saisir alors les paroles de notre récit en version allemande pour être certain que nul détail n'y manquait. Le visage de celles qui écoutaient cette interprétation en disait alors assez long.

Un de nos camarades entra.

— Et Oradour-sur-Glane, cela vous dit quelque chose? demanda-t-il sans préambule.

— Non, répondit la femme.

— Eh bien, écoutez-moi.

Puis, à son tour, il exigea une traduction immédiate.

A un moment, Peteuil me demanda :

— Pleurent-elles d'horreur ou seulement de peur?

Je lui dis que je n'en savais rien. Mais je commençais, moi aussi, à me poser une question. Lorsque ces femmes juraient tout ignorer de ce qui se passait à trois kilomètres de leur foyer, est-ce qu'elles mentaient ou disaient la vérité? Et en m'interrogeant de la sorte, ce n'était évidemment pas à ces seules femmes allemandes, assises en face de moi, que je pensais non sans un certain trouble.

Peteuil était enchanté de notre voiture. Et moi je l'étais tout autant à la pensée de retrouver sous peu notre ami Gandoët. Celui-ci, en effet, à la tête de son 151e RI, terriblement éprouvé par le passage du Rhin, se préparait à une autre aventure qui ne tenait pas davantage de la partie de tennis : contribuer à chasser l'ennemi du massif de la Forêt-Noire.

Car, sans perdre de vue Stuttgart, de Lattre conservait toujours Ulm, sa cathédrale, sa flèche la plus haute du monde, sa citadelle et tous ses souvenirs impériaux en incessant point de mire. Or, pour mener simultanément ces deux opérations, il lui fallait d'abord et absolument s'emparer de Freudenstadt, nœud routier capital au cœur de la Forêt-Noire, donc maîtriser avant tout celle-ci du nord au sud et d'est en ouest.

Maîtriser la Forêt-Noire? A peine y avait-on mis un pied qu'on éprouvait aussitôt l'impression d'être bien davantage son prisonnier que son maître en puissance.

Une jeep roulait devant nous. Le colonel Gandoët l'avait laissée au dernier village de plaine où nous avions rendez-vous, afin qu'elle nous montrât la route.

— Collez-moi bien au pare-choc pour qu'on ne risque pas de se perdre dans une nappe de brouillard, avait dit à Peteuil le lieutenant qui pilotait la jeep. Et ne vous étonnez pas si je prends ce qui pourra vous sembler être la pire des directions. Ce sera justement parce qu'elle est la meilleure.

A travers les hautes ramures des sapins, une lumière humide et grise tombait du ciel sur le chemin de terre où nous roulions. En dehors de cette lueur blafarde, c'était la nuit ou presque. Sous nos roues, la pluie, la neige et le dégel s'étaient chargés de transformer en une boue végétale et argileuse les aiguilles des saisons passées. Crispé au volant de notre voiture pour ne pas déraper dans ce mélange de glaise et de végétation putréfiée, Peteuil ne quittait donc pas des yeux la jeep qui nous précédait. Malgré le bruit du moteur, déjà on entendait les coups de feu dans le sous-bois. Tirs isolés ou rafales de pistolet-mitrailleur.

Nous parcourûmes encore cinq cents mètres, et après un tournant du chemin, découvrîmes un rassemblement de véhicules devant une cabane en rondins, sorte d'abri pour bûcherons, gardes ou charbonniers.

Des hommes en capotes et blousons formaient là un attroupement kaki. Notre jeep-pilote s'arrêta. Nous en fîmes autant et avançâmes à pied vers le groupe d'officiers où j'avais déjà reconnu, de dos, la silhouette casquée du colonel Gandoët.

— Vous arrivez bien, me dit-il. Nous entrons juste dans le vif du sujet. Naturellement vous connaissez le colonel Rol.

A son nom, celui-ci se retourna et me reconnut.

— Je ne m'attendais pas à vous voir ici, fit-il en me tendant la main. C'est loin Denfert et la Direction des égouts.

J'apprendrais alors que Rol, après la mort de Fabien, avait rejoint le 151e RI en voie de formation, et était aussitôt devenu l'adjoint de Gandoët. Situation peu banale puisque, si Gandoët, officier d'active, n'était encore que lieutenant-colonel, Rol avait acquis, dans la Résistance, cinq galons de « colonel plein », comme on dit en jargon militaire. Mais l'amitié aussitôt nouée entre les deux hommes n'avait pas été longue à dissiper cette anomalie hiérarchique. Et Rol serait toujours, pour Gandoët, le plus efficace et loyal des adjoints. Ainsi, dans *les Compagnons de la Forêt-Noire*, roman que m'inspirera, pour une large part, mon séjour au 151ᵉ RI, retrouvera-t-on beaucoup de Gandoët dans le personnage du lieutenant-colonel Garraud et de Rol dans celui du colonel Bernard.

Des coups de feu continuaient de retentir à travers la forêt, et l'on y percevait également le grondement de nos chars.

Rol, qui était allé jusqu'au poste-radio, revint en disant :

— Objectif atteint. Kaltenbronn est pris et nettoyé.

Il s'agissait du premier hameau forestier dont le régiment devait s'emparer.

— Allez, s'écria Gandoët, en avant et vite !

Cinq minutes plus tard, nous étions à Kaltenbronn, sorte de rendez-vous de chasse planté au seuil d'une étroite clairière, et dont presque tous les chalets de bois, minutieusement visités un à un, étaient intérieurement décorés avec des trophées de cerfs et des têtes de sangliers naturalisées.

Ouvrant le chemin à une compagnie du 151ᵉ, des chars nous avaient précédés ainsi qu'une section du Bataillon de choc dont les hommes, généralement grands, secs et musclés dans leurs treillis verts, semblaient prendre un malin plaisir à se donner, aux yeux des jeunes FTP, l'air et la démarche de loups en quête de leur proie.

Tandis que les patrouilles fouillaient les pentes dominant l'éclaircie, des chars s'étaient avancés en direction de Sprollenhaus, prochain objectif à enlever. Mais ils avaient dû s'arrêter à bonne distance d'une forte barricade en troncs de sapin qu'il ne s'agissait pas d'aborder sans savoir ce qu'elle dissimulait.

En attendant, le colonel Gandoët avait installé son PC dans la seule maison qui lui pût convenir. Il s'agissait d'un *gasthaus*[1] dont le patron, gros vieil homme au double menton blême et aux cheveux rares sur un crâne luisant, n'avait pas tardé à se montrer tout sucre et tout miel, tandis que sa femme, longue et sèche, arborait un sourire figé n'inspirant que modérément confiance.

Au début de l'après-midi, j'appris que le génie s'attaquait à la première barricade. Nous en approchâmes la voiture, et j'allai interviewer l'officier responsable de l'opération, afin d'inclure ses paroles au reportage qui tenterait de rendre l'ambiance des premiers combats en forêt-Noire.

— Où sont les Allemands ? demandai-je.

_____

1. Auberge.

— Juste après le tournant. Montrez donc le bout de votre nez et vous comprendrez vite. Nous avons eu un homme tué tout à l'heure. Et après cette barricade, il faudra nous attaquer à la suivante. Car je ne me fais pas d'illusions, ce n'est qu'un commencement.

Les premiers sons de mon reportage seraient donc ceux des cognées frappant les branches de sapin, des voix scandant l'effort des sapeurs, du coup de feu saluant l'imprudent qui aurait osé franchir un instant la fragile frontière de l'insécurité.

Quand le jour commença de baisser, il fallut bien se rendre à l'évidence : nous passerions la nuit à Kaltenbronn. Sprollenhaus, prévu pour aujourd'hui, nous attendrait jusqu'à demain.

A présent, la nuit était complètement tombée. Derrière les blindages de nos chars et les yeux de nos guetteurs, Kaltenbronn était devenu comme une minuscule forteresse au cœur de la forêt, elle-même peuplée d'une quantité de fantômes qui n'avaient souvent rien à voir avec la guerre. Sans doute perchée à la cime d'un sapin, une hulotte jeta son cri vacillant auquel répondit le chuchotement d'une effraie.

J'entrai dans la salle à manger du *gasthaus* où nous allions dîner. Des bûches flambaient dans la haute cheminée. Sur des murs blanchis à la chaux, des bois de cerf projetaient leurs ombres démesurées. En l'absence de son mari, la propriétaire, qui gardait aux lèvres le même sourire ligneux, achevait de mettre le couvert.

C'est au milieu du repas que des éclats de voix retentirent à l'extérieur. Presque au même instant, la porte de la salle à manger s'ouvrit brusquement, livrant passage à un homme bedonnant qui trébuchait les bras levés. Deux soldats le poussaient violemment dans le dos. L'homme, essoufflé, protestait, gémissait. L'un des soldats se mit à parler avec volubilité.

— Voilà, mon colonel, c'est le patron du *gasthaus*. On était de garde à l'entrée du village, mon copain et moi, quand on a entendu du bruit. J'ai crié « Qui-vive ? ». Pas de réponse. Je ne voulais pas tirer inutilement et déclencher un feu d'artifice. Alors, avec ma lampe, j'ai cherché dans la direction d'où venait le bruit. Et j'ai vu ce vieux porc à plat ventre dans le fossé. Sûr qu'il allait rejoindre les Boches, mon colonel, et les rancarder à not' sujet.

L'homme gémissait toujours. Sous le poids de son ventre

turgide, ses jambes ne semblaient pas loin de ne plus pouvoir le porter. Ses deux bras étaient toujours dressés de chaque côté de sa tête. Ses lèvres tremblaient comme de la gelée. Il pleurait, suppliait en hoquetant.

— Et puis, enchaîna le soldat en déposant sur la table un coffret de cuir, voilà ce qu'il serrait contre lui.

Obéissant à un ordre muet, un capitaine se leva et sortit de la pièce en poussant devant lui le bedonnant personnage.

Gandoët ouvrit alors le coffret. Il ne contenait rien d'autre que des photos qui se mirent à circuler autour de la table. Mais ce n'étaient pas n'importe quelles photos puisque, sur presque chacune d'elles, on voyait le gros homme parader aux côtés du Führer et des autres maîtres du III⁰ Reich en des expositions et foires industrielles où il paraissait leur servir de guide.

Qui était-il? Pourquoi vivait-il dans cette auberge en pleine forêt? Quel était son rôle et, même, quelle était cette auberge? Halte pour amateurs de chasse ou rendez-vous galants réservés à de hauts dignitaires du régime? En tout cas, il était certain que si l'homme avait réussi à passer la route et à s'enfoncer dans la forêt dont il devait connaître jusqu'aux moindres layons, l'ennemi n'aurait pas manqué d'être vite renseigné sur l'emplacement du PC. Alors la nuit eût risqué d'être agitée.

Dans le bruit des conversations, on entendit à peine celui d'une détonation sourde qui ne fit sursauter personne.

Le capitaine, qui s'était absenté, rentra dans la pièce.

— Il n'a pas tout dit parce qu'il était ému, fit-il, mais il en a assez dit.

La propriétaire continuait de débarrasser la table sans qu'un trait ne bougeât sur son visage de bois.

Je passai la nuit dans le grenier de la maison, allongé sur un matelas avec, en fond sonore, les mille bruits de la radio.

Le lendemain, nous reprîmes la route à l'aube et attaquâmes Sprollenhaus vers huit heures. L'affaire fut assez vite expédiée. Mais en début d'après-midi, alors que je terminais mon reportage par une interview des hommes du Bataillon de choc, deux balles nous sifflèrent aux oreilles, ce qui fit dire à l'un de mes invités :

— Tiens, je croyais que le ménage avait été mieux fait que ça.

Une colonne de prisonniers traversa le village. Il y avait de tout parmi eux. Des jeunes et des vieux, des fantassins verdâtres et des *panzer* dans leurs uniformes noirs, des valides et des blessés enveloppés de pauvres linges maculés de sang caillé. J'essayais de lire dans les regards de ces soldats déchus qui passaient en boitant ou en traînant les pieds, mais je ne pus rien y trouver d'autre qu'une grande absence désespérée. La plupart, certainement, s'étaient beaucoup battus. Souvent ils avaient dû être vainqueurs. Tous méritaient-ils cette ultime disgrâce ?

Si j'avais été certain d'être compris autour de moi, au garde-à-vous je les aurais salués.

Nous rejoignîmes Durlach après trois jours passés avec le colonel Gandoët, ses FTP, ses jeunes officiers généralement communistes, sans avoir une seule fois entendu parler politique.

Au camp de presse, on attendait un visiteur de marque, William Bulitt, ancien ambassadeur des États-Unis en France, et qui, s'étant engagé à titre étranger dans l'armée française, servait comme chef de bataillon à l'état-major du général de Lattre.

Quel événement nous valait donc sa visite ?

Nous l'apprîmes vite. Franklin Roosevelt était mort.

Et son successeur s'appelait Harry Truman, dont beaucoup d'entre nous découvriraient seulement, ce soir-là, qu'il avait été, durant cinq mois, vice-président des États-Unis.

C'était donc pour nous parler de lui que le général de Lattre nous avait envoyé William Bulitt.

Je résumerai ainsi l'essentiel de ce qu'il nous en dit :

— Vous lirez sans doute et entendrez ici et là que Truman est un primaire, un médiocre, et qu'il n'a réussi que dans la bonne-terie à Kansas City. Eh bien, moi qui le connais, je puis vous assurer que c'est un homme de caractère, de courage, qui saura s'entourer sur le plan civil autant que militaire, et à qui nul n'imposera jamais de faire ce qu'il n'estimera pas correspondre à l'intérêt des États-Unis.

Dès la mise au point, dans les moindres détails, des opérations *Overlord* et *Dragoon*[1], de Lattre avait parfaitement compris que, pour d'évidentes raisons de lieu, de temps et d'action, il ne pourrait jamais prétendre libérer Paris à la tête

---

1. *Overlord* était le nom de code donné au débarquement du 6 juin 1944 en Normandie, et *Dragoon* à celui du 15 août sur les côtes de Provence.

d'une armée française. Et il en avait d'autant mieux pris son parti qu'il devinait très bien que le commandement auquel il serait appelé ailleurs lui laisserait, probablement, les coudées bien plus franches pour marquer de son génie militaire les campagnes qu'il aurait à entreprendre.

Mais Strasbourg?

De Lattre avait trop de légitime orgueil pour laisser paraître un tel sentiment. Néanmoins, comment ne pas imaginer son amertume de ne pas avoir été le chef qui eût fait à nouveau flotter le drapeau français à la cime de la cathédrale de grès rose, et que cet honneur échût précisément à celui dont on utilisait trop souvent la jeune gloire pour tenter d'estomper ou d'assourdir la sienne?

Sans doute, en janvier, de Lattre et son armée avaient-ils sauvé la ville d'un retour vengeur des Allemands. Pourtant, ni la saison ni tout ce qui restait encore d'urgent à accomplir ne se prêtait alors au grand triomphe strasbourgeois certainement rêvé par de Lattre pour en être le héros.

Pareille fête, à deux reprises manquée, il allait donc et maintenant se l'offrir. Et même d'une façon dont je ne suis pas certain qu'il aurait, jusque-là, osé l'imaginer.

Car, le 15 avril, c'est par le Rhin et la porte de Kehl, en général victorieux sur le sol allemand, qu'il entrerait à Strasbourg. Et le lendemain, ce serait une explosion de joie et de gratitude, probablement sans précédent, que la ville et ses habitants réserveraient à de Lattre et à ses soldats. Mais, cette fois, sous une voûte céleste triomphalement printanière.

Depuis trois jours, nous suivions donc une manœuvre, assez déroutante pour les profanes que nous étions, consistant à longer, sur la rive droite et vers le sud, cette vallée du Rhin qui, jusque-là, nous avait toujours aspirés sur la rive gauche et vers le nord. Ainsi avions-nous traversé Rastatt dont le château avait eu ses heures de gloire quand s'y était achevée la guerre de la Succession d'Espagne, puis Baden-Baden, premier refuge des exilés de Vichy et de la collaboration dont les portiers d'hôtels montraient encore les signatures sur leurs livres d'or. Tout cela n'était pas allé sans de sérieux combats, généralement livrés à des unités SS, dont le courage loyal et désespéré inspirait, pour la première fois, une sorte de respect surpris. Enfin, nous avions rejoint la grande plaine de Bade.

A présent, nous ne pouvions plus ignorer où nous allions. Un jeune capitaine de chars, au visage mince, au teint mat, aux yeux rieurs nous l'avait expliqué aussi clairement que l'eût fait un professeur de l'École de guerre. Probablement même un peu mieux encore. Il s'appelait Antoine Argoud et ses hommes disaient de lui :

— Notre capitaine, c'est un vrai petit général.

Ce que ses supérieurs traduisaient ainsi :

— Argoud sera, un jour, le grand patron de l'armée française.

Et sans doute l'aurait-il été, en effet, si des événements à broyer les destins ne l'avaient emporté, ailleurs et autrement.

Le 15 avril, enfin, ayant franchi la Kinzig, dernier obstacle avant Kehl, nous aperçûmes, s'élevant à l'horizon, la flèche de la cathédrale de Strasbourg, rose comme l'étaient déjà les premiers nuages du couchant.

Oh! je m'y attendais. Et d'ailleurs, au plus profond de moi, étais-je venu là en quête d'autre chose que de telles émotions? Comme lors de ma première traversée du Rhin, je sentis donc les larmes qui montaient à mes yeux. Et une nouvelle fois, ma pensée alla vers ce lointain et proche Arnould Droit qui, lui aussi, avait pu, sous l'uniforme, contempler la France vue d'Allemagne.

Nous atteignîmes Kehl. Les FFI, devenus marsouins de la 9ᵉ division d'infanterie coloniale, patrouillaient dans les rues escortés par les chars. Sur une petite place, à l'ombre des platanes, ils chantèrent, à notre micro, l'hymne de leur arme :

Pour faire un soldat de mari-i-ne
Il faut avoir dans la poitri-i-ne
Le cœur d'un matelot et celui d'un soldat...

Et, dès le lendemain matin, Strasbourg était si pavoisée que la ville semblait, durant la nuit, avoir été peinte en tricolore.

Oui de Lattre avait rêvé de ce triomphe strasbourgeois. Il avait jalousement veillé à s'en donner les motifs stratégiques. Il le méritait. Il l'eut. Bravo! Mais le coup de génie de cette inoubliable fête, ce serait évidemment l'occasion qu'elle offrirait au chef de la Iʳᵉ armée pour lancer, de France, la deuxième phase de sa campagne d'Allemagne. Car ces chars, ces canons, ces fantassins dans leurs *half-tracks*, ces engins de toutes sortes qui traversaient inlassablement la place Broglie sous les jets de fleurs et les délirantes acclamations de la foule, n'étaient pas seulement là, cela va de soi, pour offrir aux Strasbourgeois ce fabuleux spectacle. En effet, derrière les atours triomphants mais trompeurs d'une grande parade militaire, c'était bien l'essentiel du corps d'armée Béthouart, jusque-là demeuré en Alsace, qui faisait mouvement vers les ponts de Germersheim, de Spire et de Mannheim pour très vite permettre à de Lattre de lancer, en direction du Danube et de l'Autriche tyrolienne, l'une des plus fantastiques charges de cavalerie blindée qu'on eût jamais vues depuis que cette arme existait.

La pluie s'était mise à tomber durant la nuit et, dès lors, n'avait pas cessé.

Il était une heure de l'après-midi.

Nous étions désormais trois à bord de la voiture. Car nous avait rejoint Alain Canevet, ingénieur du son en manque de reporter, Breton bretonnant au verbe aussi dru que sa chevelure taillée en brosse, inépuisable conteur d'histoires vécues par lui sous toutes les latitudes et qui, à son tour, deviendrait pour moi un ami.

Juste au-dessous de nous, maintenant, dans la vallée du Neckar, les ruines de Stuttgart, noyées par l'eau du ciel, n'attendaient plus qu'une chose : qu'on leur donnât l'assaut.

Nous avions fait halte dans un faubourg de la ville, dominant celle-ci, et nommé Degerloch. Les véhicules de la 5ᵉ division blindée, qui s'y étaient regroupés, se trouvaient tellement serrés les uns contre les autres qu'on eût dit que la division tout entière était là, chars, *half-tracks*, jeeps, etc.

Le général Schlesser, qui commandait cette 5ᵉ DB, venait d'arriver. Il avait l'une des plus belles silhouettes de cavalier de la Iʳᵉ Armée. Sa taille était même si fine que certaines mauvaises langues prétendaient qu'il portait corset.

Il fit aussitôt convoquer son meilleur interprète, un Alsacien parlant l'allemand sans aucun accent étranger.

— Voilà, expliqua le général, ici plus rien ne tient debout, mais le téléphone marche encore. Vous allez donc appeler la mairie de Stuttgart. Vous vous prétendrez le chef de la *16ᵉ Volks grenadiere division,* chargée de défendre la ville et demanderez à parler au bourgmestre en personne. Alors, dès que vous l'aurez, vous lui révélerez qui vous êtes en ajoutant, de ma part, que nous encerclons sa ville et que, s'il ne la déclare pas immédiatement « ville ouverte », notre artillerie et notre aviation écraseront ce qu'il en reste avant une heure d'ici.

— Notre aviation, mon général, avec ce temps-là ? fit l'interprète.

Schlesser eut un geste agacé.

— Bien sûr, c'est du bluff. Mais ça impressionnera le bourg-mestre. Ajoutez même que, si tout se passe bien, la garnison aura droit aux honneurs de la guerre. Qu'est-ce que ça coûte?

Le bourgmestre fut difficile à joindre. Quand on put enfin lui parler, il fit observer, comme il fallait s'y attendre, qu'une telle décision ne dépendait pas de lui mais des militaires, et demanda un délai pour les joindre, puis un second, puis un troisième. A expiration de ce dernier, la liaison téléphonique fut interrompue.

— On fonce, cria Schlesser.

Et lentement, la colonne se mit en marche.

Ainsi qu'une pâte grise et humide sortant d'un tube qu'on eût régulièrement pressé, des files de véhicules, tout ruisselants de pluie, surgissaient à présent pour s'en aller grossir l'énorme flot mécanique déjà en route vers la ville dans un fracas sans cesse grandissant. Et, par pulsations noirâtres, des jets d'épaisse fumée sortaient des pots d'échappement encrassés.

La route qui descendait de Degerloch à Stuttgart empruntait de larges lacets pour adoucir une pente assez rude. A gauche, dans le fond de la vallée, on commençait enfin à distinguer les contours de la capitale du Wurtemberg. Mais un écran de pluie en brouillait encore les détails.

Émergeant de leurs tourelles, massés derrière leurs pièces d'artillerie, les hommes des chars et des canons auto-moteurs s'efforçaient de demeurer impassibles sous l'averse devenue torrentielle. Rivé à son volant, Peteuil veillait à ne pas perdre sa place entre un *half-track* et un char. Quant à moi, pour être plus sûr de ne rien manquer du spectacle, et sans doute aussi, inconsciemment, pour me conférer une allure plus « guer-rière », j'avais pris place, debout sur le marchepied de la voi-ture, accroché de la main gauche à la portière de celle-ci.

A l'entrée de la ville, un sérieux accrochage eut lieu, vite maîtrisé par nos tirs d'artillerie et de mitrailleuse. Mais l'arrêt que nous avions dû faire me permit de réaliser un premier enregistrement dont le décor sonore ne pouvait laisser planer aucun doute sur l'authenticité.

La colonne reprit sa marche. Les avenues anéanties ou très endommagées, à travers lesquelles nous roulions maintenant, étaient aussi mornes que tout ce que nous avions décou-vert jusque-là. Mais enfin, Stuttgart, cette fois, nous y étions. Stuttgart écrasée, défaite et déserte qui, si elle tentait encore, çà et là, de retarder brièvement la marche de nos troupes, n'en verrait pas moins sa chute à peu près consommée avant celle de la nuit. J'éprouvais du mal à réaliser tout à fait ce que j'étais en train de vivre. Des vers aux consonances épiques s'entrechoquaient dans mon crâne. J'aurais voulu pouvoir m'arrêter à chaque carrefour afin d'en déclamer quelques strophes. Car enfin, mesure-t-on bien ce que cela pouvait représenter pour un garçon de mon âge, pour l'adolescent déchiré de juin 40, pour le très jeune homme asphyxié, humilié par quatre années de présence ennemie, ces années dont il pouvait attendre tous les épanouissements, mesure-t-on bien ce que cela pouvait représenter que de « prendre » Stuttgart ?

Oh ! j'admettais, volontiers, ne pas être seul à prendre Stuttgart. Je voulais bien reconnaître que d'autres prenaient la ville avec moi. Peut-être même un peu plus que moi. A une condition, pourtant : celle de ne pas m'entendre discuter, chipoter le privilège de l'avoir prise moi aussi, de l'avoir prise à ma façon, mais enfin de l'avoir prise.

Un char et deux *half-tracks* obliquèrent brusquement vers la droite pour s'engouffrer dans une sorte de tranchée grise qui, jadis, avait dû être une rue, et s'en aller réduire un nid de résistance que des travailleurs étrangers venaient de nous signaler. Car ici comme à Karlsruhe, des ouvriers de tous pays commençaient à suinter peu à peu des ruines et à se grouper sur le passage des colonnes. D'abord immobiles, figés par le froid et la pluie qui traversaient leurs pauvres hardes. Mais très vite s'animant, s'enhardissant, venant jusqu'au ras des véhicules faire de grands gestes aux soldats, les interpellant dans presque toutes les langues du continent, s'époumonant à leur tenir d'incompréhensibles discours. Et puis, apparaissaient aussi des déportés comme arrachés au silence glacé de leur nuit et de leur brouillard, hâves et hagards dans leurs défroques rayées, interrogeant soudain la liberté dans les yeux de leurs libérateurs. Bref, il y avait là tout ce peuple de la nuit, surgi des profondeurs de l'Europe en guerre, clochards cosmopolites issus des longues transhumances du malheur, arrivés jusqu'ici comme à tâtons et prêts à repartir de même.

Nous parvenions maintenant au centre de la ville. Du Königselhau, jadis l'un de ses carrefours les plus brillants, ne demeurait qu'une vision confuse d'arcades effondrées, de charpentes arrachées, de pierres calcinées.

Toujours debout sur mon marchepied, donc plus accessible que les cuirassiers émergeant à peine de leurs chars, les légionnaires enfouis dans leurs *half-tracks*, les fantassins presque invisibles dans leurs camions bâchés, j'étais le constant objet de manifestations de tendresse et de gratitude qu'il me fallait bien accepter jusque dans leur démesure.

Profitant d'un de nos arrêts, un travailleur français vint à moi, tirant derrière lui, par le col de sa veste, un civil blafard.

— Tu me l'achètes? fit-il. C'est un nazi avec certificat d'origine. Vrai de vrai.

L'homme ainsi désigné articula péniblement :

— *Nicht nazi, nicht nazi...*

— Tu parles, salope, fit le travailleur. Et ta carte du parti, elle date pas de 1931?

Puis, se retournant vers moi :

— Tu me crois, au moins? Tu veux la voir, sa carte?

— Je te crois sur parole.

— Tu peux. J'en ai assez bavé avec ce mec. Deux ans comme soudeur chez lui. Et à part sa fille qu'était à peine baisable, j'en ai rien tiré qu'une croûte dégueulasse et des heures supplémentaires sans un pfennig de rab.

Il reprit un instant son souffle.

— Alors, tu me l'achètes, oui ou non? En le revendant à un Ricain, tu peux en tirer de l'argent. C'est pas une cloche, tu sais. Et les Ricains, ils achètent un bon prix ce genre de type pour grossir le pécule de points qui les fera démobiliser plus vite.

— Va voir les gars de la Légion, dis-je pour avoir la paix.

— T'es pas chic, fit le travailleur. Parce que moi, ce gonze, si je l'ai pas soldé avant ce soir, je décanille pas sans le buter. Aussi sec.

Nous atteignîmes, en fin de journée, un quartier assez peu touché par les bombardements et composé d'immeubles, de construction récente, ne dépassant pas cinq étages.

— Ce ne serait pas mal pour y passer la nuit, dit Roger Vailland qui venait de nous rejoindre, toujours en compagnie de Favrel.

Des légionnaires semblaient déjà en train de visiter le premier bâtiment avec les mêmes préoccupations que nous. Je suggérai à Favrel, en sa qualité d'ancien de la Légion, de passer le premier afin, si cela s'avérait nécessaire, de mener lui-même les négociations. Au deuxième étage, la porte d'un appartement était entrouverte. Il la poussa en criant :

— Y a de la Légion ici?

N'ayant pas obtenu de réponse, nous entrâmes. Au mur d'une première pièce, qui semblait faire office de bureau, une carte d'Allemagne était fixée sur un panneau de liège, et des petits drapeaux de papier, montés sur des épingles, y indiquaient l'avance des différentes armées alliées.

— Ma parole, c'était un état-major qui logeait dans cette turne, dit Vailland.

Alors, saisissant l'un des emblèmes à nos couleurs, il le planta sur Stuttgart et dit :

— Voilà, maintenant c'est à jour.

Excepté cette carte, une table et quelques classeurs ne contenant pas un seul dossier, plus rien ne restait d'ailleurs dans la pièce qui semblait avoir été méthodiquement vidée de sa substance. Nous visitâmes le reste de l'appartement composé de trois chambres où n'existait qu'un mobilier sommaire mais en bon état. Les portes des armoires et des placards, dégarnies comme les tiroirs et les derniers classeurs du bureau, étaient demeurées grandes ouvertes. Une seule, dans la dernière chambre, semblait avoir été fermée à clé. Nous remîmes à plus tard son ouverture.

En résumé, l'espace était idéal pour y loger à quatre. Il ne nous restait plus, avant la tombée de la nuit, qu'à trouver un gîte pour le chauffeur de Vailland, et de quoi arroser dignement la prise de Stuttgart.

Une demi-heure plus tard, mission accomplie, nous revenions à notre cantonnement. Des légionnaires bivouaquaient au pied de l'immeuble. L'un d'eux avait pris sa guitare et, devant un feu de bois, psalmodiait un air de flamenco.

Nous gravîmes l'escalier, mais eûmes la désagréable surprise de trouver la porte de « notre » appartement fermée. Or, nous étions certains de l'avoir laissée entrouverte. Des légionnaires qui passaient nous vinrent en aide et, de trois coups d'épaule, firent sauter le chambranle.

— Méfiez-vous quand même, dit l'un d'eux. Faudrait pas que des Fridolins aient rappliqué pour vous tendre un piège.

Pistolet-mitrailleur au poing, ils insistèrent donc pour nous accompagner dans une nouvelle inspection des lieux.

Sans doute le vent avait-il repoussé la porte car, apparemment, rien n'avait bougé à l'intérieur.

Et pourtant si ! Dans la dernière chambre, en effet, la seule dont nous avions laissé un placard fermé, celui-ci était à présent grand ouvert. Et la fenêtre également. Sur le lit, avaient été jetés à la hâte un pantalon et une tunique d'uniforme portant les insignes d'*oberstürmfürher* de la SS. Par terre, gisait une casquette avec la tête de mort au-dessus de la visière. Et sur une chaise, accroché à un ceinturon de cuir noir, pendait l'étui vide d'un pistolet parabellum.

Je n'avais, quoi qu'il en fût, pas l'intention de m'éterniser à Stuttgart, sentant bien que, désormais, c'était vers le Danube et, plus particulièrement du côté d'Ulm, qu'allaient se passer les choses importantes. Néanmoins, je ne soupçonnais pas qu'elles se précipiteraient ainsi.

Car Stuttgart était tombée le 21 avril. Or, le même jour, la 1re division blindée, celle dont nous avions vu défiler dans Strasbourg la plupart des régiments, atteignait et franchissait le Danube sur un front de soixante kilomètres. Certes, ce fameux objectif d'Ulm, que je savais si important pour de Lattre, n'était pas encore atteint. Et, très égoïstement, je m'en félicitais. Mais il pouvait l'être d'ici deux ou trois jours. Nous n'avions donc plus un instant à perdre. Néanmoins, sur les véritables mobiles nourrissant ma hantise d'arriver trop tard à ce qui devenait de plus en plus, pour moi, comme un rendez-vous mystérieusement fixé à Elchingen, je restais d'un mutisme de carpe avec mes deux compagnons.

Naturellement, le camp de presse avait encore déménagé. Nous le retrouvâmes non loin de Freudenstadt, en pleine Forêt-Noire. Des lettres de mes parents m'y attendaient. Comme la plupart des précédentes, elles me donnaient assez peu de leurs nouvelles. Abondamment des miennes, en revanche. Et cela en me parlant de mes reportages entendus à la radio, de mes propres missives commentées presque ligne par ligne, enfin ma mère, plus particulièrement, de tous les dangers que je courais sans aucun doute, mais dont j'étais selon elle totalement inconscient. J'ajoute pourtant que l'un de ces courriers contenait quelque chose que j'attendais avec une particulière impatience : le récit de la bataille d'Elchingen par Philippe de Ségur, aide de camp de l'Empereur, dans son livre de souvenirs. J'avais prié mon père de recopier ces pages, puis de me les envoyer au plus vite afin que, si la chance m'était donnée d'aller jusqu'à Elchingen, ce qui s'y était passé le 14 octobre 1805 me fût davantage présent à l'esprit.

Je demandai à Roger Frey si la prise de Sigmaringen, dont on avait parlé, était confirmée.

— Oui, me dit-il aussitôt, le groupement du commandant Vallin y est arrivé ce matin. Nos trois couleurs flottent sur le château des Hohenzollern. Quant à ses hôtes, on ne sait rien d'eux pour l'instant.

— Et Ulm ?

— Nous n'y sommes pas encore. Mais tout peut aller vite.

Le lendemain matin, de fort bonne heure, nous quittions

donc le camp de presse, à la découverte d'une Allemagne très nouvelle pour nous.

Après Rottweil, petite cité wurtembergeoise que sa forte densité d'hôpitaux avait exempté de toute égratignure, nous serions bientôt à Tutlingen où nous franchirions le Danube. Et déjà notre imagination se hâtait de nous précéder vers le plus libertin, le plus voluptueux des fleuves d'Europe. Un premier pont. Non, ce n'était que celui du chemin de fer. Un second. Cette fois, se moquait-on de nous ? Car enfin le Danube, soyons un instant sérieux, n'aurait tout de même pas été ce ruisseau vert pour pêcheurs à la ligne, coulant péniblement sous une arche de fer entre deux rives plantées de saules. Eh bien, si à soixante kilomètres de sa source, et que nous le voulions ou pas, même le Danube n'était que cela !

Quant au Wurtemberg, en écrivant ces lignes il me semble aujourd'hui revoir, comme dans un film, tous ses opulents paysages se déroulant sous nos yeux tel un tapis ensoleillé de bois et de champs, tous ses vergers croulant de fruits, tous ses villages intacts, épargnés par la guerre-éclair que c'était bien à notre tour de mener au galop de charge. Et me reviennent également, à travers le transparent de ma mémoire, toutes ces populations paysannes de femmes et d'enfants, sur le bord de la route, applaudissant à notre passage, agitant des mouchoirs, allant jusqu'à former des V de la victoire avec deux doigts de leur main droite, sans même savoir, probablement, ce que ce signe voulait dire à nos yeux.

J'étais surtout fasciné par la beauté de ces enfants blonds, bien plantés, au teint frais, aux joues roses, qui se précipitaient sur nous si nous nous arrêtions, pour que nous les prenions dans nos bras et leur donnions du chewing-gum — qu'ils prononçaient « chouignekomm » — ainsi que des bonbons américains. Mais je me disais également que c'étaient eux les authentiques produits de la politique nataliste du IIIe Reich et que, si nous n'y prenions garde, ces gentils bambins pourraient bien commencer à former, dans une quinzaine d'années, la véritable Allemagne d'une revanche qui ne passerait pourtant pas forcément par les voies militaires.

Cette prodigieuse richesse du pays wurtembergeois, pour mieux la voir de près et même la toucher du doigt, il n'était d'ailleurs que d'entrer dans quelques demeures villageoises et d'en visiter discrètement caves et celliers. Non, ce n'était certainement pas ici qu'on risquait de mourir de faim.

Avec la stratégie de mouvement adoptée par de Lattre, le

moteur était donc, plus que jamais, le nerf de la guerre. Le soir, pourtant, il fallait bien s'arrêter. Sur l'axe routier que nous avions suivi, nous le faisions généralement dans la dernière localité prise par nos troupes ou abandonnée par l'ennemi avant même que nous arrivions. Des chars allaient se poster aux emplacements névralgiques pour prévenir toute mauvaise surprise, une fois la nuit tombée. Nous choisissions le toit sous lequel nous dînerions et dormirions, ce qui se passait toujours parfaitement. Au petit matin, nous reprenions la route.

Pour être absolument sincère, néanmoins, il m'arrivait parfois de me sentir un peu gêné par le gain de combats souvent trop faciles. « Dieu que la guerre est jolie », chantait Apollinaire, avant d'en payer durement le prix. Oui, la guerre pouvait être cela aussi. Je le savais bien. Je n'y étais pas insensible. Mais à condition que fussent tout de même sauvegardées quelques saines apparences.

Dans les bourgs d'une certaine importance, beaucoup de prisonniers français en uniforme, libérés un ou deux jours plus tôt, s'étaient spontanément transformés, juste retour du sort, en troupes auxiliaires d'occupation. On leur avait remis une partie des armes prises à l'ennemi vaincu. Et Dieu qu'il était roboratif de les voir, fusil Mauser à la main, sans d'ailleurs abuser de la situation, assurer désormais l'ordre français là où cela risquait de se révéler nécessaire !

Par malheur, ils ne pouvaient être partout !

Comme je les ai regrettés, le 24 avril dans l'après-midi, en traversant le village de Wiblingen, sur la rive droite du Danube, qu'on nous avait pourtant assuré pris, garanti nettoyé, certifié occupé depuis le matin par une unité d'élite ! Ah ! s'il l'avait seulement été par une simple section de nos braves prisonniers auxquels on aurait tout bonnement donné des consignes simples et fermes !

Nous venions d'arriver à Wiblingen, pensant y franchir un pont sur l'Iller, petit affluent du Danube s'y jetant près d'Ulm, et rejoindre ensuite les zouaves et les chars qui devaient attaquer la ville.

Mais à peine étions-nous entrés dans ce village que j'eus, rapidement, une très mauvaise impression. Rues et venelles désertes. Aucun soldat français en vue. Quelques uniformes vert-de-gris, en revanche, rasant les murs, et dont l'existence d'un petit hôpital militaire n'expliquait peut-être pas totalement la présence.

Le pont sur l'Iller était convenablement indiqué. Nous

prîmes donc la route y conduisant. Mais nous n'allâmes pas loin. Car à peine avions-nous parcouru une centaine de mètres qu'un fusil-mitrailleur allemand, bien camouflé au-delà du talus bordant la rivière, se mettait à cracher le feu sur nous, avec une insistance hargneuse pouvant difficilement laisser croire à un simple exercice de tir pour élèves de la préparation militaire.

C'est à Peteuil que nous dûmes d'avoir la vie sauve et de nous en sortir libres. Sous une pluie de balles, dont beaucoup étaient des traçantes, il manœuvra comme un maître. Derrière moi, j'entendais Canevet l'encourager.

— Logiquement, on doit s'en sortir, rugissait-il.

Et ne fût-ce que pour étayer sa logique, je ne cessais de me recroqueviller sur mon siège, en me faisant le plus petit possible. Mais j'attendais néanmoins le choc, la brûlure qui me diraient que j'étais atteint. Alors, on verrait bien...

Quand nous eûmes dépassé le tournant de la route au-delà duquel on rentrait dans le village, soudain le tir cessa. Mais la voiture avançait difficilement, par à-coups ressemblant à des hoquets.

— Elle est sérieusement touchée, me dit Peteuil. Toi et Canevet, vous n'avez rien?

— Rien, répondîmes-nous ensemble.

Deux explosions retentirent alors. Deux boules de feu arrivaient sur nous. Cette fois, c'étaient des *panzerfaust*[1]. Décidément les Allemands y mettaient le prix. Par bonheur, ceux-là non plus ne tiraient pas très bien.

Pourtant, à peine étions-nous à nouveau dans Wiblingen qu'un autre concert commençait. Des obus, à présent, tombaient de tous côtés. Un artilleur eût sans doute pu dire s'ils étaient amis ou ennemis. Pas moi. Cela n'aurait, d'ailleurs, pas changé grand-chose à l'affaire. L'un fit brusquement explosion à vingt mètres devant nous, tuant net deux civils qui traversaient la rue en courant. C'est alors que je crois avoir crié :

— On sera faits prisonniers, mais on a peut-être une chance de sauver notre peau. Mettons-nous à l'abri.

Nous jaillîmes tous les trois ensemble de la voiture, et entrâmes dans une maison dont la porte était ouverte ainsi que celle menant à la cave. Nous dévalâmes l'escalier.

---

1. Arme individuelle antichars et, par métonymie, le projectile de cette arme. Équivalent allemand du bazooka.

— *Kamerad, nicht kaput!* entendîmes-nous soudain.
C'étaient quatre militaires allemands, bras en l'air, et qui croyaient assez drôlement que nous venions les faire prisonniers. Dieu sait pourtant si nous avions d'autres soucis en tête. Mais il fallait tout de même sauver la face. Canevet hurla, dans la langue du pays, quelque chose que je ne compris pas. Mais cela eut de l'effet sur les quatre Allemands, toujours les bras levés, qui se retrouvèrent aussitôt face au mur. Plusieurs civils tremblaient et gémissaient dans leur coin.

Un grand calme se fit. Le bombardement semblait terminé.

— Si la voiture démarre, est-ce qu'on essaie tout de même de se tirer? demanda Peteuil.

— Et comment! fîmes-nous d'une seule voix, Canevet et moi.

Un signe à « nos » prisonniers de ne pas bouger. Et nous sortions de la cave. La voiture était toujours là. Peteuil s'assit à son siège. Contact. Hourra! Le moteur tournait.

— Tu veux parier que tout à l'heure, me dit Peteuil, ce n'était qu'une saloperie dans le gicleur. Mal tombée, celle-là!

En contournant la voiture pour gagner ma place, j'avais pourtant et déjà repéré douze impacts de balles, dont un situé à dix centimètres au-dessus de ma tête. Au total nous en trouverions finalement trente-deux.

Nous reprîmes la route de Laupheim par laquelle nous étions venus et rejoignîmes le PC de la 1re division blindée.

— Soyez les bienvenus, nous dit le général Sudre, qui la commandait. Aujourd'hui, nous avons pris Ulm.

Je me retins de lui répondre :

— Et vous n'auriez pas pu attendre demain?

Je devais m'y résoudre : la prise d'Ulm avait eu lieu sans moi. Il est vrai que, le 20 octobre 1805, elle s'était également déroulée en l'absence de mon trisaïeul. Mais pour le bon motif puisque, six jours plus tôt, il avait été grièvement blessé à l'attaque du pont d'Elchingen. Certes, à Wiblingen, il s'en était fallu de peu que je ne le fusse moi-même. Voire même, peut-être, un peu plus que blessé. Mais c'est un fait que je m'en étais sorti indemne.

A tout cela je pensais, en écoutant assez distraitement le général Sudre nous conter les laborieuses tractations entre de Lattre et Patch, commandant la VIIe Armée US, pour décider lequel des deux aurait le droit de dire à ses troupes qu'elles étaient bien les héritières de celles du maréchal Ney.

C'est au milieu d'un silence que je demandai :

— Mon général, est-ce que le pont d'Elchingen se trouve, ce soir, en secteur français ou américain ?

Le général parut surpris par ma question, et dut me prendre pour un éminent spécialiste de l'épopée impériale.

— Je crois, fit-il, que les Allemands y sont encore. Mais les Américains devraient bientôt les en chasser puisque Elchingen est situé dans leur secteur. D'ailleurs le nôtre, lui-même, n'existera plus demain. Nous n'avons pris Ulm que pour la beauté du geste, parce que sinon le « roi Jean » en aurait fait une maladie. Et nous aussi d'ailleurs. Mais, tout en laissant derrière nous quelques troupes symboliques, à présent c'est l'Autriche qui nous attend.

Le lendemain matin, dès que nous arrivâmes au PC d'un groupement tactique de la 1ʳᵉ DB situé au village d'Unterstadion, tout près d'Ulm, la nouvelle nous fut vite confirmée. Elchingen était bien aux mains des Américains. Et la route, pour nous y rendre, passait forcément par Ulm où nos trois couleurs continuaient de flotter en haut de la vieille citadelle, aux côtés de la bannière étoilée. Ainsi l'avait exigé de Lattre, en même temps que le maintien d'une compagnie de zouaves, afin d'attester que c'était bien l'armée française qui, pour la deuxième fois de son histoire, s'était emparée d'Ulm.

Ces zouaves, quand nous finîmes par les découvrir, quelle tristesse nous envahit ! Je n'avais jamais vu soldats aussi mal tenus, dépenaillés, repoussants de saleté. J'interrogeai, au micro, le capitaine commandant la compagnie et qui semblait tout à fait inconscient de leur état. Je lui demandai quels sentiments étaient les siens à se trouver dans la peau d'un officier français vainqueur à Ulm, cent quarante ans après ceux de l'Empereur. Je n'en tirai que de très vagues paroles exprimant surtout sa complète indifférence à l'égard d'un tel rapprochement historique. Et c'est seulement beaucoup plus tard que j'apprendrais ce qui était advenu quelque six jours après notre passage. A savoir de Lattre surgissant à l'improviste, espérant trouver à Ulm des soldats français rayonnant de leur victoire, fiers de leur gloire, et tombant sur ces pauvres hères, sans doute encore plus sales, plus débraillés qu'ils n'étaient quand je les avais vus. Oh ! les fureurs de Zeus, et les jours d'arrêts de forteresse dégringolant en giboulées de printemps, au prorata de leurs galons sur les officiers responsables de cette indignité !

Pour me rendre au pont d'Elchingen, j'aurais bien aimé quitter Ulm par la porte de Stuttgart. C'était celle, en effet, qu'avait empruntée la Grande Armée pour entrer dans la ville. Mais nul ne paraissait la connaître et pouvoir nous dire où elle se trouvait. Je crois néanmoins que c'est bien elle que nous finîmes par dénicher, car l'itinéraire que nous suivîmes, constamment parcouru de véhicules américains, était certainement le plus direct menant à Elchingen. Tout permettait donc de penser qu'au soir de la bataille, c'était par ici que les dragons de Ney avaient poursuivi quatre mille Autrichiens pour les faire prisonniers au pied des remparts d'Ulm.

Nous atteignîmes assez vite un carrefour où il nous faudrait tourner à droite pour gagner l'emplacement du pont historique. Mais déjà, sur notre gauche, au sommet d'une hauteur, on pouvait distinguer, surmontée de tous ses clochetons, l'abbaye d'Elchingen où, selon Ségur, Napoléon avait dormi durant six nuits de suite.

Au milieu de ce paysage, l'histoire s'était faite. Et, me permettra-t-on d'ajouter, celle de ma famille pour une très modeste part? Je me sentais encore plus ému que je n'aurais pensé l'être. Mais n'avais-je pas moi-même nourri les ferments de cette émotion, en ne cessant d'imaginer ce rendez-vous intemporel et m'y préparant depuis le dimanche de Pâques où de Lattre s'était donné Ulm pour objectif? Naturellement, il y avait beau temps que le pont où s'était livrée la bataille n'existait plus. Quant à son successeur, en ligne directe ou non, il avait sauté ces jours derniers. Mais le décor, justement, retrouvait là une certaine touche guerrière qui n'était pas pour me déplaire.

Avec délicatesse, mes deux compagnons me laissèrent descendre seul pour accomplir le pèlerinage dont, finalement, j'avais bien dû leur parler. Mais seul, comment l'aurais-je été quand il me semblait de plus en plus distinguer devant moi l'ombre d'Arnould Droit? Je le voyais tel que mon père l'avait représenté sur une sorte d'image d'Épinal que j'avais eue sous les yeux durant toute mon enfance, avec son chapeau frappé de la cocarde tricolore, sa tunique bleue de l'infanterie légère et ses galons de sergent, tandis que, loin derrière lui, se pouvait distinguer Ulm dominée par sa citadelle.

Et si je me trouvais, pensai-je tout à coup, à l'endroit exact où Arnould fut blessé, après avoir franchi le Danube qui commençait tout juste d'annoncer ici le fleuve qu'il serait bientôt?

J'avais pris, dans une poche intérieure de mon blouson, le

passage des Mémoires de Philippe de Ségur copié de la main de mon père où se trouvait décrite la bataille d'Elchingen. A mi-voix je m'en lus quelques lignes.

« Napoléon s'était avancé au travers des renforts de toutes armes qui se précipitaient sur le pont et des morts et blessés qui l'encombraient. Il se faisait jour avec peine sur cet étroit passage couvert de sang et de débris, lorsque, voyant nos blessés interrompre leur plainte pour le saluer de leur cri accoutumé, il s'arrêta. »

Arnould était là, parmi ces morts et ces blessés, criant « Vive l'Empereur! » avec ceux qui pouvaient encore crier. Et moi aussi j'étais là, ce soir, au rendez-vous d'Elchingen. Moi, Michel-Arnould. Car il serait peut-être temps de préciser qu'aux yeux de l'état civil tel est mon vrai prénom. Michel, pour plaire à ma mère. Arnould, voulu par mon père afin de protéger le souvenir du brave guerrier picard de l'armée du maréchal Ney.

Je cueillis quelques trèfles et fleurs des champs dont les ancêtres naissaient et renaissaient de cette terre depuis bien plus de cent quarante ans. Puis je les glissai dans mon porte-feuille et demeurai sur place une dizaine de minutes. Immobile entre le rêve et la prière.

En remontant dans la voiture, que je me sentais loin! De ce rendez-vous auquel j'étais allé, j'ignorais encore quand je reviendrais. « Attention à la guerre », m'avait un jour lancé, par l'intermédiaire d'une table, cette troublante présence qui se disait alors être celle d'Arnould Droit. Que penser, aujourd'hui, de cet avertissement? Qu'aurais-je dû en penser hier à Wiblingen?

Nous quittâmes, deux jours plus tard, le village d'Untersta-dion où s'apprêtait également à partir le petit état-major qui nous avait cordialement accueilli.

Il avait plu durant la nuit. Dans la traversée d'un bois, la voiture dérapa, sortit de la route et s'arrêta brutalement contre un arbre qu'elle n'avait pu éviter. Les dégâts étaient impor-tants. Heureusement Canevet disposait maintenant d'une Opel acquise dans de bonnes conditions. A Laupheim, probablement trouverait-il de quoi nous faire remorquer jusqu'à un atelier de l'armée. Quant à Peteuil et à moi, il ne nous restait plus qu'à attendre.

Je sortis de ma poche un carnet qui ne me quittait pas et entrepris de mettre un peu d'ordre dans mes notes.

— Vous êtes catholique?

Après avoir pris mon pouls, l'infirmière m'avait posé cette question d'un ton détaché. Comme elle m'aurait demandé si je bridgeais. C'est alors que j'ouvris les yeux et découvris les siens. Ils étaient d'un bleu, me dis-je, que je ne risquerais pas d'oublier si j'avais la chance de m'en sortir. Je répondis qu'il valait peut-être mieux, en effet, aller chercher l'aumônier des chars avec lequel j'avais dîné, la veille, à la table des officiers du groupement tactique.

Car j'étais revenu à Unterstadion. Je reconnaissais la grange pleine de foin sec où nous avions, pour la nuit, garé la voiture. Mon brancard avait été posé à même le sol. Derrière moi, se trouvaient une douzaine de prisonniers allemands tout à fait indifférents à mon sort. Ce que je comprenais fort bien. Hormis cela, mon bras blessé n'était plus qu'une longue manche froide, sans communication avec le reste de mon corps. Et rôdait à mon flanc droit comme l'écho d'un bon coup de chambrière.

Peu à peu, cependant, revenaient à ma mémoire des souvenirs en pièces détachées. La route glissante, l'accident, le départ de Canevet, l'attente. Et puis le bois, soudain, se mettant à crépiter comme un feu qu'on évente. L'arrivée, au bon moment, d'une colonne motorisée française. Notre course pour nous mettre à l'abri derrière ses *half-tracks*. Deux décharges électriques, l'une au coude, l'autre à la hauteur des dernières côtes. Le sang qui jaillissait par giclées de mon bras. Un garrot avec les moyens du bord. Peteuil indemne.

Un médecin-capitaine était venu examiner mes plaies. Je l'entendis confusément dire à la belle infirmière :

— Artère sectionnée au bras droit. Pour le côté, je ne me prononce pas, mais c'est bien près du foie. Transport d'urgence à Mengen et transfusion.

C'est à ce moment-là que l'aumônier arriva. Il me serra la main gauche et s'agenouilla près de moi. D'un petit sac de toile qu'il tenait contre lui, il sortit une mince étole taillée dans un tissu vert sombre, la passa autour de son cou et en disposa les pans sur son blouson kaki.

— Je vais vous confesser, me dit-il. Et puis je vous donnerai la Sainte Communion et l'extrême-onction, n'est-ce pas ?

— Oui, mon père.

L'aumônier prit alors ma main droite et lui fit faire un difficile signe de croix. Puis il se pencha vers moi et récita lentement le *Confiteor* dont je m'efforçais, tant bien que mal, d'accompagner les paroles.

— Maintenant, vous allez me dire ce dont vous vous souvenez. Le Bon Dieu sait le reste.

Je parlais péniblement, cherchant à me rappeler mes confessions d'enfant et leurs péchés classés par catégories dans nos manuels. Tout s'embrouillait un peu. Je reçus l'absolution tandis que je récitais l'acte de contrition. Sur mes mains le saint-chrême fut apposé. Mais au moment où l'aumônier présenta l'hostie qu'il venait de prendre dans un étroit ciboire, j'entendis brusquement, derrière moi, un bref commandement rauque suivi d'un claquement sec. Je renversai légèrement la tête en arrière, et vis les prisonniers allemands qui s'étaient rassemblés, formant à quelques mètres de mon brancard une belle palissade verte, bien jointe. Quant au claquement sec, il avait été celui de leurs douze paires de talons se rejoignant au même instant.

— *Corpus domini nostri*, fit la voix du prêtre.

A cet instant précis, j'eus l'impression que le bon sergent Droit était également près de moi, au garde-à-vous. « Attention à la guerre », avait dit la table. Non, ce n'était vraiment pas mal vu ! En tout cas, cent quarante ans plus tard ou presque, deux jours après le rendez-vous d'Elchingen, le descendant d'Arnould Droit en ligne directe et à la quatrième génération, portant son patronyme et ayant Arnould pour second prénom, se retrouvait blessé à vingt kilomètres de l'endroit où son trisaïeul l'avait été lui-même, et alors que, pour la première fois, l'armée française revenait dans cette région en quête de nouvelles gloires.

Peteuil se rapprocha de moi. Il se pencha pour m'embrasser avant mon départ à bord d'une ambulance. Lui, d'ordinaire si pudique, avait les yeux pleins de larmes.

— Veille à ce que mes parents soient prévenus en douceur, lui glissai-je à l'oreille. Et puis surtout exige, tu m'entends bien, exige qu'on envoie tout de suite quelqu'un à ma place. Il ne faudrait pas manquer tout ce qui va se passer.

— Ne t'inquiète pas, dit-il, je te jure de veiller sur tout.

Alors, l'ambulance m'emporta ainsi que deux autres blessés du matin. L'un était dans un état grave. Il serait mort quand nous arriverions à Mengen.

Lorsque nous eûmes roulé pendant près d'un quart d'heure, une étrange sensation de sérénité me gagna peu à peu. Comme si, désormais, les sacrements reçus me protégeaient contre tout péril d'ordre spirituel aussi bien que purement temporel.

Ainsi, de même qu'un peu plus tôt, je m'étais souvenu, subitement, de mes confessions d'enfant, voilà que revenaient à ma mémoire des échos de phrases parlant de la force des sacrements, jadis entendues chez les Oratoriens, et dont je comprenais plus clairement le sens à présent. Mieux encore, et malgré mon état de faiblesse dû au sang que j'avais perdu, il me semblait commencer à découvrir soudain ce que pouvait être la puissance de la grâce. D'où mon absolue soumission à tout ce qui risquait désormais de m'arriver. Peu à peu, j'en venais même à me demander s'il ne vaudrait pas mieux, pour moi, mourir dès maintenant. J'étais certes bien jeune. Le malheur de mes parents serait immense. Mais enfin, je venais de vivre d'incomparables instants qui eussent pu être la récompense de toute une existence. Pourrais-je en retrouver s'approchant seulement d'eux ? Et si je manquais cette mort, en rencontrerais-je une autre qui la vaille et, surtout, vers laquelle me diriger de façon aussi calme, aussi totalement confiante à l'égard de ce qui m'attendait ?

Je crois qu'alors je m'endormis et ne me réveillai qu'à l'hôpital de Mengen, où des médecins et chirurgiens militaires allemands venaient de passer le relais à des médecins et chirurgiens militaires français.

Celui aux mains duquel je fus confié m'accueillit ainsi :

— Pourriez-vous me dire le nom du personnage célèbre mort, il y a un mois, sur la table où nous allons vous opérer ?

J'avoue que je me sentais assez peu d'humeur à jouer aux devinettes. Cela dut se voir sur mon visage.

— Eh bien, c'est Jacques Doriot[1], me fut-il répondu. Amusant, non ?

Si l'on voulait.

Vint ensuite une autre question, d'ordre plus pratique.

— Pour la transfusion, que préférez-vous ? Du sang de tirailleur nord-africain ou de Noir américain dont nous regorgeons. Car les services chirurgicaux de la VIIe armée américaine, celle qui nous approvisionne, mais où se trouvent assez peu de Noirs, ne savent que faire du plasma réservé à ceux-ci et dont les Blancs ne veulent évidemment à aucun prix.

Il n'est pas facile de répondre à une telle question dans un

---

1. Homme politique français passé, avant la Seconde Guerre mondiale, du communisme aux frontières du nazisme. Engagé pour se battre, en Russie, dans la Légion des volontaires français contre le bolchevisme. Mitraillé à bord de sa voiture, en Allemagne, au mois de mars 1945, sans qu'on sût jamais s'il l'avait été par un avion allié ou allemand.

sens ou dans l'autre, sans se faire taxer de racisme par les uns ou les autres.

Aussi ne voudrais-je surtout pas qu'on interprétât mal mon choix. Car ce n'est pas du sang de nos braves tirailleurs que je me suis méfié mais plutôt, et sans doute fort injustement, des méthodes utilisées dans nos laboratoires de guerre pour rendre ce sang propre à la consommation. Alors que j'avais, cela va sans dire, beaucoup plus confiance dans le sang qui nous arrivait d'outre-Atlantique et quelle que fût sa couleur.

Déjà anesthésié quatre fois lorsque j'étais enfant, je croyais à peu près connaître tous les charmes du chloroforme et du chlorure d'éthyle. Mais j'ignorais encore ceux du penthotal. Ainsi, après qu'on m'eut enfoncé une aiguille dans le bras gauche, entendis-je une voix féminine qui m'ordonnait, sur le ton du commandement :

— Comptez. Très fort.

Au début, cela ne se passa pas trop mal. Mais arrivé à quinze, mes paupières devinrent d'un poids tout à fait insupportable. J'étais enfermé dans un sac plein de sable. Pour moi, le nombre seize appartenait à un autre monde.

— Où sommes-nous ?
— A Sigmaringen.

J'en reçus comme un choc. Le nom même de Sigmaringen me semblait décidément si lourd d'un proche et encombrant passé que ce n'était évidemment pas là que j'aurais pu rêver de terminer la guerre.

— A Sigmaringen ? fis-je, incrédule.
— Eh oui, mon vieux, à Sigmaringen. Comme Pétain.

Pour venir de Mengen, j'avais donc parcouru cinquante kilomètres sous anesthésie. Et je me demandai un instant si je ne m'y trouvais pas encore.

Le compagnon de chambre, dont je venais pourtant d'obtenir ce précieux renseignement, était un jeune lieutenant de cuirassiers nommé Jacques Pigeaud[1]. Blessé le même jour que moi par un *panzerfaust*, il avait une épaule presque réduite en charpie, mais surtout le visage tellement criblé de minuscules éclats qu'il s'était révélé indispensable de le lui envelopper tout entier de pansements. Si bien que, provisoirement privé de la

---

1. Il deviendrait général.

vue, Pigeaud était persuadé qu'il ne verrait jamais plus. Même si le médecin lui jurait le contraire.

J'étais, pour ma part, complètement rassuré au sujet de mon foie. Il n'avait, grâce à Dieu, subi aucun des dommages qu'on redoutait pour lui. Néanmoins, avant d'en être certain, il avait fallu m'ouvrir le flanc droit sur environ trente centimètres, afin d'explorer le parcours suivi par la balle de son entrée à sa sortie. Et à considérer la pose des agrafes, quand je pus enfin les voir, ce devait être à la hussarde qu'on avait pris soin de moi.

Quant au nerf cubital de mon bras blessé, il avait eu également quelque chance de s'en tirer indemne. Car, à un ou deux millimètres près, ma main devenait une sorte de griffe, précisément appelée « griffe cubitale » par les spécialistes, et dont les succès qu'elle m'aurait peut-être valus dans certains milieux sado-masochistes n'étaient pas exactement ceux que je recherchais en priorité.

Le 1er mai, on vint nous prévenir, Pigeaud et moi, que nous allions être évacués sur Strasbourg en ambulance. La route serait longue. Nous franchirions plusieurs cols de la Forêt-Noire sous des tempêtes de neige. Puis nous atteindrions Kehl et traverserions le Rhin par un pont de bateaux. Alors, sur l'autre rive, nous serions rentrés au bercail.

A Neudorf, dans la banlieue de Strasbourg, une caserne devenue hôpital nous accueillit. Répartis en deux chambres communicantes, nous fûmes bientôt six invalides à titre provisoire, officiers d'active, de réserve ou de passage, essayant de lutter ensemble contre leur mélancolie de voir irrémédiablement la guerre se terminer sans eux.

Débarrassé de ses pansements, Pigeaud avait aussitôt recouvré la vue. A une jolie infirmière, je dictais chaque jour une lettre pour mes parents. Mais j'éprouvais encore bien du mal à y ajouter moi-même quelques mots et ma signature pour l'authentifier. Sans parler de l'horrible gêne que j'éprouvais quand d'autres infirmières — et plus elles étaient belles, évidemment, plus je me sentais gêné — venaient faire ma toilette. En outre, dans cette situation humiliante, comment leur cacher, parfois, les sentiments qu'elles m'inspiraient soudain? L'une d'elles ne cessait alors de me parler des amis communs que nous avions à Paris. Et c'était immédiatement comme si tous avaient été là, faisant cercle autour de nous, et papotant pendant que ma ravissante infirmière, éponge et gant de toilette à la main, s'occupait de moi sous tous les angles.

Au matin du 8 mai, nous apprîmes que, la veille, un premier acte de reddition avait été conclu à Reims, qu'un autre le serait sous peu à Berlin et que, dans la journée même, de Gaulle allait lancer au pays un important message radiodiffusé.

Vers midi, le calme habituel de la rue se chargea d'un frémissement inaccoutumé. Nous savions que la place Kléber, et tout le centre de Strasbourg étaient pavoisés depuis le matin, et que des haut-parleurs y avaient été installés prêts à diffuser les paroles du Général.

Mais nul n'ayant songé à nous procurer un appareil de radio, nous ne devrions compter que sur notre imagination pour nous représenter ce qui allait se passer en ville.

Nous étions donc là, transpirant sous nos draps, incapables de bouger, muets, alors que nous aurions tant voulu, quand les cloches se furent mises à sonner, nous précipiter les uns vers les autres, étreindre nos mains, laisser parler nos cœurs.

Le plus élevé en grade parmi nous, capitaine de la Légion, demanda une minute de silence. Un silence qui ne fut que le nôtre. Car, dehors, la rue bouillonnait et tapageait de plus belle.

Nous dînâmes exactement comme nous dînions chaque soir. Vers huit heures, l'infirmière de service nous fit une dernière visite, s'assura que nous n'avions besoin de rien, et s'en alla rejoindre ses consœurs qui, avec les médecins, fêteraient bruyamment la victoire dans une salle du rez-de-chaussée. Leurs chants de carabins retentiraient toute la nuit, mêlés aux flonflons des orchestres populaires, aux cris de la foule et aux explosions des feux de Bengale qui embraseraient de rouge et de vert l'obscurité de nos chambres. Nous dormirions peu.

A présent, même si nous ignorions encore les différentes phases du combat diplomatique livré à Berlin par de Lattre pour s'imposer à nos alliés, nous savions qu'il avait, dans les ruines de la capitale ennemie, signé au nom de la France l'acte de la capitulation sans conditions de l'Allemagne nazie. Et je crois que nous n'étions pas loin de ressentir ce juste honneur fait au chef de notre armée, comme si de minces parcelles de gloire en étaient retombées sur chacun d'entre nous.

Notre pays avait donc été présent à cette conclusion de la guerre en Europe, au même rang que l'Empire britannique, l'Union soviétique et les États-Unis d'Amérique.

Je me revoyais à Saint-Quay, le 17 juin 1940, écoutant le

vacillant discours du maréchal Pétain, avant d'aller pleurer toutes les larmes de mon cœur dans les sables de la plage.

Nos journées d'hôpital se faisaient monotones et tiraient en longueur. Tant que duraient les combats, nous conservions encore l'impression un peu floue de ne pas en être complètement dissociés. N'était-ce pas à eux que nous devions d'avoir échoué ici? Mais à présent, livrés à des médecins et à des infirmières qui nous traitaient presque machinalement, nous commencions à éprouver la déprimante sensation de ne plus être utiles à grand-chose.

Au sein de notre petit groupe, nous n'étions que deux « pékins » face à quatre militaires de carrière. L'avenir de ceux-ci était tracé, comme pouvait l'être celui de l'autre civil, avocat à la Cour. Le mien restait à définir sur fond d'incertitude.

Un soir, alors que je commençais à m'endormir, il me sembla rêver que ma mère franchissait le seuil de la chambre et, dans un début de pénombre, s'arrêtait au pied de mon lit pour s'y tenir immobile et muette. Juste en me souriant.

Je sortis brusquement de mon demi-sommeil.

Ma mère était là. Telle que j'avais cru l'entrevoir dans mon rêve. Et avec, sur les lèvres, ce même sourire qui, depuis que j'avais conscience de la vie, me tenait lieu de providence.

Comment avait-elle pu arriver ainsi jusqu'à Strasbourg, encore située dans la zone des armées? Mieux eût valu, je crois, se demander quelle force humaine aurait été capable de l'en empêcher, une fois sa décision prise.

Le lendemain, dans le jardin de l'hôpital, j'accomplissais avec elle mes premiers pas de convalescent. Je me sentais encore faible. Mais soudain, le plus naturellement du monde, je m'en remettais de nouveau et entièrement à ma mère pour toutes les protections dont je pourrais avoir besoin. Nous parlions de mon avenir comme jamais nous ne l'avions fait ensemble. C'était d'ailleurs elle qui, surtout, m'en parlait. Et c'était peut-être de cela que j'avais le plus besoin.

Je croyais, parfois, que six mois de guerre avaient enfin changé le fils unique, l'adolescent que j'étais si longtemps resté en un adulte dont, à présent, j'avais atteint l'âge.

Tout à coup, j'en étais déjà moins certain.

Aubin Imprimeur
LIGUGÉ, POITIERS

Achevé d'imprimer en janvier 1990
N° d'édition 11981 / N° d'impression L 32969
Dépôt légal, janvier 1990
Imprimé en France